A SABINADA

PAULO CÉSAR DE SOUZA

A Sabinada
A revolta separatista da Bahia — 1837

Copyright © 1987, 2009 by Paulo César Lima de Souza

Capa
Rita da Costa Aguiar

Foto de capa
Extraída de *Salvador da Bahia de Todos os Santos no século XIX*, de Diógenes Rebouças e Godofredo Filho, Salvador, Odebrecht, 1985.

Preparação
Carlos Alberto Bárbaro

Revisão
Huendel Viana
Ana Maria Barbosa

Dados Internacionais de Catalogação na Publicação (CIP)
(Câmara Brasileira do Livro, SP, Brasil)

Souza, Paulo César de
A Sabinada : a revolta separatista da Bahia : 1837 / Paulo César
de Souza. — São Paulo : Companhia das Letras, 2009.

ISBN 978-85-359-1493-1

1. Brasil - Revolta da Sabinada, 1837 2. Brasil - História 3. Brasil -
História - Regências, 1831-1840 I. Título.

09-05708   CDD-981

Índice para catálogo sistemático:
1. Brasil : Revolta da Sabinada :
Revolta separatista da Bahia : História   981

[2009]
Todos os direitos desta edição reservados à
EDITORA SCHWARCZ LTDA.
Rua Bandeira Paulista 702 cj. 32
04532-002 — São Paulo — SP
Telefone (11) 3707-3500
Fax (11) 3707-3501
www.companhiadasletras.com.br

A nossa Revolução política [...] *veio encetar a era brilhante em que a Bahia, com a estabilidade das fórmulas Democráticas, vai oferecer à História do mundo quadros majestosos de rápidos melhoramentos, de espantosos progressos, de uma Sociedade feliz e bem organizada.*
Novo Diário da Bahia, de
Francisco Sabino Vieira, 6/12/1837

A Bahia, Senhor, pacífica como era, não foi isenta do contágio da mais negra e mais funesta de todas as rebeliões.
A Assembleia Legislativa da Província da Bahia ao imperador,
11/6/1838

The past is never dead; it is not even past.
[O passado nunca morre; ele nem sequer passa.]
William Faulkner

Sumário

Prefácio	9
Novo e breve prefácio	11
Introdução	13
Cronologia 1823-35	23
O romper da revolta	30
Sabinos, Carneiros e Martins	48
Bloqueio e luta 1: Recôncavo *vs.* Capital	62
Bloqueio e luta 2: A cidade sitiada	82
Restauração, repressão	115
Sabinos e nagôs	138
A República e a corte	168
Apêndice	203
I. Jornais (editoriais e artigos)	205
II. Cartas e bilhetes	249
III. Hinos e sonetos	254
IV. Decretos (Propostas de Sabino a João Carneiro)	259
Fontes e referências	263

Prefácio

Este livro foi originalmente uma tese de mestrado em História Social, apresentada à Universidade Federal da Bahia em 1984. A pesquisa foi realizada — e a tese redigida — sob a orientação do professor João José Reis. O texto é publicado com alterações mínimas.

As seguintes pessoas contribuíram, de uma forma ou de outra, para a realização deste trabalho: os professores Luís Henrique Dias Tavares e Consuelo Novais Sampaio, da Faculdade de Filosofia e Ciências Humanas da UFBA; Luiz Tenório e Zélia Cavalcanti Lima, em São Paulo; Ana Cristina Zahar, Caetano Veloso e Dedé, no Rio de Janeiro; Sandra Spritzer, de Porto Alegre; Euvaldo Mattos e Breno Mário de Castro, em Salvador. A dívida maior foi para com meus pais, e a eles é dedicado este livro.

Paulo César de Souza
São Paulo, maio de 1987

Novo e breve prefácio

A Sabinada foi escrito entre janeiro e julho de 1984. Vinte e cinco anos depois, ele permanece minha única incursão na historiografia. Quando de sua primeira publicação, em 1987, eu já me dedicava a estudar e traduzir alguns autores alemães, tendo publicado a primeira tradução (de *Ecce homo*, o ensaio autobiográfico de Nietzsche) no final de 85. Mas pode-se dizer que as inquietações de natureza mais ampla que influíram na escolha e no tratamento do tema — a preocupação com a justiça, a indignação com os crimes e desatinos humanos — também motivaram outros trabalhos meus, como a tradução de *Poemas 1913-56*, de Bertolt Brecht (1986), e alguns textos sobre o nazismo e o genocídio dos judeus, publicados na imprensa paulista e reunidos em *Freud, Nietzsche e outros alemães* (1995).

O livro é agora republicado sem modificações. Atualizar ou suprimir as referências e alusões ao momento em que foi escrito, a menção ao número de habitantes de Salvador, por exemplo (p. 12), implicaria também atualizar a bibliografia e talvez alterar alguns dados e considerações — ou seja, reescrever parcialmente o livro.

Os leitores interessados numa abordagem mais recente da Sabinada devem recorrer aos estudos do brasilianista canadense Hendrik Kraay. Neles há uma maior contextualização da revolta na política do Império e uma discussão mais nuançada de uma questão essencial, que foi a participação do exército.

Se evocarmos o período de preparação e redação deste trabalho, veremos que ele coincide com o da crise econômica no final do governo militar e da redemocratização do país. O índice de inflação chegou a ultrapassar os 200% no ano de 1983. A campanha por eleição direta para presidente ("Diretas Já!") tomava as cidades brasileiras no início de 84, já tendo havido eleições para governadores, prefeitos e parlamentares no final de 82. Assim se compreendem as alusões feitas na conclusão do prefácio original e em uma ou outra passagem do livro.

Permitam-me finalizar com uma observação pessoal. Para um brasileiro nascido na década de 1950, era quase impossível, até o início da era FHC-Lula, imaginar que um dia viveria num país sem inflação e com democracia. Ao menos neste nosso canto do mundo (e nesses dois pontos específicos) as coisas estão melhores do que vinte e cinco anos atrás.

Salvador, maio de 2009

Introdução

No período regencial, segundo vimos, a ideia republicana andava efetivamente no ar, o que não é motivo para confundir uma verdadeira revolução republicana e separatista como a Guerra dos Farrapos (1835-45) com uma simples revolta de rua como a Sabinada (novembro 37-março 38) ou com uma simples desordem popular como a Cabanagem (janeiro 35-maio 36).[1]

Extraída de uma erudita *História da inteligência brasileira,* eis uma singela expressão de "desinteligência". Longe de simples desordem, a Cabanagem foi talvez a maior insurreição popular ocorrida no Brasil. Popular pelo apoio maciço da maioria miserável da população: foram índios, negros escravos e caboclos que dominaram a província do Pará durante anos. Para suprimi-la, as forças governamentais recorreram à tática da "terra arrasada",

---

1. Wilson Martins, *História da inteligência brasileira. Vol. II (1794-1855),* São Paulo, Cultrix/USP, 1977, p. 217.

aprendida dos mercenários ingleses, dizimando de 30 a 40% dos 100 mil habitantes do Pará, até a pacificação completa em 1839.

Quanto à Sabinada, a menção de alguns dados dará ideia de sua importância. Foi um movimento apoiado pelas camadas médias e baixas da população de Salvador, que tomou a cidade em 7 de novembro de 1837 e proclamou a separação da província da Bahia do então Império do Brasil. A capital ficou em poder dos revoltosos até os idos de março de 1838. Durante esse tempo, foi sitiada pelo exército organizado pelos senhores de engenho do Recôncavo. Durante o sítio houve emigração em massa devido à escassez de alimentos, e na reconquista houve destruição e morte. Entre mortos, prisioneiros e réus, uma estimativa de 5 mil pessoas seria moderada. Salvador possuía cerca de 65 mil habitantes. Transpondo esses números para a atualidade — de modo a imaginar mais vivamente o impacto sobre a sociedade baiana da época —, teríamos aproximadamente 145 mil adultos implicados, em uma população total de um milhão e oitocentos mil habitantes.[*] Nada mau para uma "simples revolta de rua".

Os dados talvez impressionem, mas não dizem tudo. Na história local — provincial, provinciana — a Sabinada foi um episódio ímpar. Na história do país, foi uma das rebeliões do período da Regência (1834-40), mais uma na cadeia de revoltas que ameaçou romper a integridade do Império. As outras foram a Farroupilha, a Cabanagem e a Balaiada.

Por que a separação de Portugal não trouxe a formação de vários Estados, a vitória das tendências regionalistas sobre uma força centralizadora, como se verificou nas ex-possessões espanholas? Eis uma pergunta que sempre instigou os que investigam o nosso passado. Habituados à imagem do "Brasil grande", tende-

---

[*] Os dados se referem a 1984, quando foi escrito o texto; o autor preferiu não atualizá-los. [N. E.]

mos a esquecer que ele permaneceu uno graças a certos desenvolvimentos históricos e que essa unidade esteve seriamente em jogo durante a Regência, quando era um Estado-nação recém-nascido. Os contemporâneos tinham inteira consciência do que significava a derrota ou o triunfo de cada rebelião separatista. No caso da Sabinada, o oficial enviado pelo governo central para comandar o exército da reação escreveu: "sabia-se que muitos focos havia em diferentes pontos da mesma província, que também existiam na de Pernambuco, e em muitas outras apareciam; sabia-se que o Rio Grande seria perdido, que, enfim, o Brasil receberia um golpe mortal com o progresso da revolução da Bahia".[2]

Em Ouro Preto, cidadãos parabenizaram-se nas ruas ao receber a notícia da restauração da Bahia. Uma banda de música percorreu a cidade e acenderam-se fogos de artifício.[3] Comemorações semelhantes aconteceram no Rio de Janeiro, onde os ministros, o imperador menino e as princesas assistiram a uma missa em ação de graças pela vitória imperial.

Portanto, um estudo sobre a Sabinada traz alguma contribuição para melhor se compreender um período crucial da História do Brasil. Há ainda outras considerações. Embora a maior revolta na Bahia, ela foi, entre as rebeliões da Regência, a de menor vulto. As demais mobilizaram populações maiores, sobre áreas mais extensas, por períodos mais longos. Mas os revolucionários da Sabinada, se fizeram pouco, falaram muito (baianamente, talvez). Isto é, foram pouco eficazes na concretização de seus planos, mas tiveram a preocupação de expor, convencer e justificar. Para isso

2. "Exposição dos sucessos do marechal João Crisóstomo Callado", Publicações do Arquivo do Estado da Bahia (PAEBa), *A Revolução de 7 de Novembro de 1837 (Sabinada)*, vol. v (1948), pp. 63-4.
3. *O Despertador Fluminense*, 11/5/1838, Biblioteca Nacional do Rio de Janeiro, Seção de Microfilmes.

valeram-se sobretudo de jornais, dos quais o mais importante foi o *Novo Diário da Bahia*, do médico e publicista Francisco Sabino Álvares da Rocha Vieira, o líder que veio a dar nome ao movimento. Por isso, creio, certas questões comuns a outras revoltas — certas motivações e contradições — encontraram expressão mais nítida na Sabinada. Nos artigos de imprensa, nas exortações aos soldados, nos decretos e portarias do governo revolucionário, a Sabinada revelou-se em sua dupla natureza de rebelião contra a corte do Rio de Janeiro e revolta popular contra os poderosos locais.

Surpreende que uma tal irrupção revolucionária não tenha sido ainda estudada pela moderna historiografia brasileira. Se exceptuarmos o trabalho pioneiro de Francisco Vicente Vianna[4] — pouco mais que uma compilação de documentos em ordem cronológica —, temos apenas dois volumes sobre a Sabinada: o de Braz do Amaral e o de Luiz Viana Filho. Aquele de 1909, este de 1938...

Braz do Amaral nos oferece uma história factual da revolta.[5] Quando se aventura a interpretar e discernir, pisa em terreno incerto. Para ele, as rebeliões que rebentaram nas províncias ("como pragas que infestassem nossos campos") relacionavam-se à luta partidária da Regência, à oposição entre políticos liberais separatistas e conservadores a favor da centralização. Afirma, então, que a Sabinada foi tramada na corte, por adversários de Diogo Feijó. Mas é incapaz de produzir documentos em apoio a essa hipótese fantasiosa. As agitações políticas, o despreparo do povo para um regime constitucional e a ambição dos governantes seriam, segundo ele, as "causas gerais" da revolução. Como "causas

---

4. Francisco Vicente Vianna, "A Sabinada — História da revolta da cidade da Bahia em 1837", PAEBa, vol. I (1937), pp. 105-250. Nessa discussão bibliográfica preliminar, não são considerados os autores de trabalhos menores, como Sacramento Blake e Moreira de Azevedo.
5. Braz do Amaral, "A Sabinada", PAEBa, vol. II (1938), pp. 1-136.

particulares" vê, curiosamente, algo mais genérico e fundamental: a organização social baseada na escravidão,

> de onde se derivava naturalmente um sistema aristocrático e de castas que era incompatível com as nossas instituições liberais, do que devia resultar, como resultou, o ciúme dos homens de cor aspirando os lugares altos.[6]

Em relação a Braz do Amaral, a obra de Luiz Viana Filho representa um passo adiante.[7] Ele não se contenta em desfiar os fatos: procura comentá-los, descobrir nexos e sentidos. Coloca a Sabinada na perspectiva da história recente da província, ao fazer um retrospecto da inquietação reinante desde a Inconfidência dos Alfaiates (1798). De acordo com ele, a Revolução Francesa teria dado um sentido novo e vigoroso à crise, ao mal-estar dos habitantes. As novas doutrinas eram divulgadas em sociedades políticas, lojas maçônicas e periódicos. Achando ambiente propício, induziam à revolta, criando um "círculo vicioso" de revoluções que desarranjavam o país e agravavam os problemas. Os ideais de liberdade e igualdade atraíam diferentes grupos, dizendo-lhes coisas diversas:

> A Revolução, na época, foi uma espécie de salsaparrilha política, servindo para todos os males. Tanto servia ao mulato revoltado contra o preconceito de cor, como ao branco nativista, que odiava o português.[8]

6. Ibid., pp. 5-6.
7. Luiz Viana Filho, *A Sabinada — A República baiana de 1837*, Rio de Janeiro, José Olympio, 1938.
8. Ibid., p. 16.

Ele atribui demasiado peso às ideias e à influência externa na determinação dos acontecimentos, em detrimento das condições internas (embora mencione a depressão econômica da província). Não convém desprezar o efeito do que as autoridades da época denominavam "as abomináveis ideias francesas", mas a visão que Viana Filho nos transmite é a de um movimento mundial difundindo-se em ondas concêntricas a partir de Paris e vindo bater em nossas praias. Isto por transplantar para o século passado a confrontação ideológica do século XX (influenciado, suponho, pelo clima político do Estado Novo, pela "Intentona Comunista" de 1935; seu livro é de 1938):

> O Brasil passou a ser o campo onde se esboçavam as atividades de duas forças internacionais: a internacional absolutista representada por Portugal [...] e a internacional liberal apoiada na França.[9]

Por serem os autores que mais extensamente se ocuparam do assunto, retornarei com frequência a Braz do Amaral e Luiz Viana Filho, para apoio ou contestação. Este livro deve ser visto como continuação de seus esforços. No trabalho intelectual, a crítica aos predecessores é sempre um reconhecimento de dívida.

O autor que melhor se ocupou da Sabinada foi o canadense F. W. O. Morton, em sua magistralmente abrangente tese de doutorado, "The conservative revolution of Independence: economy, society and politics in Bahia, 1790-1840" (Oxford, 1974). Infelizmente ainda inédito, esse trabalho analisa as transformações ocorridas na Bahia, na passagem de capitania da Colônia portuguesa a

---

9. Ibid., p. 20.

província do Império do Brasil — o período entre os Alfaiates e a Sabinada, tendo a Guerra da Independência como eixo.

A Independência, na Bahia, não sucedeu da mesma forma incruenta como no resto do país (à exceção do Norte). Em setembro de 1822, a tropa portuguesa concentrada em Salvador se recusou a reconhecer a separação, precipitando o conflito que se vinha desenhando desde fevereiro. Durante quase um ano, a capital controlada pelos portugueses — de onde fugia grande parte da população brasileira — foi sitiada pelo "Exército Pacificador" mantido pelo Recôncavo dos engenhos de açúcar. Esse exército, composto principalmente pelas milícias de cidadãos, contava 9 mil combatentes ao fim da luta. Em 2 de julho de 1823 ele entrou na cidade, logo após a partida da tropa portuguesa. (Ainda hoje, o 2 de Julho é a maior data cívica do calendário baiano, mais festejada que o 7 de Setembro.)

Segundo Morton, a Independência resultante foi a "revolução conservadora", a revolução limitada dos proprietários de terras e engenhos, os que mais contribuíram em organização, dinheiro e homens:

> Eles fizeram a revolução da independência tão socialmente conservadora quanto política e militarmente bem-sucedida. A lei e a ordem foram preservadas, a propriedade e a hierarquia foram respeitadas, com extraordinária consistência, durante uma guerra civil em uma sociedade notável pela discriminação racial e as desigualdades econômicas extremas, na qual ideias de liberdade e igualdade haviam se tornado razoavelmente difundidas.[10]

A Sabinada foi a reação revolucionária a essa revolução conservadora. No capítulo a ela reservado, Morton registra inicial-

---

10. F. W. O. Morton, "The conservative revolution of Independence", p. 285.

mente a tradição de quarteladas, o descontentamento dos militares, que os predispunha a acompanhar a pregação dos radicais civis. Depois, um resumo dos eventos mostra semelhanças entre a Sabinada e as revoltas baianas precedentes, incluindo a Independência. Quase que cada fato importante evocou um das décadas anteriores: o bloqueio a partir do Recôncavo, o êxodo de moradores, os sofrimentos da cidade, a indecisão dos líderes rebeldes, o refúgio do presidente da província num barco. Mas, diz Morton, a Sabinada foi bem mais que mera repetição da história recente. Representou o clímax de uma época, uma síntese de seus principais temas sociais e políticos: domínio do Recôncavo sobre as demais regiões, dissensões entre os militares, aliança entre a monarquia e as elites locais, "inadequação das ideias liberais ao meio brasileiro". Sua análise da liderança é algo ligeira. Constata seu caráter essencialmente "classe média", sugere tensões entre líderes civis e militares, mas não se estende sobre seus motivos e seus projetos, e o modo como apreendiam aquela realidade. Para ele, a revolta adquiriu a natureza de um "conflito de cor e classe". No entanto, não chega a discutir e matizar a questão, talvez pela brevidade mesma da abordagem (35 páginas, numa tese de quatrocentas). Levantando vários pontos de interesse, seu capítulo funciona como estímulo para um estudo maior.

Este livro pretende oferecer uma perspectiva geral da revolta, não uma análise minuciosa de um tema particular (como a ideologia da liderança, ou a extração social da massa de combatentes, por exemplo). Considerando o pouco conhecimento, o esquecimento mesmo da Sabinada, eu me propus inicialmente *relatar* o que aconteceu. Este propósito se justifica também pela utilização de documentos novos ou não considerados pelos autores precedentes.

A pequena introdução em forma de cronologia busca situar provisoriamente a Sabinada na turbulência da época e do lugar. É um passar de olhos bem seletivo sobre as rebeliões e os espasmos de insatisfação popular, que as autoridades viam como "perturbações da ordem", na Bahia pós-Independência.

O primeiro capítulo expõe os prenúncios da revolta, a partir de maio de 1837, seu rompimento, na noite de 6 de novembro, e os movimentos iniciais dos dois lados.

O segundo capítulo é um interlúdio biográfico: a narrativa é rapidamente interrompida, para fornecer o currículo de alguns líderes de ambas as partes.

O terceiro descreve os preparativos para o confronto, a recomposição do governo legal no Recôncavo, a formação e a manutenção da tropa legalista, as primeiras tentativas de rompimento do cerco pelos revoltosos — até meados de dezembro.

O quarto capítulo cobre o período decisivo de dezembro de 1837 a março de 1838: a consolidação do bloqueio, a situação na capital isolada, os ensaios de alastramento da revolta pelo interior, o funcionamento do governo rebelde, a exasperação pela falta de alimentos, as últimas tentativas de furar o cerco, a radicalização de atitudes, a luta final.

O quinto capítulo trata das medidas de repressão na cidade restaurada: prisões, julgamentos e condenações.

Os dois últimos são interpretativos. Cuidam de questões colocadas na narrativa, ou sugeridas nas entrelinhas: as bases sociais da revolta, a atitude dos revoltosos frente à escravidão, seu projeto político, o sentido de sua oposição à corte, o antilusitanismo, o caráter social da revolta.

Justamente por se pretender conciso e abrangente, este trabalho não pôde ser exaustivo. Sente-se que certas questões poderiam ser aprofundadas, enquanto outras apenas afloram, e outras ainda nem isso. Exemplos: a inserção no cenário político da Regência, comparação com outras rebeliões do período, relação com os modelos externos (Revoluções Francesa e Americana), discussões conceituais de "classe", "revolta", "revolução".

Os documentos reunidos em apêndice, além de ilustrar afirmações do texto, constituem matéria-prima para refletir sobre pontos não explorados. Assim, os jornais são uma fonte para estudo da utilização do liberalismo europeu e uma contribuição à história da ideia republicana no Brasil — não se suspeitava de sua formulação tão enfática nesse período, ao menos na Bahia; alguns bilhetes e cartas são exemplo de nossa ética brasileira do favor, e revelam laços pessoais entre os líderes rebeldes; as propostas de decretos sugerem como se formalizava o exercício do poder entre eles. Com exceção dos poemas, esses documentos são inéditos.

Sua reprodução se justifica por outras razões mais. Lendo documentos do passado, creio que raramente nos sentimos tão diretamente abordados. Eles nos atraem por sua atualidade política. Num momento em que, após terem sido cegamente levados a um beco sem saída (*blind alley*), os brasileiros vão sendo chamados a decidir que direção tomar, é bonito encontrar, em ortografia antiga, frases novas como estas:

A liberdade não he de algum clima, ella he o direito inalienavel de todos os paizes: he absurdo sustentar-se, que este ou aquelle governo he appropriado para este ou aquelle povo. [...] Prescrever para uma nação uma forma de governo, que não forma o bello realisavel em Politica, uma forma de governo, que não promove o bem ser público.

O Brasil, tão debil em recursos para representar-se na cathegoria das nações, deve convergir gravemente para um foco commum de união.

A opinião pública he o esteio de todos os governos.

Cronologia breve das perturbações da ordem, 1823-35*

1823

Após o fim da luta pela Independência, em julho, mantém-se vivo o sentimento antiportuguês na província. Em novembro, a notícia da dissolução da Assembleia Constituinte por Pedro I leva a distúrbios populares contra portugueses ("mata-marotos").

1824

OUTUBRO — Primeiro significativo levante militar após a

---

* Esta cronologia se baseia em Ignácio Accioli, *Memórias históricas e políticas da Bahia*, vol. IV, edição anotada por Braz do Amaral, Salvador, Imprensa Oficial, 1931; F. W. O. Morton, "The conservative revolution of Independence", tese de doutorado, University of Oxford, 1974; e João José Reis, "Slave rebellion in Brazil: the African Muslim uprising in Bahia", 1835, tese de doutorado, University of Minnesota, 1982 (uma versão aperfeiçoada dessa tese foi publicada em português: *Rebelião escrava no Brasil. A história do levante dos malês (1835)*, São Paulo, Brasiliense, 1986 [reeditado pela Companhia das Letras em 2003 com o mesmo título, edição revista e bastante ampliada]).

Independência. Soldados do 3º Batalhão da 1ª Linha, chamado Batalhão dos Periquitos, tomam o quartel-general e matam o comandante das armas da província. O 4º Batalhão e a Artilharia juntam-se a eles. O 1º e o 2º Batalhões permanecem obedientes e se retiram para organizar a resistência em Abrantes (norte da cidade). Em Salvador, fechamento do comércio, roubos, fuga de cidadãos. Os rebeldes não sabem o que fazer, enquanto os senhores de engenho do Recôncavo auxiliam as tropas legalistas acampadas fora da cidade. Após um mês de impasse, a revolta esmorece e o batalhão dos "Periquitos" embarca para Pernambuco. Dois dos líderes são executados no ano seguinte.

1825

AGOSTO — Levante escravo em Cachoeira, prontamente sufocado. O líder, que se denomina "rei", é aprisionado, e a "rainha" morre na luta.

1826

DEZEMBRO — Supressão do pequeno "quilombo do Urubu", nas cercanias de Salvador. Uma mulher líder revela plano de atacar a cidade no Natal, com escravos e libertos nagôs.

1828

MARÇO — Escravos atacam armações — estabelecimentos de pesca da baleia — em Itapoã e rumam para Pirajá, saqueando e queimando. Detidos por um destacamento de soldados; vinte escravos morrem na batalha.

1830

FEVEREIRO — O presidente da província, visconde de Camamu, é assassinado em pleno dia por um homem a cavalo.

ABRIL — Cerca de vinte escravos assaltam armazéns na Cidade Baixa, tomam armas brancas e seguem para um depósito de negros novos, onde obtêm mais de cem adesões. Na luta com uma guarnição de polícia são derrotados, depois perseguidos pelo povo. Mais de cinquenta morrem.

1831

JANEIRO — Marinheiros do vaso de guerra Carioca se amotinam, lutam com oficiais.

ABRIL — Notícias da "Noite das Garrafadas", no Rio de Janeiro, reforçam sentimento antiportuguês. Dois oficiais do 2º Batalhão são presos, suspeitos de planejar um levante. Grande número de soldados e civis em armas toma o Forte do Barbalho e exige sua liberação, assim como a demissão do comandante das armas e de todos os oficiais nascidos em Portugal. O presidente da província demite o comandante e renuncia ao cargo. Rumores de assassínio de um comerciante baiano por um português provocam violências contra portugueses: muitos linchados, casas e lojas saqueadas. O movimento se estende a Cachoeira e Santo Amaro, no Recôncavo. Elaboram-se listas de portugueses que devem ser expulsos do país. A notícia da abdicação de Pedro I serena os ânimos.

O jornalista Cipriano Barata e outros são presos por perturbar a ordem pública.

MAIO — O batalhão do Piauí estacionado na Bahia ocupa o Forte de São Pedro e exige a demissão do presidente da província, João Gonçalves Cezimbra, e do comandante das armas interino, visconde de Pirajá, assim como a deportação de portugueses. Recebe apoio da "ralé", enquanto a gente respeitável se junta aos dois batalhões de infantaria que permanecem leais. O conflito parece de novo iminente. Cezimbra e Pirajá renunciam; as autoridades comprometem-se a expulsar os portugueses, o que ainda não ocorre.

AGOSTO — O Corpo de Artilharia se revolta no Forte de São Pedro, exigindo melhor tratamento e alimentação. Sem consequências, apesar do apoio de "paisanos de condição inferior".

OUTUBRO — Nova revolta do Forte de São Pedro, liderada por oficiais de ideias federalistas. Também com simpatizantes civis, mas sem adesão do grosso da tropa.

1832

FEVEREIRO — Revolta federalista iniciada na vila de São Félix, vizinha a Cachoeira. Um grupo liderado por Bernardo Guanais Mineiro toma a Câmara Municipal de Cachoeira. Em sessão extraordinária da Câmara é apresentado um plano de federação para a província e nomeado um governo provisório. Os rebeldes proclamam a separação porque os habitantes "se acham oprimidos pelo presente governo da província, pelos portugueses seus sequazes e pelo partido ruinoso do Governo do Rio de Janeiro". Seu plano contém 24 pontos: medidas liberalizantes em política e economia, reformas na administração e na justiça, medidas antilusitanas.

Grandes proprietários e autoridades se apressam em suprimir o movimento. Junta-se uma tropa, batizada como "exército harmonizador". Os líderes rebeldes são presos, outros fogem. Os prisioneiros são enviados para o Forte do Mar.

1833

ABRIL — Os prisioneiros tomam o Forte do Mar, com ajuda da guarnição. Hasteiam uma bandeira azul e branca, apontam os canhões para a cidade. Desejam a rendição do governo e instalação do sistema federalista. Têm simpatizantes na cidade, sobretudo entre a população livre de cor. Polícia e Guarda Nacional patrulham a cidade. Corta-se a comunicação com o Forte. Colocam-se canhões nas encostas fronteiras. Intenso bombardeio entre o Forte e a cidade; vários prédios destruídos. Os rebeldes se rendem em alguns dias, são transferidos para um navio-prisão. Com eles é encontrado outro programa federalista, constando de 25 pontos. Basicamente o mesmo de 1832, com maior ênfase em questões sociais e econômicas (preocupação com crianças indigentes e uso racional da terra, por exemplo).

1835

JANEIRO — Liderados por escravos muçulmanos ("malês"), centenas de escravos saem às ruas de Salvador na madrugada do dia 25. Lutam contra tropas da polícia, guardas nacionais e civis armados. São finalmente derrotados pela cavalaria em Água de Meninos. Cerca de setenta caem mortos; matam nove pessoas. Sufocada a rebelião, as autoridades determinam investigações rigorosas e discriminações contra africanos livres. Mais de duzentos negros são levados à justiça. Ao fim, quatro são executados, 22 sofrem penas de prisão e galés, 44 penas de açoite. Mais de quinhentos africanos são expulsos para a África. Os rebeldes pretendiam eliminar os não africanos da Bahia, exceto os mulatos, que poupariam para servi-los. A revolta dos malês foi a culminância de três décadas de agitação escrava.

CENTRO DE SALVADOR

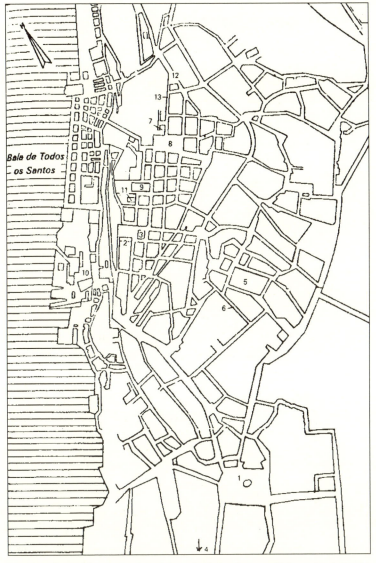

Fonte: Planta do centro histórico de Salvador no último decênio do século XIX, *in* Godofredo Filho e Diógenes Rebouças, *Salvador da Bahia de Todos os Santos no século XIX*, Salvador, Odebrecht, 1985.

Locais mencionados no texto:
1. Praça da Piedade
2. Palácio do Governo
3. Câmara Municipal
4. Forte de São Pedro
5. Quartel da Palma
6. Rua do Castanheda
7. Escola de Medicina
8. Terreiro de Jesus
9. Igreja da Sé
10. Arsenal
11. Santa Casa da Misericórdia
12. Rosário dos Pretos (no Pelourinho)
13. Rua das Portas do Carmo

O romper da revolta

Em maio de 1837, o presidente da província da Bahia informou a corte do Rio de Janeiro sobre "boatos de desordem". No clima de constante instabilidade da província, em que o extraordinário se tornara rotina, esses rumores nada traziam de novo. Mas ao se renovarem três meses adiante, sempre repetindo o tema da separação da província do resto do Brasil, eram avalizados por um periódico recém-aparecido, o *Novo Diário da Bahia*, editado por Francisco Sabino Vieira. Em nova comunicação à corte — a Montezuma, ministro da Justiça — o presidente Souza Paraizo juntou dois números do jornal. Um deles estampava um editorial com o título "Poder-se-á dispensar a Revolução no Brasil?".[1]

A inquietação não se limitava à capital da província. Em junho, o juiz de direito de Cachoeira pediu armas e homens ao governo para reprimir uma revolta esperada para o dia 25, dirigida

---

1. Ofícios de Francisco de Souza Paraizo a Aguiar Pantoja, 27/5/1837, e Francisco Montezuma, 12/8/1837. Publicações do Arquivo do Estado da Bahia (PAEBa), *A Revolução de 7 de Novembro de 1837 (Sabinada)*, vol. IV (1945), pp. 395-403.

pelos mesmos homens que em 1832 pretenderam transformar a Bahia em estado federal. Eram apoiados pela Guarda Nacional e encorajados por notícias da luta no Rio Grande do Sul e das agitações em Salvador. Não aconteceu a revolta, embora as armas chegassem somente após o dia 25.[2]

Em Salvador, não só na expressão das ideias se evidenciava a movimentação. Também em atos como a fuga do líder farroupilha Bento Gonçalves do Forte do Mar, onde se encontrava preso desde junho. Em 10 de setembro, a pretexto de banhar-se no mar, ele nadou tranquilamente para fora da prisão e foi recolhido por um barco. Bento Gonçalves era maçom, e seus irmãos da maçonaria baiana desempenharam algum papel nesse acontecimento, em associação com dissidentes militares e civis. (O oficial do Forte responsável por ele seria condenado por envolvimento.) Ou talvez os maçons e os conspiradores fossem os mesmos, considerando o caráter político das lojas maçônicas da época. Após uma breve estadia na cidade, onde certamente se encontrou com os que lhe haviam preparado a fuga, ele retornou ao Sul do país.[3]

Quem sabe se devido à preeminência de Bento Gonçalves, havia já entre os contemporâneos uma tendência a dar demasiado peso à sua participação no rompimento da Sabinada. Segundo o chefe de polícia de Salvador na época, os "planos de revolta" teriam sido deixados por ele. Mais recentemente, o historiador gaúcho Walter Spalding acreditou que ele havia precipitado a revolta.[4] Na verdade, é difícil aquilatar com precisão a influência pessoal de Bento Gonçalves neste caso. Se ele achou tão boa acolhida entre os

---

2. Ofício de M. Vieira Tosta ao presidente da Província, 12/6/1837, ibid., pp. 381-2.
3. Walter Spalding, "A Sabinada e a Revolução Farroupilha", ibid., pp. 97-107; "Relação dos militares implicados na revolução de 7 de novembro de 1837", PAEBa, vol. V (1948), p. 351.
4. Ibid., p. 104; Francisco Gonçalves Martins, "Suplemento à exposição dos acontecimentos do dia 7 de novembro", PAEBa, vol. II (1938), p. 267.

baianos, foi na condição de líder na luta do Sul. Importante foi o exemplo separatista da Farroupilha.

Os indícios de levante próximo se avolumavam. A frequência das reuniões já não tão secretas dos "clubes" revolucionários, a linguagem desassombrada do *Novo Diário da Bahia*, a pregação corrente entre os soldados — tudo concorria para tornar a intenção de rebelião quase que pública.[5] Os prenúncios tornavam-se anúncios.

As denúncias surgiram finalmente. A 1º de novembro, um amigo do chefe de polícia o visitou em casa. Ia como emissário de outro amigo, que preferia não se identificar, para informar sobre preparativos concretos para uma "revolução" (sua palavra). Na mesma noite havia reunião dos conspiradores, na casa de um ourives à praça da Piedade (ver planta da cidade na página 27). Para lá se dirigiram, "ambos em trajes disfarçados", segundo o relato do próprio chefe de polícia, Francisco Gonçalves Martins. Espreitando um segundo andar suspeito pelo ruído e a iluminação, não distinguiram vozes ou vultos, mas ouviram as palavras "maroto" — designação pejorativa para português —, "punhal" e "rusga". Foi o que bastou para que Gonçalves Martins colocasse doze homens armados na vizinhança e rumasse ao Palácio do Governo. "Só depois de bater em todas as portas do Palácio por uma boa hora", conta ele, é que conseguiu falar com o presidente Souza Paraizo. Expôs-lhe os dois meios que via para evitar o pior: prender todos os que compunham o "clube", no qual lhe constava haver oficiais de 1ª Linha, ou embarcar logo a tropa para o Rio Grande. O presidente objetou a ilegalidade da primeira opção, e ficaram de debater a segunda com o comandante das Armas da Província,

5. Francisco Gonçalves Martins, "Nova edição da simples e breve exposição de motivos sobre a Sabinada, comentada e anotada por Antonio Rebouças", PAEBa, II, p. 258; Braz do Amaral, "A Revolução de 1837", PAEBa, IV, p. 123; Arquivo do Estado da Bahia (AEBa), Seção Histórica, *A Sabinada*, maço 2843.

Luiz da França Pinto Garcez — que fora chamado ao Palácio. Ele não aparecendo, a coisa ficou para o dia seguinte. (Soube-se depois que ele havia chegado até a guarda do Palácio, não entrando por imaginar a conferência já terminada.) Voltando à Piedade, Gonçalves Martins encontrou o "clube" já naturalmente dispersado. Mais tarde, no quartel da polícia, soube dos participantes reconhecidos.[6]

No encontro seguinte no Palácio, o chefe de polícia nomeou alguns oficiais conspiradores ao comandante das Armas. Seu relato da reunião é insubstituível:

> O sr. Luiz da França, confiado em sua honradez e no seu bom coração, a todos defendia; este era até seu compadre; aquele tinha uma boa comissão, que não era de perder; tal outro estava arrependido de ter sido revolucionário em outro tempo. Um lhe devia dinheiro; e o major Sérgio (Velloso) lhe tinha dito com firmeza e prontidão que não tinha assistido aos clubes, nem era capaz de ser revolucionário. Argumentos em contrário lhe foram presentes, porém inutilmente, e vi-me por aquelas duas autoridades de tal maneira contrariado, que foi forçoso desconfiar de mim próprio e de minha facilidade e voltar a novas indagações.[7]

O presidente Souza Paraizo era solidário com Luiz da França, mas achou necessário fazer uma "proclamação" ao povo, no dia 4 de novembro. Alertou os baianos contra um "partido desorganizador", simpatizante dos movimentos no Rio Grande do Sul e no Pará (Cabanagem), que pretendia a separação da província. "Não desampareis vossas diárias preocupações", recomendou. Deveriam estar tranquilos; o governo estaria vigilante para que "a hidra

---

6. Gonçalves Martins, "Simples e breve exposição", pp. 227-30.
7. Ibid., p. 230. Ortografia e pontuação foram modernizadas nas citações.

não levante o colo".[8] Suas palavras mostram a população perturbada pelos rumores recentes, que prefiguravam acontecimentos de vulto iminentes.

Nova denúncia alcançou Gonçalves Martins no mesmo dia 4: a revolução seria naquela manhã, na mudança da guarda. Ao que ele reuniu o Corpo Policial e o preveniu contra traição por parte dos soldados. Isto o indispôs ainda mais com a tropa de linha, e resultou num abaixo-assinado de oficiais exigindo satisfação, por ofendidos. Ao mesmo tempo, o comandante das Armas oficiava ao presidente, assegurando-o da lealdade e confiabilidade da tropa para sufocar a revolta de onde quer que partisse. Ainda conforme o relato não contestado do chefe de polícia, ele foi obrigado a redigir um desagravo aos militares — "um sacrifício mais que fazia à tranquilidade pública" — na forma de ofício a Souza Paraizo. Nele louvava a "atitude militar e fiel" dos dois Corpos de 1ª Linha e a prontidão da Guarda Nacional. Tranquilizado e satisfeito, o presidente da província passou o ofício ao comandante das Armas.[9]

Não permaneceria tranquilo por muito tempo, porém. No mesmo dia — 6 de novembro — teve início a revolta.

Não havia data marcada para ela, nem plano sistemático. É provável que os conspiradores resolvessem agir logo por temer sua prisão, por superestimar a ciência e a decisão das autoridades. Entre eles, os militares temiam ser removidos da província, enviados a lutar no Rio Grande do Sul contra os farroupilhas. A ideia desse temor como catalisador da revolta é sugerida, entre outros documentos, pelo seguinte bilhete do major Sérgio Velloso, da Artilharia, a seu irmão, Joaquim José Velloso, comandante de um batalhão de Infantaria:

---

8. *Apud* Braz do Amaral, "A Sabinada", paeba, ii, p. 56.
9. Gonçalves Martins, "Suplemento à exposição", p. 276; "Simples e breve exposição", pp. 232-3.

Joaquim —, chegou ao conhecimento da maior parte dos indivíduos deste corpo que os Permanentes (Polícia), de plano concertado com os marotos, pretendiam de surpresa atacar este Quartel, a fim de nos fazer embarcar para Camamu, e de lá para o Sul. A concorrência de muitos paisanos e guardas Nacionais e o brio ofendido de todos os Oficiais fizeram-me com eles aclamar a independência desta Província durante a menoridade do nosso Imperador. Eu estou comprometido, por isso te convido a te unires a nós, pois te asseguro a existência, e emprego. — Sérgio.[10]

O Corpo de Artilharia ficava alojado no Forte de São Pedro, a quinhentos metros da praça da Piedade. Por volta das vinte horas do dia 6, para lá se dirigiram os tenentes José Nunes Bahiense e Daniel Gomes de Freitas, acompanhados dos civis Francisco Sabino Vieira, João Carneiro da Silva Rego e Manoel Gomes Pereira — este, o ourives dono da casa espreitada por Gonçalves Martins. Lá chegando, fizeram tocar o sino a rebate e ocupar os arredores por grupos de soldados. Estes prenderam vários passantes que seguiam para o Centro pelas Mercês, entre eles o ajudante de ordens do comandante das Armas.[11]

Como testemunha no julgamento de Sabino, ele viria a ser a principal fonte sobre o acontecido nesta noite no Forte de São Pedro. De seu depoimento surge clara a liderança de Sabino já nesse primeiro instante: "incansável", a subir e descer a rampa da fortaleza dando ordens. Ele conta como Sabino o abordou, perguntando-lhe pelo comandante das Armas e justificando a revolução, "dizendo que esta nenhuma oposição encontrava, pois que aquele Corpo a

10. *Apud* Luiz da França Pinto Garcez, "Exposição dos acontecimentos militares que tiveram lugar na Capital da Província da Bahia, em a noite de 6 de Novembro de 1837 e manhã seguinte", PAEBa, II, pp. 323-4.
11. AEBa, A *Sabinada*, maço 2843.

promovia, e uma boa parte de todos os outros concordava, estando mui firmes a não fazerem fogo aos seus Patrícios".[12]

Este oficial era d. José Baltazar da Silveira, de aristrocrática família militar. É também dele, no mesmo depoimento, o relato seguinte do controvertido encontro de Sabino com Gonçalves Martins:

> No sábado anterior [dia 4], em casa do Galvão ao Gravatá, ele Réu [Sabino] havia dito a Francisco Gonçalves Martins, Chefe da Polícia, que fora ali chamado, que a revolução havia de aparecer, com o que este a princípio encrespou-se, mas que afinal havia amaciado à vista do estado das cousas que ele Réu lhe havia exposto, declarando mais que o mesmo Réu lhe dissera, em presença dos companheiros de prisão, que se o Chefe da Polícia não anuía à revolução era porque ele Réu não lhe dava o lugar de presidente, e que o Presidente da Província e o Comandante das Armas, se se quisessem opor, haviam de ser sacrificados, por não acharem apoio e serem os únicos a quem não havia sido descoberta a revolução.[13]

Afirmar que apenas o presidente e o comandante ignoravam a trama seria certamente um exagero para impressionar Gonçalves Martins e conquistar seu apoio. Indica, porém, como estava difundida por aqueles dias a ideia da revolução.[14] (Sobre o encontro Sabino-Martins falaremos mais adiante.)

Ao serem informados das últimas ocorrências, o presidente

12. Ibid.
13. Ibid.
14. Posteriormente, mais de um réu alegaria em sua defesa que havia tomado a revolta como coisa pública, por todos desejada: "As Folhas Públicas o diziam com a claridade da luz do meio dia", disse um deles (Defesa de Joaquim da Silva Freire, PAEBa, vol. III (1939), p. 167).

Paraizo e o comandante Luiz da França caíram enfim na realidade, ou melhor, viram-na desabar sobre suas cabeças.

Luiz da França, sabedor do "motim" (seu termo) por volta das 22 horas, correu ao 3º Batalhão aquartelado na Palma. Com apenas cinquenta a sessenta homens pertencentes a este batalhão, rumou para a praça do Palácio, depois para a Piedade. Lá se encontrou com uma força de quarenta a cinquenta marinheiros. Estabeleceu patrulhas e prendeu pessoas armadas com destino ao Forte de São Pedro.[15] A praça da Piedade situa-se entre este Forte e o Palácio do Governo. A intenção seria, portanto, impedir um possível ataque ao Palácio, mais que atacar de pronto os revoltosos. Esta última alternativa, proposta por Gonçalves Martins, foi desautorizada por Paraizo.[16] Como Luiz da França, ele temia se precipitar, indeciso em até que ponto deveria desconfiar dos soldados revoltados e no quanto poderia confiar nos soldados leais. Com a noite, as coisas poderiam se delinear, ou mesmo voltar à normalidade. Decidiu-se, de todo modo, só atacar pela manhã.

Durante a madrugada chegaram sessenta praças da Guarda Nacional da freguesia de São Pedro, e depois o Corpo Policial, com pouco mais de cem homens. Agora eram mais de 270 homens na Piedade (um cálculo retraído).[17] Entretanto, muitos deles resmun-

---

15. Pinto Garcez, "Exposição", p. 316.

16. Gonçalves Martins, "Simples e breve exposição", p. 240.

17. Pinto Garcez, "Exposição", pp. 312-5. Esses números modestos são de Luiz da França Pinto Garcez. Gonçalves Martins calcula o total de homens na praça em cerca de seiscentos: acrescenta 130 a 140 guardas nacionais das freguesias de Santana e da Sé, e calcula em trezentos homens o Corpo Policial presente (Gonçalves Martins, "Simples e breve exposição", pp. 241-2). Braz do Amaral e Luiz Viana Filho seguem Gonçalves Martins (Braz do Amaral, "A Sabinada", p. 121; Luiz Viana Filho, *A Sabinada. A República Bahiana de 1837*, Rio de Janeiro, José Olympio, 1938, p. 96). Quanto aos presentes no Forte de São Pedro, seriam 250 da Artilharia, e uns oitenta que a eles se juntaram (Braz do Amaral, "A Sabinada", p. 12; Gonçalves Martins, "Simples e breve exposição", p. 241).

gavam estar ao lado de "marotos" para bater patriotas. Então, os praças do 3º Batalhão aderiram à revolta. Os outros responderam à ordem de carregar armas jogando as balas ao chão e seguindo o exemplo daquele. Por fim, apenas os marinheiros e pequena parte da Guarda Nacional obedeciam. Luiz da França percebeu finalmente que o "fatal delírio revolucionário" tomara conta da tropa, mesmo de oficiais até então distintos![18] Nada havia mais a fazer. Ele e Paraizo refugiaram-se em barcos ancorados na baía. Gonçalves Martins partiu em saveiro para o Recôncavo. Em sua exposição dos acontecimentos, ele nos conta como, ao passar pela foz do rio Paraguaçu, a solidão do lugar o fez refletir emocionado sobre a sua sorte. "Qual Mário sobre as ruínas de Cartago", acrescentou anonimamente um comentarista.[19]

Pouco depois — era já plena manhã do dia 7 — civis e soldados saíram do Forte de São Pedro e andaram o caminho (atuais avenida Sete e rua Chile) até a Praça do Palácio. Fizeram abrir a Câmara Municipal e convocaram uma sessão extraordinária com o toque do sino.

Na sessão do dia 7 de novembro foi lavrada uma ata — o documento básico da Sabinada.[20] Uma declaração de independência da província e algumas primeiras medidas formam o núcleo dessa ata, redigido ainda no Forte de São Pedro. (Seus principais redatores: Francisco Sabino e o bacharel José Duarte da Silva.[21]) Escreveram a declaração na fortaleza, mas, como em revoltas anteriores, levaram-na para ser registrada na Câmara Municipal, na

18. Pinto Garcez, "Exposição", pp. 315-6.

19. Gonçalves Martins, "Simples e breve exposição", p. 245, nota 47 de Antonio P. Rebouças.

20. *Apud* Francisco Vicente Vianna, "A Sabinada — História da revolta da cidade da Bahia em 1837", PAEBa, vol. I (1937), pp. 114-7; também em Sacramento Blake, "Ainda a Revolução da Bahia de 7 de Novembro de 1837", ibid., pp. 59-62.

21. Vicente Vianna, "A Sabinada", p. 131; AEBa, *A Sabinada*, maço 2843.

intenção de legitimá-la como expressão da vontade popular, da qual a Câmara era o órgão representativo.

Esse cuidado com a legitimização está patente no parágrafo introdutório da ata: "concorreram aos paços da Câmara Municipal desta cidade as pessoas mais gradas da província, autoridades militares e civis, e grande número, ou concurso de povo de todas as classes".[22] Também é de notar a hierarquização: 1) os eminentes da província (as pessoas gradas ou graúdas); 2) as autoridades; 3) gente "de todas as classes".

A ata se compõe basicamente de sete artigos.[23]

Com irreparável clareza, o artigo primeiro coloca a província "inteira e perfeitamente desligada do governo denominado central do Rio de Janeiro". Ela passa a "Estado livre e independente", devendo se organizar uma Assembleia Constituinte para dotar o novo Estado de um "pacto fundamental". A partir da Constituinte seria criada uma nova Assembleia.

Surpreendentemente, o artigo segundo *nomeia* um presidente. Além disso, um presidente ausente: Inocêncio da Rocha

---

22. Vicente Vianna, "A Sabinada", p.114. A afirmação de que "as pessoas mais gradas da província" concorreram à Câmara contrasta com o depoimento de um presente, que "somente achou gente de chinelos e de nenhuma consideração trepada até pelos bancos da mesma Câmara" (AEBa, *A Sabinada*, maço 2843).

23. Nas reproduções da ata por Sacramento Blake e Francisco Vicente Vianna (cf. nota 20), há alguns erros de transcrição nos nomes dos signatários. Os nomes corretos são: Domingos Ensoriano Marques, Custódio Bento Monteiro, João Mauricio de Paiva, Matheus Alexandre Gueulette, Bernardino Affonso Martagão, José Theophilo Martins Bouças, Antonio Gomes de Bezerra Camutanga, Anastácio José de Magalhães Requião. Eles foram obtidos da reprodução da lista de assinantes feita pelos revoltosos publicada no *Diário da Bahia* de 27 de novembro de 1837 (AEBa, *A Sabinada*, maço 2841), e conferem — os que reaparecem — com nomes dos processos (à exceção do último, encontrável com os prenomes Antonio Joaquim, em PAEBa, III, pp. 80, 81 e 83). De acordo com o *Diário*, um certo Ezequiel de Souza Rodrigues havia rasurado sua assinatura: "Borrou o nome. E que tal é o moço!!...". Neste caso, o número de assinantes seria de 105.

Galvão, um advogado exilado nos Estados Unidos por envolvimento na morte do comandante das Armas em 1824. Uma vez que Sabino também se envolvera no levante de 1824, pode-se ver nessa nomeação uma homenagem a um companheiro de lutas e um aceno para que voltasse (o que não ocorreria). Em sua ausência, diz o artigo segundo, deveria presidir "aquele que for de presente diretamente eleito". O mesmo artigo nomeia o major Sérgio José Velloso comandante das Armas, promovido a brigadeiro.

Do terceiro ao sexto, os artigos cuidam de promoções militares, de recompensas aos que promoveram o movimento. Sugerem uma meritocracia revolucionária de primeira hora. O major Inocêncio Eustáquio Ferreira de Araújo passa a tenente-coronel e comandante do Corpo de Artilharia; o primeiro-tenente Daniel Gomes de Freitas, a tenente-coronel; e o segundo-tenente José Nunes Bahiense, a major. Os demais oficiais são automaticamente promovidos dois postos.

O último artigo iguala o soldo da tropa de linha (profissional) ao do Corpo de Polícia.

A sessão da Câmara findou com um toque de comicidade involuntária. O presidente da sessão, vereador Luiz de Souza Gomes, houve por bem lembrar a nomeação de um presidente interino, "visto que a província se achava acéfala", argumentou. João Carneiro da Silva Rego, vice-presidente indicado por Sabino, assumiu a presidência. Sabino ficou como secretário do governo. Cento e quatro pessoas subscreveram a ata.

Dois dias depois dessa extraordinária sessão, um grupo de cidadãos enviou ao vice-presidente João Carneiro uma representação escrita.[24] Nela chamam a atenção para um "lapso de pena" da ata: não formular expressamente que a separação do Estado seria apenas até

---

24. Vicente Vianna, "A Sabinada", pp. 117-9; AEBa, *A Sabinada*, maço 2836.

a maioridade de dezoito anos de sua majestade o imperador d. Pedro II, conforme o artigo 121 da Constituição do Império. Dizendo-se preocupados com a tranquilidade pública, pedem a convocação urgente da Câmara e das "classes gerais deste Estado" para emendar a ata, como a única maneira de se obter unanimidade na causa proclamada e evitar o conflito. João Carneiro remeteu à Câmara a representação — "assinada por mais da maioria dos cidadãos que assistiram ao ato da aclamação da Independência", segundo ele. O que não podemos confirmar, por falta das assinaturas.

Em nova sessão extraordinária a 11 de novembro, a Câmara referendou a emenda proposta. A ata dessa sessão foi subscrita por 29 pessoas.

Antes disso, o vice-presidente havia feito imprimir um "Manifesto" e uma proclamação ao povo baiano. O manifesto historia ligeiramente o descontentamento dos habitantes, a má administração imposta à província. Deixa clara a desilusão com o processo da Independência, tutelado por um príncipe autoritário como Pedro I. Sua deposição, "o glorioso 7 de abril", em nada melhorou a situação. Durante a Regência aumentou o carreamento de recursos da província para a corte. Que fazer então? "Quebrar as cadeias que nos roxeiam os pulsos, fechar para sempre os cofres da província ao luxo da corte, declarar nossa independência e esperar tudo de nossa prudência, de nossa adesão à causa da liberdade"[25] O manifesto se inscreve na linha das declarações de libertação colonial que marcaram as independências na América Latina e no Brasil. Também o tema do livre comércio se faz presente.

Nele, como na ata do mesmo dia, não há menção à maioridade de Pedro II. Da mesma forma, a proclamação ao povo é inequívoca ao dizer: "Na realidade constituiu-se um estado livre e indepen-

---

25. *Apud* Vicente Vianna, "A Sabinada", pp. 121-2.

dente sem a menor oposição e com a maior glória que se pode imaginar".[26] O vice-presidente tranquiliza os cidadãos: devem retomar os trabalhos cotidianos sem medo, pois seus direitos serão respeitados. Finaliza com "vivas" à religião, à pátria e aos baianos livres.

A declaração de fidelidade a Pedro II, em 11 de novembro, dividiu os comentaristas posteriores da revolução quanto à sua natureza. Viram-se diante de algo inusitado: uma revolução suicida, criando um Estado que se abolia no próprio ato da fundação, ao predeterminar seu tempo de vida — seis anos, pois o imperador completaria dezoito em 1843. Sacramento Blake se refere à ata do dia 11 como "a ata da contrarrevolução".[27] Braz do Amaral toma-a como prova conclusiva de que o movimento não foi republicano.[28] Mas para Luiz Viana Filho, ela representou um recuo tático momentâneo, que não comprometeria o caráter eminentemente republicano-separatista da Sabinada.[29] Para ilustrar seu ponto de vista, ele recorre a outras manifestações dos revoltosos. As duas atas iniciais são realmente documentos precários para uma exposição de seus móveis e fins. Uma análise adequada das atas deve integrar uma discussão maior do ideário da Sabinada, o que será feito mais adiante.

Após a sessão da Câmara em 7 de novembro, os revolucionários voltaram a se reunir no Forte de São Pedro, sem tomar medidas imediatas. Só no dia seguinte passaram a exercer o poder; e "nunca a Bahia esteve mais tranquila que nessas horas [em] que esteve sem governo" — disse um contemporâneo anônimo.[30]

Com a fuga das autoridades máximas da província, a sorte

26. Ibid.
27. Sacramento Blake, "Ainda a Revolução", p. 59.
28. Braz do Amaral, "A Sabinada", pp. 23-4; e *Recordações históricas*, Porto, Typographia Economica, 1921, p. 77.
29. Viana Filho, *A Sabinada*, pp. 109 ss.
30. Anônimo, "Narrativa dos sucessos da Sabinada, desde a fuga de Bento Gonçalves", PAEBa, I, p. 339.

estava lançada. Já na manhã do dia 7 começou o êxodo da capital, de negociantes portugueses e pessoas ricas, especialmente.

No dia 8, o novo governo redigiu dois *bandos* (proclamações afixadas ao som de tambor em locais públicos de costume). O primeiro perdoando os soldados que haviam abandonado suas unidades, desde que se apresentassem espontaneamente num prazo acertado, de quinze dias para os que estivessem na cidade, de trinta para os outros. O segundo *convidando* ao alistamento, para completar os corpos desfalcados.[31]

A 11 de novembro, a revolução estendeu-se à Ilha de Itaparica, levada por Manuel Joaquim Tupinambá, que participara dos levantes de 1831 e 1832 e, mais recentemente, da pitoresca fuga de Bento Gonçalves. Tupinambá, que vivia da lavoura e era então juiz de paz na ilha, comunicou o fato a João Carneiro no dia seguinte, pedindo reforços para a defesa. Mas seus esforços foram vãos, já que a contrarrevolução veio pouco depois, levada pela onda de emigrantes da capital. A 15 de novembro foi lavrada na Câmara Municipal da vila de Itaparica a ata de reinstalação do governo legal. O destemido Tupinambá atacou a vila, em nova tentativa frustrada.[32]

Enquanto isso, gestava-se a reação nos principais núcleos do Recôncavo.

Do brigue *Três de Maio*, onde recebera abrigo, o presidente deposto oficiou ao governo central, participando a má notícia e atribuindo-a à traição da tropa.[33] Escreveu também ao tenente-coronel Alexandre Gomes de Argolo Ferrão, militar de carreira e poderoso senhor do engenho Cajaíba. Deste engenho, onde já se encontrava o chefe de polícia, Argolo Ferrão respondeu ao presidente Paraizo. A leitura atenta da carta assinada por ele e Gonçalves Martins revela

31. Vicente Vianna, "A Sabinada", p. 135.
32. Ibid.
33. *Apud* Braz do Amaral, "A Sabinada", p. 121; PAEBa, V, p. 321.

um documento admirável. Suas instruções precisas e enérgicas contrastam com a vagueza e lentidão das medidas dos revoltosos.[34]

Primeiro, a autoridade maior da província é instada a se estabelecer no Recôncavo, legitimando a reação. ("Sobretudo V. Exa. não deixe de vir, precisamos de um centro próximo e suficientemente autorizado.")

Um barco de guerra deve patrulhar a barra da Baía de Todos os Santos, a fim de desviar para o Recôncavo os gêneros de primeira necessidade destinados a Salvador. Um outro deve proteger o estratégico porto de Itaparica.

Todos os oficiais e soldados têm oito dias para se apresentar na vila de São Francisco, sob pena de deserção.

As instituições básicas devem se recompor no Recôncavo: o Tribunal da Relação e o arcebispo da Bahia devem se recolher a Cachoeira ou Santo Amaro. A Assembleia Provincial será convocada pelo presidente após a sua chegada. Ele deve deixar, onde se encontra, um lugar-tenente encarregado de comprar armas — para o que os autores da carta dizem e repetem que "há dinheiro".

O presidente da província deve estar seguro de que "todo o Recôncavo está disposto a sacrifícios". "Não tenha considerações aos meios mais ou menos legais, porque aqui primeiro é salvar o trono, a nação, as vidas e propriedades dos súditos."

Ele deve também fazer uma proclamação à capital, incitando os habitantes à reação.

Este, em síntese, o conteúdo da carta de Argolo Ferrão e Gonçalves Martins a Souza Paraizo. São instruções, quase ordens, a denotar a fraqueza do presidente da província. Como decisões, não poderiam ser mais acertadas, e foram postas em prática. Em matéria de reprimir revoltas, o senhor do engenho Cajaíba e o

---

34. Carta de Argolo Ferrão e Gonçalves Martins ao presidente da Província, 10/11/1837, PAEBa, IV, pp. 326-7.

O RECÔNCAVO BAIANO

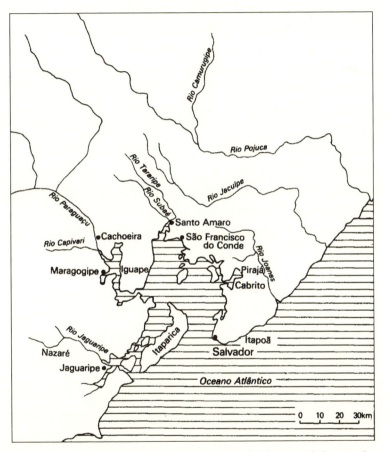

Fonte: João José Reis, *Rebelião escrava no Brasil. A história do levante dos malês (1835)*, São Paulo, Brasiliense, 1986, p. 10.

chefe de polícia de Salvador não eram, decididamente, marinheiros de primeira viagem. O único erro de sua carta é estimar a duração da luta em vinte ou trinta dias. Levaria algo mais.

Algumas medidas já haviam sido tomadas. A carta é datada de 10 de novembro. Em proclamação aos baianos, no dia anterior, Paraizo já designava a vila de São Francisco como ponto de reunião, Argolo Ferrão como chefe militar e Cachoeira como sede da Relação. Os empregados públicos que não comparecessem estariam demitidos. Os soldados que não se apresentassem em quinze dias seriam punidos. Os cidadãos em geral que permanecessem na cidade estariam cometendo um crime silencioso, imperdoável.[35]

O empenho maior entre os legalistas demonstrou Gonçalves Martins. Passou aqueles dias numa maratona de mobilização pelos engenhos e povoações do Recôncavo. Conferenciou com grandes proprietários e comandantes da Guarda Nacional: Joaquim Inácio de Siqueira Bulcão, Miguel de Teive e Argolo, Inácio de Araújo de Aragão Bulcão, José Joaquim Chaves, Antonio de Sá Barreto e outros, além de Argolo Ferrão.

No dia 11, encontrava-se em Santo Amaro para a sessão da Câmara Municipal, presidida por seu irmão José Gonçalves Martins. Para alegria dos presentes na sessão, chegou de Salvador, já esperado pelo chefe de polícia, o tesoureiro-geral Manoel José de Almeida Couto, com a razoável quantia de 460 contos de réis. Também o pagador da Marinha levou o que havia em cofre, dez contos.[36]

Em Cachoeira, no dia 12, Gonçalves Martins garantiu o apoio do juiz de direito Manuel Vieira Tosta (futuro marquês de Muritiba) e do coronel e proprietário Rodrigo Antonio Falcão Brandão (futuro barão de Belém).

Francisco Paraizo alcançou o engenho Cajaíba em 13 de

35. *Apud* Vicente Vianna, "A Sabinada", p. 137.
36. Gonçalves Martins, "Simples e breve exposição", pp. 249-50.

novembro. Em reunião com Argolo Ferrão e Gonçalves Martins, nomeou-se Rodrigo Falcão Brandão para comandar a Guarda Nacional de Cachoeira, ficando Argolo Ferrão responsável pelas forças de Santo Amaro e São Francisco. Seguindo a lei, o comandante das Armas da província, Luiz da França Pinto Garcez, assumiria o comando em chefe. O coronel Antonio de Souza Lima foi nomeado comandante militar de Itaparica, e o coronel Inácio Bulcão organizaria um esquadrão de cavalaria.[37]

O próximo ato de Francisco Paraizo foi motivo de alívio geral: renunciou à presidência. Atribuíam-lhe boa parte de culpa pelo sucesso dos insurgentes. (Miguel Calmon se referiu à "sorna estupidez dos Paraizos".[38]) Mas ele solicitara sua substituição em setembro, por razão ou pretexto de doença. Seu sucessor já estava a caminho. O desembargador e ex-presidente Honorato José de Barros Paim assumiu interinamente o cargo no dia 14.[39]

Os contingentes da Guarda Nacional mobilizados pelos líderes do Recôncavo começaram a concentrar-se em Pirajá, na estrada principal para Salvador.

No dia 13, o Corpo de Polícia, que já era suspeito aos rebeldes, abandonou a cidade, sob o comando de um membro da família Almeida Sande, e se juntou aos legalistas em Pirajá.[40]

Na capital, famílias continuavam a partir, levando víveres e dinheiro, sob os olhos complacentes do governo rebelde.

---

37. Ibid, pp. 251-2; Vicente Vianna, "A Sabinada", p. 140.
38. "Miguel Calmon, Apontamentos", PAEBa, IV, p. 326.
39. Vicente Vianna, "A Sabinada", p. 140.
40. Braz do Amaral, "A Sabinada", p. 19; Gonçalves Martins, "Simples e breve exposição", pp. 248-9. "Rebeldes", "revoltosos" e mesmo "revolucionários" são usados alternativamente, por oposição a "legalistas" e "restauradores". Reconhecemos a imprecisão, justificada em parte por razão de estilo. Ela decorre do sentido que se der a "rebelião", ou "revolta", como distintas de "revolução".

Sabinos, Carneiros e Martins
(*Apresentação de alguns líderes*)

Sabinos e Carneiros a cada ponto da província se encontram.

Visconde de Pirajá

Francisco Sabino Álvares da Rocha Vieira participou dos acontecimentos que resultaram na Independência em 1823. Resistiu à posse de Madeira de Melo no governo das Armas, em fevereiro de 1822. Durante a guerra com a tropa portuguesa de Madeira de Melo, o chefe da força brasileira, general Labatut, mandou prendê-lo por radicalismo.[1] Atuou como ajudante do comandante da Ilha de Itaparica e cirurgião de um regimento (concluíra a formação de médico em 1817).[2]

Finda a guerra de Independência na Bahia, apoiou a revolta iniciada pelo batalhão dos "Periquitos", em 1824. Em fins da década de 20, candidatou-se a cirurgião-mor do Hospital Militar. Um ofi-

1. Luis Henrique Dias Tavares, *A Independência do Brasil na Bahia*, Rio de Janeiro, Civilização Brasileira/MEC, 1977, pp. 31 e 119.
2. Viana Filho, *A Sabinada*, p. 80; Morton, "Conservative revolution", p. 367.

cio do presidente da província, negando-lhe o cargo, revela que Sabino já possuía então reputação de "espírito exaltado".[3] Logo seria conhecido pela violência física, ao responder por um assassinato do qual se sabe apenas o nome da vítima, Carlos Manoel de Lima. Em 1833 causou a morte da mulher, em circunstâncias que possivelmente o tornaram conhecido também como homossexual.

Sua esposa tinha 25 anos então, e ele 37.[4] O episódio que resultou na morte aconteceu a 18 de setembro. Segundo Luiz Viana Filho, "sua causa foi a perversão sexual da virilidade de Sabino [*sic*], que, surpreendido pela mulher, Joaquina Gonçalves, em sua própria casa, ao Castanheda, contra ela investiu empunhando uma faca de ponta".[5] Ela caiu da escada — era noite — e teve uma fratura no braço, que infeccionou. Sabino parece ter feito o possível para salvá-la, formando uma verdadeira junta médica com colegas. Mas ao resolverem amputar, era tarde. Ela morreu de tétano a 5 de outubro. Sabino respondeu a processo.[6]

Das sete testemunhas a depor, seis afirmaram ser este o motivo da desavença: sua esposa o encontrara na rede, nas palavras de uma delas, "servindo-se de um homem preto como se fora mulher"; ou, no pleonasmo inédito de uma outra, "servindo-se copulativa e carnalmente de um homem preto".[7] Das seis, três receberam a informação da "preta Maria", uma ex-escrava do pai de Sabino que habitava uma "loja" (no andar térreo) da casa deste. A preta Maria ouvira o relato de Joaquina Gonçalves, ao lhe prestar assistência no dia seguinte, em casa do vizinho onde ela se refugiara. (Este, um portu-

---

3. Braz do Amaral, *História da Bahia do Império à República*, Salvador, Imprensa Oficial, 1923, p. 66.

4. PAEBa, IV, 239; Morton, "Conservative revolution", p. 367.

5. Viana Filho, *A Sabinada*, p. 83. Os documentos relativos à morte de Joaquina Gonçalves encontram-se em PAEBa, IV, pp. 233-59.

6. PAEBa, IV, pp. 244-5; Viana Filho, ibid.

7. Ibid., pp. 255-6.

guês de 62 anos, foi a testemunha que se referiu apenas a "uma rixa" entre marido e mulher.) As duas testemunhas restantes, um guarda e um cabo municipais, afirmaram saber do fato "por ouvir dizer".[8]

Subversivo e homossexual: os homens grados da província certamente se apavoraram com a ideia de serem governados por um homem no qual viam esses predicados.[9]

Nessa época Sabino editava o *Investigador Brasileiro* e tinha como adversário político Vicente Ribeiro Moreira, editor do *Jornal do Commercio*.[10] Moreira e o irmão, o alferes José Joaquim, acusaram Sabino pela morte da mulher. (Ele foi absolvido por unanimidade.)

8. Os depoimentos das testemunhas compreendem as páginas 246-58 do volume citado. Suas profissões eram, além das duas referidas, costureira, calafate, guarda municipal e sargento de linha (da preta Maria diz-se apenas que era africana e casada). Eram quase todos moradores à mesma rua do Castanheda, no atual bairro de Nazaré. O cabo da Guarda Municipal relatou a ocorrência ao comandante de sua companhia, Lázaro Vieira do Amaral, que viria a ser tio do historiador Braz do Amaral. A publicação desses documentos não se deu sem contratempo e controvérsia. Ao editar novos documentos sobre a Sabinada, em 1930, a *Revista do Instituto Geográfico e Histórico da Bahia* excluiu-os ostensivamente, alegando conter "minúcias imorais e desabonadoras da memória de Sabino, por ventura inexatas"; o processo seria "obra talvez do ódio de um inimigo" (Nota da Redação da *RIGHBa* a Wanderley Pinho, "A Sabinada — Novos documentos", PAEBa, I, p. 257). Os documentos em questão apareceram em 1945, no quarto volume das Publicações do Arquivo do Estado dedicadas à Sabinada.

9. Isso coloca a questão das atitudes diante de comportamentos vistos (ou imaginados) como diferentes. Sobre a sociedade baiana do século XIX não há estudos de atitudes ante a sexualidade, com exceção de Luiz R. B. Mott, "Os pecados da família na Bahia de Todos os Santos (1813)", publicação do Centro de Estudos Baianos da Universidade Federal da Bahia (1982). Do mesmo autor, professor de pós-graduação em Ciências Sociais da UFBA, existem trabalhos sobre homossexualidade no Brasil-colônia: dois *papers* ainda inéditos, "Escravidão e homossexualidade" (1982, mimeografado) e "Relações raciais entre homossexuais no Brasil colonial" (idem).

10. PAEBa, I, p. 251. Em 1833, Sabino era tesoureiro da Faculdade de Medicina, e constatou-se irregularidade em suas contas (Braz do Amaral, "A Sabinada", pp. 47-8). Podemos cogitar que ele utilizasse o dinheiro para financiar o seu *Investi-*

Em outubro de 1833, xingaram-no publicamente, em encontro casual. Na briga que se seguiu, Vicente Moreira apanhou da bengala de Sabino. Depois disso, seu irmão clamava pretender vingá-lo.

Na manhã de 7 de novembro, Sabino trabalhou como examinador de Fisiologia na Escola de Medicina, e se dirigiu a tratar algo na Secretaria do Governo. No caminho de volta à Escola, onde faria outro exame às onze horas, agrediu ou foi agredido — as testemunhas divergem — pelo alferes José Joaquim Moreira, em frente à Câmara Municipal, e o matou com um bisturi (uma faca interóssea, segundo outros).

O julgamento assumiu dimensão política. Ele foi absolvido em abril de 1834, em Salvador. As acusadoras apelaram (uma delas era a viúva do alferes). No novo julgamento, em Cachoeira, foi condenado a seis anos de prisão com trabalho. Após ficar um ano detido, pediu e obteve indulto imperial, com a condição de deixar a província — o que aparentemente terminou por não fazer.[11]

Data da época do assassínio de Moreira uma descrição física de Francisco Sabino Vieira, feita pelo funcionário que lavrou o termo de prisão, hábito e tonsura (em 8/11/1833): Ele tem "estatura mediana, a cabeça arredondada, testa alta e larga com uma cicatriz transversal, sobrancelhas grossas, cabelos castanhos e crespos, olhos grandes e azuis, nariz grande um tanto largo, lábios finos, barbas fechadas e com suíças pequenas, e uma cicatriz do lado do queixo inferior esquerdo, vestido de jaqueta de fita pintadinha, camisa branca, calça branca, calçado de meias e sapatos".[12]

---

gador Brasileiro. A edição desse periódico cessou em 1834. Ele retomou a atividade de jornalista — mas não de tesoureiro — em julho de 1837, com o *Novo Diário da Bahia*.

11. PAEBa, IV, pp. 266-71 e 275-316.

12. Wanderley Pinho, "A Sabinada — Novos Documentos", p. 257.

Luiz Viana Filho observa que o nariz e o cabelo "traem a ascendência negra".[13] Temos aqui, então, um mulato de olhos azuis.

Sabino era respeitado por sua qualificação profissional e intelectual. Em abril de 1837 ele se tornou catedrático da Escola de Medicina da Bahia, então um dos mais prestigiosos centros de ensino superior do Novo Mundo.[14] Era um dos homens mais cultos de Salvador. A listagem de seus livros ocupa a maior parte do inventário de seus bens (feito em março de 1838).

A biblioteca de um homem é, com frequência, uma amostragem razoavelmente fiel de seus interesses e preocupações. A de Sabino é exemplar nesse sentido: manuais de anatomia e obstetrícia ao lado de clássicos de política e direito; e também regulamentos de cavalaria e infantaria. E obras de pensadores iluministas como Voltaire e Rousseau, de reformadores humanistas como Pinel; novidades importantes como Tocqueville (*De la démocratie en Amérique*, aparecida em 1835). Alguns livros mais: Coleção das Constituições; Say, *Curso de economia política*; livros de fisiologia, química, patologia; Locke e Newton; Milton e Pope; História de Napoleão. E assim por diante, num total de 162 obras em 436 volumes, enciclopédias e dicionários incluídos.[15]

Ele foi, portanto, a personalidade mais complexa da revolta (que afinal passou à história com seu nome); a que melhor soube atrair a atenção dos contemporâneos e dos pósteros. Estes, como aqueles, continuariam a dividir-se em defensores e detratores.

---

13. Viana Filho, *A Sabinada*, p. 67.
14. Ibid., p. 88.
15. "Inventário dos bens achados em casa do rebelde Francisco Sabino A. da Rocha Vieira", AEBa, *A Sabinada*, maço 2836; PAEBa, IV, pp. 203-11. A relação dos livros é reproduzida no apêndice da obra de Viana Filho (pp. 203-6).

Sabe-se menos sobre a vida pregressa — anterior à Sabinada — do vice-presidente escolhido, *João Carneiro da Silva Rego*.

Nasceu de uma família pertencente à burocracia legal. Tinha boa posição social: fez do filho bacharel. A tendência dos historiadores tem sido considerá-lo de pouca expressão, quase boneco de ventríloquo de Sabino. Em seu fragmento de história da Sabinada, Henrique Praguer afirmou ser João Carneiro negociante de gado em Feira de Santana, um homem probo, mas a quem faltavam "as luzes indispensáveis a tão pesado cargo". Necessitava, por isso, de um homem de critério como Sabino ao lado, considerou Praguer.[16] F. W. O. Morton o qualificou de "uma honesta mediocridade", que nunca esperou achar-se à frente de uma revolução.[17]

Na verdade, em 1837 já possuía ele uma história própria, nem brilhante nem medíocre, de atividade pública e política.

Exerceu o ofício de notário por volta de 1812. Nas agitações nacionalistas que precederam a guerra da Independência, foi remetido preso para Lisboa.[18] Em 1832, encontramo-lo como secretário do Conselho Geral da Província, um órgão novo, de capacidade deliberativa muito limitada. Nessa qualidade subscreveu uma carta do Conselho ao imperador, alertando para o estado calamitoso da província, decorrente da moeda de cobre falsa. Pedia a convocação extraordinária da Assembleia Provincial, por ato do Poder Moderador.

Em 1835, João Carneiro foi eleito para a Assembleia da Província com grande número de votos. É sua última notícia antes da Sabinada.[19]

16. Henrique Praguer, "A Sabinada", PAEBa, I, p. 103.
17. Morton, "Conservative revolution", pp. 365-6.
18. "Peças do processo da Sabinada", PAEBa, III, p. 116; Ignácio Accioli e Braz do Amaral, *Memórias históricas e políticas da província da Bahia*, vol. III, Salvador, Imprensa Oficial, 1831, p. 292.
19. "Peças do processo", ibid.; Morton, "Conservative revolution", p. 365.

Sabe-se menos ainda sobre *Daniel Gomes de Freitas*. Como segundo-tenente, tomou parte na revolta do Forte do Mar em 1833.[20] Seu passado de insurgente foi invocado de maneira inesperada num episódio de 7 de novembro de 1837. O comandante geral dos policiais, Manoel C. de Almeida Sande, queixou-se da promoção de Gomes de Freitas, de primeiro-tenente a tenente-coronel. Objetou não se considerarem os serviços dele, Sande, na campanha do Rio Grande do Sul, enquanto os serviços de Gomes de Freitas haviam sido "em Presigangas e abóbadas de Fortalezas, por tentar contra o Sistema estabelecido".[21] Não surpreende que ele se retirasse com os policiais uma semana depois.

Dos líderes, Gomes de Freitas foi o único a deixar algo semelhante a uma história da revolta, ainda que inacabada. Sua "Narrativa dos sucessos da Sabinada" — "sucessos" no sentido de "acontecimentos" — constitui uma minuciosa crônica de seus atos. É expressão de um funcionário metódico, zeloso do bom andamento das tarefas, queixoso do desleixo dos subordinados. Mostra sua preocupação com a eficiência administrativa e sobretudo seu conservadorismo, seu arraigado respeito à propriedade privada, seu melindre ante o problema da escravidão — como se perceberá no correr da narrativa.

Entre os legalistas, a figura que se destaca nesse momento inicial é a do chefe de polícia *Francisco Gonçalves Martins*. Ele era de família nova, proprietária recente de engenhos em Santo Amaro. Enviado bem jovem a estudar em Portugal, voltou graduado em direito em 1830. (Teve Francisco de Souza Paraizo como colega em Coimbra.) Em 1831, foi escolhido para juiz de

20. Accioli/Amaral, *Memórias históricas*, vol. IV, p. 368.
21. Daniel Gomes de Freitas, "Narrativa dos sucessos da Sabinada", PAEBa, I, p. 275.

paz da freguesia da Sé.[22] Em abril desse ano, apoiou a revolta no Forte do Barbalho, quando oficiais e civis exigiram a demissão do comandante das Armas e a expulsão de oficiais portugueses. Anos depois, atribuiria o episódio ao "fogo da idade e do fanatismo político do século". Voltara da Europa, "onde havia residido durante onze anos recebendo uma educação liberal e cultivada", com apenas 25 anos, "sem experiência da marcha social, sem a aplicação dos princípios ao país do qual me havia separado em tenra idade", justificou ele.[23]

É de supor que esse jovem recém-chegado fosse atraído pelas ideias e a figura de Francisco Sabino Vieira. Para o que também concorreria a diferença de idade entre os dois. Ele era dez anos mais jovem que Sabino. Há evidência de que a relação entre eles desenvolveu-se para além de um conhecimento puramente social.

No início de 1834, Sabino estava preso, aguardando julgamento pela morte do alferes Moreira. Martins era juiz de direito e foi acusado pela viúva de Moreira de favorecer o réu, transferindo-o para uma cadeia menos segura, contra ordens expressas do juiz de paz competente. A denúncia da viúva menciona "a verdade notória de que o mesmo juiz, amigo e sócio do Réu antes da sua prisão, ainda depois disso entretinha com ele as mesmas relações".[24] A sociedade a que ela se refere seria numa tipografia. Martins editava dois jornais, o *Órgão da Lei* e o *Diário da Bahia*. Além da atividade de juiz, participava no combativo jornalismo político baiano da década de 1830. Na tipografia do *Órgão da Lei* era impresso o *Investigador* de Sabino, cuja publicação foi interrompida

---

22. Thomas Flory, *Judge and jury in imperial Brazil, 1808-1871*, Austin, University of Texas Press, 1981, pp. 72-3.
23. Gonçalves Martins, "Suplemento à exposição", p. 297.
24. PAEBa, IV, p. 231.

com a prisão do editor. O jornal de Martins silenciou sobre o caso Moreira, e publicou uma defesa escrita por Sabino.[25]

Portanto, não eram dois estranhos que se defrontavam três anos e meio depois, "em casa do Galvão ao Gravatá". Havia no mínimo vestígios de relações de tom sobretudo intelectual e/ou afetivo. A descrição da entrevista não é favorável a Martins, e viria a lhe criar problemas.

Como seria de esperar, sua versão e a de Sabino divergem. A começar pela data do encontro: 6 de novembro, segundo o chefe de polícia; 4, segundo Sabino. Se aceitamos a primeira data, deveríamos concordar com Luiz Viana Filho, quando afirma que a entrevista precipitou a revolta para aquele dia, por ter Sabino tudo revelado ao chefe de polícia?[26] Não necessariamente, pois, segundo Martins, Sabino portou-se como "um revolucionário esperto". Limitou-se a dizer que a revolução viria, sim, mas por uma transformação gradual e pacífica das ideias dos homens. Negou qualquer trama, e disse-lhe que não se desgastasse, ele, Gonçalves Martins, um homem de mérito, "dando ouvidos a dois intrigantes e meio", indispondo-se assim com a população.[27]

Presenciaram a conversa Antonio de Souza Vieira e o dono da casa, tenente-coronel Manuel da Rocha Galvão — o amigo oculto que primeiro denunciou a revolta, através de Souza Vieira. À saída, Galvão sussurrou a Martins que não se fiasse na conversa de Sabino, o que condiz com o papel que viria a exercer no combate aos revoltosos.

Martins nos dá sua versão desse encontro numa narrativa dos acontecimentos daqueles primeiros dias, escrita para defender-se

25. Ibid., p. 238.
26. Viana Filho, *A Sabinada*, p. 72.
27. Gonçalves Martins, "Simples e breve exposição", pp. 235-7.

da acusação de não tê-los evitado. Diz haver tido com Sabino sem ciência prévia. De todo modo, e qualquer que tenha sido o real teor da conversa, um *tête-à-tête* entre o líder de uma revolução iminente e o chefe de polícia — despedindo-se ambos como cavalheiros — é algo insólito, de difícil explicação.

Martins tentou justificar-se. Alegou a falta de lastro legal para prender Sabino. Mas chefes de polícia não costumam ter esses escrúpulos em tais situações, e ele certamente não os tinha. O episódio de 1831 não passou de um *faux pas*, de um cochilo juvenil em um respeitável currículo conservador. A partir de então, já com alguma "experiência da marcha social", dedicou-se a sufocar rebeliões: as federalistas de 1832-3, a dos negros malês em 1835 etc.[28] Logo, por que faltaria aos deveres de chefe de polícia, perguntou aos que o censuraram por desleixo no 7 de novembro:

> E por que faltaria eu, Senhores, a esse dever, sendo empregado, sendo pai, sendo esposo e proprietário? [...] Tenho sido membro de duas legislaturas da província e de uma do Brasil; vejam-se meus discursos, meus projetos, minhas reformas de Códigos, e verão que tendem todos a aumentar a força das leis e das autoridades. Duas vezes se tem proposto suspensão de garantias na Assembleia da província, de ambas tenho sido o Autor.[29]

Esta sua defesa data de 1838. Resume os primeiros passos de uma notável carreira política no Império. Foi deputado à Assembleia Geral de 1834 a 1850, depois senador do Império. Agraciado com o título de visconde de São Lourenço. Por dois períodos pre-

28. Ibid., pp. 257 e 286-9.
29. Ibid., p. 256.

sidente da província da Bahia (1848-52 e 1868-71), considerado o mais operoso da história da província.[30]

No julgamento de Gonçalves Martins, *Alexandre Gomes de Argolo Ferrão* foi, durante a Sabinada, "o homem mais benemérito da reação".[31]

Argolo Ferrão participou da luta pela Independência, então jovem oficial de importante família do Recôncavo (nascido em 1800). Quando da reconquista de Salvador, em julho de 1823, fizeram-no responsável pelo patrulhamento da cidade. Por ocasião da revolta dos "Periquitos" (1824), ele comandava um dos batalhões ordeiros que se retiraram da cidade para resistir.[32] Em 1827, seguiu para o Sul do país como tenente-coronel, a combater na guerra da Cisplatina. De 1831 a 1835, contribuiu para debelar revoltas na província na qualidade de comandante das Armas.

Casou-se com uma filha do rico proprietário José Maria de Pina e Melo. Os dois filhos desse casamento lhe trariam tristeza: um viria a morrer na Baviera; outro, assassinado por escravos. Mas o filho natural que tivera em 1820 se destacaria na carreira militar. Com a morte do sogro, tornou-se dono do engenho Cajaíba, juntado aos que já possuía. Era senhor de cinco ou seis engenhos, em todos temido pela crueldade no tratamento dos escravos. Foi vice-

---

30. Dados biográficos de Francisco Gonçalves Martins encontram-se em Antonio Loureiro de Souza, *Baianos ilustres*, 3ª ed., São Paulo, Ibrasa/MEC, 1979, pp. 81-2, e sobretudo em Arnold Wildberger, *Os presidentes da província da Bahia, 1824-89*, Salvador, Typographia Beneditina, 1949, pp. 315-35.

31. Gonçalves Martins, "Simples e breve exposição", p. 252.

32. Morton, "Conservative revolution", pp. 291 e 296. As demais informações sobre Argolo Ferrão em Loureiro de Souza, *Baianos ilustres*, pp. 77-8, e Wildberger, *Presidentes da província*, pp. 217-26.

-presidente da província em períodos diversos. Recebeu o título de Barão de Cajaíba em 1841.

Joaquim Pires de Carvalho e Albuquerque nasceu em 1788, irmão mais novo de Antonio Joaquim Pires de Carvalho e Albuquerque, futuro visconde da Torre, e Francisco Elesbão, mais tarde barão de Jaguaripe, presidente do Conselho Interino que governou a Bahia em 1822-3.[33]

Quando cadete, o futuro visconde de Pirajá seduziu a filha do governador da fortaleza do Morro de São Paulo, algo que pediu a intervenção do arcebispo e das mais altas autoridades civis da província. Casou-se aos dezoito anos com outra moça, da família Pitta e Argolo, que viveu pouco. Tornou a se casar, dessa vez com uma Teive e Argolo.[34]

Talvez graças às aventuras amorosas da juventude, ficou conhecido como coronel Santinho. É o "Santinho da Torre" cantado por Ladislau dos Santos Titara em seu poema épico sobre as lutas da Independência na Bahia.[35]

Foi um herói da Independência. Comandando a milícia da Torre, ocupou a planície de Pirajá em julho de 1822 e praticamente prendeu a tropa portuguesa em Salvador.

Em recompensa por seus feitos, foi nobilitado em 1826 como barão e depois visconde de Pirajá. Consta que o nome do atual bairro do Pirajá, no Rio de Janeiro, foi homenagem a ele.[36]

Em 1827, rumores de uma conspiração absolutista deram-no

33. Morton, ibid., p. 260n.
34. Afonso Costa, "Visconde de Pirajá", *Revista do Instituto Geográfico e Histórico da Bahia* (*RIGHBa*), nº 75 (1948-9), pp. 95-9.
35. *Apud* ibid., p. 99. O poema chama-se "O Paraguassu", de 1835.
36. Ibid.

como líder, juntamente com seu primo, o barão de São Francisco (Joaquim Inácio de Siqueira Bulcão), e com o barão de Itaparica (Antonio Teixeira de Freitas Barbosa). Esse suposto golpe seria uma reação à atividade dos chamados "anarquistas".[37]

Em janeiro de 1831, um soldado tentou matá-lo.[38] Meses depois, escreveu ao ministro da Guerra solicitando providências para salvar a província. Queixou-se de Cipriano Barata, "homem sem fortuna, chamando os Povos a uma anarquia, perturbando a ordem Pública". Referiu-se à "barbaridade dos pretos" e a "cenas de S. Bartolomeu". Tinha pavor de uma insurreição escrava. Em sua cabeça corriam cenas de chacinas de brancos por pretos associados a "anarquistas".[39]

Participou da repressão à maioria dos levantes ocorridos antes da Sabinada. Por sua liderança conservadora, seria lisonjeiramente chamado de "um dos sustentáculos do trono" por Pedro de Araújo Lima (em carta ao próprio Pirajá).[40]

Ao rebentar a Sabinada, o presidente Paraizo convidou-o para o Comando das Armas, e ele recusou, alegando doença.[41] Não obstante, comandou uma brigada e levou uma bala em combate. Foi afastado da luta, mas por outro motivo que não o ferimento.

Após a restauração, foi membro do júri militar. Sobre sua atitude como juiz, mesmo sobre sua maneira de pensar, convém citar o trecho de uma carta a Araújo Lima:

A piedade é uma das virtudes mais recomendadas pelo Divino Mestre, mas ele excetuou desta graça o ladrão, o incendiário e o pertur-

---

37. Morton, "Conservative revolution", p. 302.

38. Ibid., p. 304.

39. Ofício do Visconde de Pirajá ao ministro da Guerra, 2/5/1831, Arquivo Nacional (AN), Seção de documentação histórica, 1G1 251.

40. *Apud* carta de Pirajá a Araújo Lima, 7(ou 2)/2/1838, PAEBa, IV, p. 332. Cf. p. 353 quanto à dúvida na data.

41. Correspondência a Souza Paraizo, 7/11/1837, AEBa, *A Sabinada*, maço 2834.

bador; portanto, os cabeças da revolta armada, dos crimes memorados, são indignos de piedade.[42]

Como juiz, realmente não mostrou piedade. Mas foi digno de compaixão nos últimos anos de vida. Em 1841, o visconde de Pirajá enlouqueceu. Mostrou sintomas de grave doença mental, tentando degolar a si mesmo por duas vezes. Foi-lhe retirada a responsabilidade legal por seus atos, e a viscondessa nomeada sua curadora. Ela o levou para o engenho Nazaré, crendo que o campo favorecia a cura. Ele piorou, e armou os escravos para, dizia, defendê-lo dos parentes. De volta a Salvador, sua esposa e seu irmão e genro, o visconde da Torre, conseguiram interná-lo numa casa de saúde particular.[43]

Tinha 53 anos então. Viveria mais sete anos. É lícito supor que essa doença fora a razão por trás da recusa em servir como comandante das Armas e do afastamento do comando de uma brigada.

42. Em 30/3/1838. PAEBa, IV, p. 353. Dessa carta retiramos a epígrafe do capítulo.

43. Correspondência do presidente da província ao ministro do Império, 18/10/1841. AEBa, SH, *Correspondência do presidente da província para a corte*, livro 685, fls. 232-232v.

Bloqueio e luta 1

Recôncavo vs. *Capital*

Na semana seguinte ao 7 de novembro, fechava-se o cerco sobre a cidade, favorecido pela topografia. Como o conflito da Independência quinze anos antes, esta seria sobretudo uma guerra de sítio, estática. Ambos os lados gastariam tempo e esforço em arregimentar e equipar homens. E o primeiro combate se daria somente no fim de novembro.

A estratégia dos legalistas, modelada em parte no antecedente de 1822-3, consistia em enfraquecer a cidade pela falta de suprimentos e atacar quando sua força superior não pusesse em dúvida a vitória. A medida inicial, de impedir o acesso marítimo a Salvador, seria seguida de outras da mesma natureza, com o aval ou sob a orientação da Regência.

O governo central teve notícia da revolta a 15 de novembro, por ofício do presidente Paraizo ao regente interino Bernardo Pereira de Vasconcelos. De imediato pouco pôde fazer, engajado na repressão à Cabanagem no Pará e à Farroupilha no Sul. Enviou uma corveta e uma charrua. Autorizou que se destacassem 1400 guardas nacionais da província para a luta — autorização aliás supérflua — e ordenou a dissolução das unidades de 1ª Linha que se haviam insurgido.[1]

Miguel Calmon du Pin e Almeida, ministro da Fazenda do Império, baiano de tradicional família, conhecedor portanto dos *affaires* da província, mandou que se cortasse a arrecadação de rendas aos rebeldes, como valioso meio de cerceá-los. Comissões da Alfândega e Consulados seriam estabelecidos onde mais conveniente, e os moradores da capital seriam avisados da não validez de impostos pagos aos rebeldes.[2]

A Alfândega passou a funcionar em Itaparica. Cachoeira tornou-se a sede dos tribunais primeiros da província e o "foco do comércio da capital". Negociantes dispuseram-se a depositar lá seu dinheiro, com a garantia do governo. Correspondência e atos oficiais passaram a ser publicados no *Constitucional Cachoeirano*.[3]

O novo presidente da província assumiu a 19 de novembro, em solenidade na Câmara de Cachoeira. Chamava-se Antonio Pereira Barreto Pedroso, natural das Minas Gerais, idade de 37 anos. A sua era uma carreira típica de um membro do aparelho legal administrativo. Estudo de direito em Coimbra, postos ascendentes em pontos diversos do Império: juiz de fora em Santa Catarina, desembargador da Relação, depois intendente-geral da polícia no Rio de Janeiro. Ao ser designado para governar a Bahia, era representante da província do Rio de Janeiro na Assembleia (continuou sendo; os cargos eram cumulativos).[4] Depois da posse, Barreto Pedroso não convocou a Assembleia Provincial. Alegou serem

---

1. Ofício do ministro do Império e regente interino Bernardo Pereira de Vasconcelos ao presidente da província, 17/11/1837, PAEBa, V, pp. 321-3.

2. Ofício de Miguel Calmon du Pin e Almeida ao presidente da província, 28/11/1837, PAEBa, V, p. 315.

3. PAEBa, IV, p. 323; III, p. 326; IV, p. 404.

4. Wildberger, *Presidentes da província*, pp. 205-13.

muitos dos deputados juízes de direito, necessários para manter a ordem na província.[5]

O arcebispo da Bahia, d. Romualdo Seixas, transferiu-se para Santo Amaro, onde redigiu uma pastoral lamentando a divisão do seu rebanho por obra das ovelhas negras.[6]

Igreja, Justiça, Legislativo, Alfândega, bancos: essa transferência representava a reconstituição do arcabouço institucional no Recôncavo, de modo a favorecer a ação contra a capital e minar a legitimidade que a revolução pretendia assumir.

A força militar da legalidade foi organizada em uma divisão composta inicialmente de três brigadas. A primeira era comandada pelo coronel Rodrigo Falcão Brandão, a segunda por Argolo Ferrão. Para elas foram requisitados os guardas nacionais de Cachoeira, Pirajá, São Francisco, Jacu, Canabrava, Pojuca, Santo Amaro, Cotegipe, São Tomé, Passé, e a parte da Guarda Nacional de Salvador que permanecera ao lado do governo. As duas instalaram-se na planura de Pirajá. A terceira brigada começou a ser reunida em Itapoã pelo visconde de Pirajá. O corpo policial passou ao comando do coronel Antonio Correia Seara, fazendo parte da segunda brigada.[7]

A base desse exército era a Guarda Nacional. Ela fora criada no Brasil em 1831, como força cívica não remunerada, para secundar o Exército em situações de emergência. Sua criação inspirou-se no modelo das Guardas Nacionais da França e dos Estados Unidos: uma milícia de cidadãos conscientes de seus direitos e deveres (apelidados na França de *baïonnettes intelligentes*).[8] À diferença

5. PAEBa, IV, pp. 86 e 438.
6. PAEBa, I, p. 149.
7. PAEBa, II, pp. 326-9; IV, p. 436.
8. Jeanne Berrance de Castro, *A milícia cidadã: a Guarda Nacional de 1831 a 1850*, São Paulo, Cia. Editora Nacional, 2ª ed., 1979, *passim*.

dos soldados regulares, com serviço em tempo integral (tropa de 1ª Linha), os guardas nacionais (2ª Linha) serviam em regime parcial. Os cidadãos exerciam seus ofícios de paz durante a semana e treinavam a guerra aos domingos.

A mesma lei que instituiu a Guarda Nacional extinguiu as milícias e ordenanças.[9] Na Bahia, além de atuarem como reserva dos soldados profissionais, as milícias eram a salvaguarda contra levantes escravos. Mas não só contra escravos. Assim como o "Exército Pacificador", em 1822-3, compôs-se principalmente de milicianos, o "Exército Restaurador" de 1837-8 (assim apelidado pelos legalistas) recorreu sobretudo aos guardas nacionais do Recôncavo. A Guarda Nacional foi sucessora das milícias.[10]

Ela surgiu como "um arremedo democrático na aristocracia do tempo" (Manoel Querino),[11] ao introduzir eleição para os postos de oficiais. O que possibilitaria a ascensão ao oficialato dos pretos e mulatos que a constituíam em grande parte. Porém, logo a eleição deu lugar à nomeação de oficiais. E como nas milícias, eles eram escolhidos conforme as posses e a condição social.[12] Proprietários de engenhos eram oficiais superiores e encontravam-se também entre os oficiais inferiores, juntamente com lavradores de cana — estes unidos àqueles por laços de parentesco e de dependência econômica. A posição social, mais que idade ou experiência, condicionava a hierarquia militar. Exemplo: jovens capitães

---

9. Ibid., p. 136.

10. F. W. O. Morton, "The military and society in Bahia, 1800-1821", *Journal of Latin American Studies*, 7:2 (1975), pp. 263 e 267. "Nós não temos tropa de soldado, mas de povo" — observação do presidente da província (Carta de 20/12/1837 a Antonio P. Rebouças, *in* "A Sabinada nas cartas de Barreto Pedroso a Rebouças", *Anais da Biblioteca Nacional (ABN)*, vol. 88 (1968), p. 209.

11. *Apud* Berrance de Castro, *Milícia cidadã*, p. 142.

12. Berrance de Castro, *Milícia cidadã*, p. 141; Morton, "Military and society", pp. 264-7.

senhores de engenho comandando alferes dez anos mais velhos, não proprietários.

É verdade que dos coronéis comandantes se exigia formação militar. Daí serem eles nomeados entre oficiais profissionais de *background* aristocrático.[13] Era o caso dos tenentes-coronéis contatados por Gonçalves Martins no Recôncavo; Argolo Ferrão o caso mais notável.

Devemos relacionar a escolha de oficiais entre os abastados e prestigiados com o fato de servirem numa instituição militar sem sustento financeiro do Estado. Os oficiais supriam fardamento, arma e munição próprios. Dos comandantes esperava-se mesmo que contribuíssem para o equipamento de suas unidades. Isto podia significar até a formação e manutenção de um corpo por um proprietário rico. Em 1822, o Regimento de milícia da Torre, sob comando do futuro visconde de Pirajá, era praticamente a tropa privada do clã dos Pires de Carvalho e Albuquerque. Em novembro de 1837, o Regimento da Torre deu origem à 3ª Brigada legalista em Itapoã, sob comando do agora visconde de Pirajá.

Sabemos menos sobre a procedência das fileiras. Mas eram certamente formadas por dependentes da atividade açucareira, situados econômica e socialmente entre os senhores e os escravos: trabalhadores de ofício, feitores, lavradores e, considerando a alguma vida urbana que havia no Recôncavo, também artesãos, vendedores, funcionários, etc. Esses homens viam-se treinados no domingo à tarde por oficiais a que obedeciam ou prestavam deferência nos outros dias da semana, sem uniforme. Os comandantes eram os mandantes. O serviço na Guarda Nacional refletia e reforçava as relações sociais existentes.[14]

Assim se formava o exército legalista. Em fins de novembro,

13. Morton, "Military and society", p. 265.
14. Ibid., pp. 265-6.

havia cerca de 1200 combatentes no acampamento de Pirajá. O recrutamento — feito "a laço", segundo um jornal da cidade[15] — era acelerado. Já antes da chegada do novo presidente da província, o presidente interino ordenava ao juiz de direito de Cachoeira que alistasse empregados públicos chegados da capital no policiamento noturno, liberando policiais para a luta.[16] A pressa no recrutamento fazia mesmo incorporarem indivíduos legalmente isentos do serviço militar, como lavradores, viúvos com filhos, arrimos de família, que eram dispensados quando reconhecida sua condição.[17] Houve famílias eminentes que criaram e equiparam unidades com homens de seus domínios. Forçado ou voluntário, o alistamento estendeu-se inclusive a núcleos fora do Recôncavo: Valença, Ilhéus, Porto Seguro. Um fluxo ininterrupto de novos combatentes pela reação prosseguiria até o final da luta.

Apenas os comandantes e instrutores da Guarda Nacional eram oficiais de carreira. Eis a distinção fundamental entre a 1ª e a 2ª Linhas: o profissionalismo da primeira; a dedicação em tempo integral e o recebimento de soldo. Naquela situação de emergência, porém, todos estavam mobilizados integralmente e tinham que receber. Os soldados legalistas passaram a ganhar o mesmo que os soldados rebeldes: seiscentos réis diários, além da etapa (ração diária de alimento).[18]

A manutenção do "Exército Restaurador" por um governo

---

15. *Novo Diário da Bahia*, 22/12/1837. Exceto quando indicado, os jornais citados encontram-se na Seção de Microfilmes da Biblioteca Nacional.
16. Ofício de Barros Pain ao juiz de direito de Cachoeira, 18/11/1837, PAEBa, IV, p. 409.
17. PAEBa, V, pp. 203 e 230.
18. PAEBa, II, p. 330; IV, p. 437. A etapa tinha três rações diferentes. Em "dias de carne verde", esta vinha acompanhada de farinha, toucinho, sal e aguardente; em "dias de carne-seca", havia farinha, toucinho, feijão e aguardente; e nos "dias de bacalhau" comia-se também feijão, azeite doce, farinha e vinagre (PAEBa, II, pp. 337-8).

sem os recursos do comércio e dos serviços da capital vem mais uma vez ilustrar a predominância econômica do Recôncavo.[19] Em 1822--3, o "Exército Pacificador" foi mantido durante quase um ano, graças a uma formidável mobilização promovida pelo Recôncavo. A Junta Provisória (ou Conselho Interino) de governo buscou donativos e empréstimos dos proprietários. Muitos patriotas contribuíram em espécie: gado para transporte e alimentação, carroças, madeiras, tecidos, ferro, chumbo, papel, farinha, aves e armas fluíram para as caixas militares. Uma comissão de empréstimo organizou listas de senhores e comerciantes ricos. "Derramas" de gado se sucederam. A Junta Provisória chegou a cunhar moedas de cobre e emitir bônus do Tesouro.[20]

Em 1837-8, a mobilização econômica parece ter sido menos sistemática. Com certeza foi de menor amplitute. Mas, ao fim, igualmente eficaz.

A escapulida do tesoureiro-geral com 460 contos de réis livrou os legalistas de dificuldades financeiras iniciais. O "cofre militar" foi instalado próximo a Pirajá. Pagamentos a soldados e a abastecedores faziam-se a uma simples ordem ao tesoureiro ou ao comissário-geral do exército. Exemplos:

> O Vice-presidente da Província ordena ao Tesoureiro Geral da Fazenda, Manoel José de Almeida Couto, que entregue ao comissário militar da cidade de Nazaré, Joaquim José de Araújo, a quantia de quatro contos de réis para acorrer às despesas a seu cargo. (assinado por Honorato Paim)[21]

19. Morton, "Conservative revolution", p. 268.
20. Ibid., pp. 269-70.
21. Ordem do vice-presidente da província ao tesoureiro-geral da Fazenda, 18/11/1837, PAEBa, IV, p. 409.

O Presidente da Província ordena ao Sr. Comissário Geral Ignácio Rigaud que satisfaça ao boticário João Lourenço Seixas a quantia de hum conto, sessenta e cinco mil e setenta réis, constante da conta junta, importância dos remédios que forneceu à Brigada da Direita [1ª Brigada]. (assinado por Barreto Pedroso)[22]

Na manutenção da tropa, decisivo foi o peso da aristocracia do açúcar. Por "aristocracia" entendemos aqui os mais afluentes e influentes entre os senhores de engenho. Alguns possuíam mesmo títulos de nobreza, dados por João VI e Pedro I. Com ou sem título, eram "os régulos do nosso Recôncavo", na boa palavra do padre Antonio Vieira.

Em pelo menos uma ocasião o comando da tropa se referiu explicitamente à "presença de muitos dos proprietários da Província, que estão unidos ao exército".[23] São exemplares os ofícios do presidente da província, requisitando escravos e carros de bois:

> Sendo necessários braços que conduzam da Itacaranha para Pirajá munições e outros objetos bélicos para o nosso Exército, faz-se preciso que V. Sa. mande 20 dos seus escravos para aquele serviço, ficando certo de que ali serão sustentados e será V. Sa. indenizado dos seus jornais [diárias].[24]

---

22. Ordem do presidente da província ao comissário-geral do Exército, 26/2/1838, PAEBa, V, p. 212.
23. Ofício do marechal de campo João Crisóstomo Callado ao ministro da Guerra, 28/2/1838, PAEBa, IV, p. 337. O papel do Recôncavo na reação à Sabinada motivou esta observação de Braz do Amaral: "A agricultura abastada é o mais seguro alicerce da força das nações" ("A Sabinada", p. 20).
24. Ofício de Barreto Pedroso ao comendador Manoel João dos Reis, 20/2/1838, PAEBa, V, p. 206. Nessa edição do Arquivo do Estado lê-se "escriturários" no lugar de "escravos", o que é evidentemente um erro de transcrição.

O destinatário era o comendador Manoel João dos Reis. Ofícios iguais foram para o visconde da Torre e José Ricardo da Silva Horta (dez escravos cada); para o barão de Maragogipe e o coronel Manoel da Silva Daltro (cinco escravos cada).

> Tornando-se indispensável que todos os habitantes desta Província, e com especialidade os Proprietários, se prestem à defesa da Causa pública, que a todos interessa, me dirijo a Vmcê, para que envie para o serviço do Exército três carros, com os competentes bois e carreiros, ficando certo que restaurada a capital lhe serão restituídos, ou se lhe indenizará. Espero pois do zelo e patriotismo que o anima que dará mais uma prova do quanto se interessa pelo restabelecimento da ordem.[25]

O destinatário era Salvador Muniz Barreto. Outros treze receberam a mesma solicitação, num total de 25 carros de bois. Entre esses treze, o barão de Maragogipe, o barão do Rio das Contas, Joaquim Inácio Bulcão, José Ferreira Bandeira, Antonio Ferrão Muniz, Francisco Vicente Vianna, Miguel José Maria Teive e Argolo.[26]

Observe-se que o presidente da província se dispõe a reembolsar os senhores pelo trabalho escravo e a restituir ou pagar os carros de bois. O governo reconhece o dever de arcar com as despesas. Mas é certo que um proprietário, Silva Horta, renunciou à sua parte, e dificilmente seria ele o único.[27]

Havendo a conjugação de proprietário e comandante na

25. Ofício de Barreto Pedroso ao sr. Salvador Muniz Barreto, 8/1/1838, PAEBa, IV, p. 442.
26. PAEBa, V, p. 164.
27. Ibid., p. 209.

mesma pessoa, dispensavam-se requisições: o próprio Argolo Ferrão mandou confeccionar padiolas em seus engenhos.[28]

Não somente os poderosos se movimentaram. Da contribuição voluntária por indivíduos sem grandes posses é evidência um ofício de Barreto Pedroso em que agradece a doação de 38 cabeças de gado por 23 cidadãos de Itapicuru. Ele se mostra contente. A doação, diz, é "uma decisiva prova dos sentimentos de adesão e fidelidade [...] para com o sistema que nos rege, e que só nos pode fazer gozar de paz e de tranquilidade, e com elas da verdadeira liberdade".[29]

Acabamos de ver como se providenciou o sustento da tropa legalista. Quanto a armamentos, o chamado "laboratório de guerra", em Santo Amaro, fornecia cartuchos para espingardas. Recolheu-se chumbo em Valença e em Iguape.[30] Não havia como fabricar armas de fogo; foram enviadas do Rio de Janeiro, Pernambuco e Sergipe. A corte enviou também barcos de guerra. Na segunda semana de dezembro contavam-se sete embarcações no bloqueio a Salvador.[31]

Para bem implementar o bloqueio, os legalistas procuraram controlar a destinação dos barcos que transportavam farinha. Os donos eram obrigados a preencher formulários e pagar fiança correspondente ao triplo do valor da carga. Mas haveria sempre barcos tentando escapar ao controle, como atestam as apreensões de lanchas com farinha.[32] Também navios de outros lugares continuavam a alcançar Salvador. O movimento do porto registrado por um periódico rebelde (*O Sete de Novembro*, de 27/11/1837)

---

28. Ofício de Argolo Ferrão ao presidente da província, s.d., PAEBa, IV, pp. 442-3.
29. Ofício de Barreto Pedroso a João Dantas dos Reis, 4/2/1838, PAEBa, V, p. 194. A carta em que os cidadãos oferecem o gado se encontra em AEBa, *A Sabinada*, maço 2842.
30. PAEBa, IV, p. 408; V, pp. 210, 211 e 229.
31. Carta de Barreto Pedroso a Rebouças, 15/12/1837, *ABN*, vol. 88, p. 208.
32. PAEBa, IV, p. 416; V, pp. 166 e 169.

mostra a entrada de onze barcos entre 23 e 25 de novembro. Desses, um vindo de Montevidéu com 2386 arrobas de carne-seca, um de Alcobaça (Sul da província) com novecentos alqueires de farinha, um de Cotinguiba (Sergipe) com açúcar, um da Sardenha com café e sal.[33] No entanto, a 29 de novembro o presidente Barreto Pedroso informou ao regente que o bloqueio se estreitava, tendo já saído do ancoradouro da capital "todas as embarcações, quer de guerra, quer de comércio, nacionais ou estrangeiras".[34]

Na capital, os rebeldes pareciam não antever as consequências da política de sítio, talvez por ainda não se sentirem efetivamente sitiados. Não exerciam controle sobre a saída de gente e de víveres.

> Excessivas deserções aparecem nos tribunais, estendendo-se estas a vários indivíduos de primeira linha [soldados], inclusive também muitos paisanos e famílias, que pressurosamente se retiravam para as vilas da província, a quem se não proibia a saída de gêneros de primeira necessidade, nem o que isoladamente se transportava para diversas partes do Recôncavo e subúrbios da cidade, donde sem o menor detrimento, por falta então de cautelosas medidas, acarretados eram para o alojamento de Pirajá.[35]

Quem conta é Daniel Gomes de Freitas, um dos líderes rebeldes, em sua "Narrativa dos sucessos da Sabinada". Ele presenciou um indivíduo obter permissão para levar cem barricas de farinha de trigo e cinquenta de farinha de bacalhau para Sergipe. Ao estra-

33. Cf. nota 15 sobre jornais. Uma arroba equivalia a 14,75 quilos; um alqueire a 18,13 litros.
34. Ofício do presidente Barreto Pedroso ao ministro Bernardo Pereira de Vasconcelos, 29/11/1837, PAEBa, IV, p. 437.
35. Gomes de Freitas, "Narrativa", p. 263. Nas citações longas de Gomes de Freitas conservamos suas frases intermináveis, algo confusas, porém características do autor.

nhar "tão nocivo procedimento", aprendeu ser prática comum. Na "Narrativa" refere-se também à prodigalidade com o dinheiro, com a remessa inclusive de contos de réis para Feira de Santana.[36]

A fuga de funcionários perturbava o andamento da administração. A convocação de uma Assembleia Constituinte, prevista no artigo primeiro da ata de 7 de novembro, teve que ser adiada. A Câmara Municipal teve sua primeira sessão a 4 de dezembro. Não funcionou antes por falta de vereadores. Dos seis que participaram da sessão do dia 7 de novembro, quatro escapuliram para o Recôncavo na primeira semana. (Seis vereadores não era um número excepcional para a Câmara de então; ela normalmente funcionava com pouco mais que isso.) O vice-presidente rebelde João Carneiro incumbiu um dos que ficaram, Vicente José Teixeira, de recrutar novos colegas.[37]

Os empregados públicos que abandonaram a cidade levaram chaves de cofres e portas consigo. Os rebeldes procederam ao arrombamento dos cofres, para arrecadar dinheiro, e das portas, para fazer as repartições voltarem ao serviço. Quanto obtiveram, não se sabe. Entre 13 e 15 de novembro, 26 cofres foram competentemente arrombados por ferreiros à ordem do vice-presidente. Cofres da Casa da Moeda, da Intendência da Marinha, da Caixa Econômica, do Juizado de Órfãos e de outras instituições.[38]

Já a 20 de novembro o presidente legal recém-empossado demonstrava ciência desses últimos atos. Sua proclamação desse

36. Gomes de Freitas, "Narrativa", pp. 263-4 e 270. Uma portaria assinada pelo vice-presidente João Carneiro em 18 de novembro permitiu a saída de uma lancha com comestíveis para Itaparica (*Diário da Bahia*, 27/11/1837, AEBa, *A Sabinada*, maço 2841). Os ofícios, portarias e proclamações do governo rebelde eram publicados nos jornais *Diário da Bahia*, *Novo Diário da Bahia* e *O Sete de Novembro*.

37. PAEBa, V, pp. 127-9.

38. "Autos de abertura, exame e achada", PAEBa, III, pp. 38-64, AEBa, *A Sabinada*, maço 2843.

dia aos soldados da capital refere-se a "aqueles que têm roubado os cofres públicos da fazenda nacional e provincial, os dos órfãos e dos depósitos". Esses arrombadores "estão incursos nas penas de galés por 1 a 8 anos, segundo o artigo 269 do Código Penal".[39] Ele especifica os crimes em que os rebeldes teriam incorrido, mencionando os nomes de João Carneiro e Francisco Sabino. Incita os soldados a reconhecerem o verdadeiro governo e prenderem tais criminosos.

A resposta da capital veio no dia seguinte, em forma de proclamação aos habitantes do Recôncavo. Nela, João Carneiro os previne contra o engenho de seus senhores:

> uma récua de desprezíveis e fofos aristocratas, que, à custa de vosso sangue e de vossa liberdade, só têm em vista a defesa de seus lucros. [...] Não vos deixeis fascinar pelos vossos verdadeiros inimigos; cerrai vossos ouvidos à fraseologia fraudulenta dessas sanguessugas do povo![40]

No entanto, a palavra irritada dos rebeldes — indicadora, aliás, do rumo de radicalização que os eventos tomariam — não condizia com sua inação. Eles não atacavam, dando aos inimigos boa margem de tempo para se organizarem e se armarem. De Pirajá, Gonçalves Martins escrevia ao presidente Barreto Pedroso em 19 de novembro, lamentando a falta de armas e munição para os homens. Na confecção apressada de cartuchames empregavam-se até mulheres de um engenho vizinho. Esperavam a ajuda da corveta *Sete de Abril*. Se os rebeldes "conhecessem bem seus interesses, deviam já ter atacado", comentou ele.[41]

Além da hesitação que com frequência sucede a um instante

---

39. *Apud* Vicente Vianna, "A Sabinada", p. 166.
40. Ibid., p. 167.
41. Ibid., p. 169.

intenso de ação humana, poderia haver na cidade a expectativa de adesão e socorro à revolta por outros pontos da província. Entretanto, a região açucareira isolava a capital do resto da Bahia. Havia o fator geográfico no isolamento. Entre Salvador e o interior, o Recôncavo formava uma espécie de *cordon sanitaire*.[42]

Quando houve levante no interior, em nada influiu sobre o desenrolar da revolta na capital. Assim foi na vila da Barra, à beira do rio São Francisco. Proclamaram o novo governo em 29 de novembro, seguindo o modelo da capital, de que haviam tido notícia por um periódico local. Sessão extraordinária da Câmara; liderança de dois bacharéis e dos juízes de direito e de paz; oposição do vigário e do padre professor de eloquência, ambos portugueses; discussão; a entrada de dez soldados com baionetas conquistou a assinatura dos recalcitrantes. No tempo em que permaneceram no poder, os insurgentes simularam obediência, nos ofícios, ao governo legal. Só depois de vencida a capital seriam afastados.[43]

No final de novembro houve mudança na organização do exército legalista. Sua divisão passou a compor-se de duas brigadas. As duas de Pirajá fundiram-se em uma. Agora havia a Brigada da Direita (1ª) sob Argolo Ferrão, em Pirajá; e a da Esquerda (2ª) sob o visconde de Pirajá, em Itapoã. A primeira contava então com cerca de 1200 homens, dos quais quatrocentos ainda sem armas. A segunda dispunha de setecentos homens, com também quatrocentos desarmados. Entretanto, três meses depois os legalistas se referiam novamente a três brigadas.[44] Logo, essa disposição seria temporária.

Em 30 de novembro, as forças rebeldes se moveram enfim. Avançaram contra os pontos sustentados pelos legalistas na Cam-

---

42. Morton, "Conservative revolution", p. 361.
43. PAEBa, IV, pp. 383-8 e 448; AEBa, *A Sabinada*, maço 2842.
44. PAEBa, III, pp. 331-2.

pina e no Cabrito (ver mapa na página 107), com quinhentos e trezentos homens, respectivamente. Foram rechaçadas nos dois lugares. Quanto às baixas — as primeiras na Sabinada —, os números que temos são pouco verossímeis, pela disparidade enorme: nos dois pontos, 25 mortos e feridos entre os rebeldes, e só dois entre os "constitucionais" (como os legalistas também se chamavam). Estes forneceram os números...[45] De qualquer forma, foi um revés para os revoltosos, uma estreia nada auspiciosa. A proclamação de João Carneiro no mesmo dia, parabenizando seu exército ("está segura a liberdade da Bahia com tão valentes soldados"), foi uma peça inócua de propaganda.[46] Daniel Gomes de Freitas, presente no combate, atribuiu o fracasso à imobilidade do 1º Batalhão de 1ª Linha e à falta de munição do 1º de 2ª Linha.[47]

Entre os "constitucionais", o tenente José Joaquim Tanajura perdeu uma perna no combate. No tempo recorde de doze dias, o regente interino Bernardo de Vasconcelos, instado por Miguel Calmon, concedeu a Tanajura uma pensão. O comandante Luiz da França fez chegar cópias do decreto da pensão aos soldados, para que vissem como o governo central sabia premiar os serviços prestados à integridade do Império.[48]

Além dos mortos, os rebeldes perderam sete ou oito homens, aprisionados por Argolo Ferrão na Campina. O *Novo Diário da Bahia*, de 6 de dezembro de 1837, mostrou-se indignado com Argolo Ferrão, acusando-o de açoitar esses "prisioneiros de guerra". Pouco depois, os legalistas seriam acusados de torturar prisioneiros até a morte, amarrando-os a um mastro de navio e dando-lhes

45. *O Constitucional Cachoeirano,* 7/12/1837, AEBa, *A Sabinada,* maço 2835.
46. *Apud* Vicente Vianna, "A Sabinada", p. 173.
47. Gomes de Freitas, "Narrativa", p. 266.
48. "Anotações" de Miguel Calmon, PAEBa, IV, p. 325; Pinto Garcez, "Exposição", p. 352. Viana Filho dá o tenente Tanajura como morto (*A Sabinada*, p. 156).

açoites e pranchadas. Os rebeldes alegariam ter então (18 de dezembro) mais de quarenta prisioneiros, que não eram molestados. Exporiam essa diferença de tratamento como outra prova da justeza de sua causa.[49] Há que considerar aí o elemento de propaganda. Há notícia, fornecida pelo lado contrário, de um sargento da polícia aprisionado e fuzilado pelos rebeldes.[50]

Ao tempo desse primeiro combate, os efetivos do exército rebelde chegavam a não mais que 2 mil homens, provavelmente menos. Vejamos como era ele organizado.

Um batalhão de infantaria e o regimento de artilharia compunham a 1ª Linha. No comando deste, o mais importante, estava Inocêncio Eustáquio Ferreira de Araújo, oficial de carreira promovido a tenente-coronel em 7 de novembro.[51] Depois, durante o mês de dezembro, criou-se um segundo batalhão de 1ª Linha, chamado "Periquitos Bravos da Pátria".

Batalhões de 2ª Linha formaram-se a partir de unidades da Guarda Nacional da cidade. Isto se deduz de referências como "Batalhão da Guarda Nacional elevado a 3º Corpo de 2ª Linha Voluntários Leais à Pátria".[52] Quando da formação do 4º Batalhão, enviou-se ao general Sérgio Velloso uma "relação de praças da Companhia da extinta Guarda Nacional estacionada no Trem dos Aflitos que passaram a compor o novo 4º Batalhão de 2ª Linha 'Independentes Leais à Pátria'".[53] O documento de sua criação, assinado por Sabino em 2 de dezembro de 1837, diz o seguinte:

49. *Novo Diário da Bahia*, 18/12/1837.
50. *O Constitucional Cachoeirano*, 7/12/1837.
51. Ibid., p. 115.
52. *O Sete de Novembro*, 4/12/1837.
53. Ibid., 5/12/1837.

Este Corpo tem por fim reunir a si todos os indivíduos que, desejosos de se prestarem à Causa da Independência durante a menoridade do Sr. D. Pedro, não se querem contudo reunir a Corpos aquartelados, porque os afastam de seus afazeres, que também é [*sic*] útil à Pátria, sujeitando-se a não perceberem soldo algum, e a todo o serviço dos Domingos, e dias Santos, e mesmo naqueles que as imperiosas circunstâncias exigirem.[54]

O critério de alistamento para a 2ª Linha — serviço parcial não remunerado dos cidadãos — foi logo superado pelas "imperiosas circunstâncias", e passou-se ao serviço diário com soldo.

A organização deste 4º Batalhão ficou a cargo do major Thomaz Alvez de Ottan e Silva, que também o comandou. Do mesmo modo haviam sido formados os 1º, 2º e 3º Batalhões de 2ª Linha, denominados "Leais à Pátria" e "Voluntários Leais à Pátria", comandados respectivamente por Francisco Xavier Bigode, Antonio Ferreira do Carmo Sucupira e Joaquim José Vinhático.[55]

A estes corpos se juntaria — em dezembro ou janeiro, não sabemos precisamente — um "Batalhão de Artífices", sob o comando de Manoel Boaventura Ferraz.[56] Em sua "Narrativa", Gomes de Freitas lamentou a conscrição de artesãos, afastados de seus afazeres quando se necessitava de apetrechos e peças.[57] É ele também quem informa sobre o municiamento da tropa. Como inspetor dos armamentos, acelerou a produção de balas. Havia um

---

54. AEBa, *A Sabinada*, maço 2840; também em Braz do Amaral, "A Sabinada", p. 26.
55. Gomes de Freitas, "Narrativa", p. 267; AEBa, *A Sabinada*, maços 2839, 2841 e 2844; *Diário da Bahia*, 27/11/1837 (no maço 2841). Muitos oficiais desses batalhões pediram e receberam um abono individual de 100 mil-réis para fardamento, alguns de 200 mil-réis.
56. Viana Filho, *A Sabinada*, p. 153.
57. Gomes de Freitas, "Narrativa", p. 278.

"Arsenal de Guerra" e uma "Fundição" de balas no Forte dos Aflitos; ferraria e depósito no Forte de São Pedro.[58]

O mês de dezembro trouxe o aniversário do imperador no dia 2. No acampamento de Pirajá houve uma parada às quatro horas da tarde.[59] A capital comemorou a data de modo mais efusivo; não se contentou com uma parada.

Quando da apresentação das atas de 7 e 11 de novembro, registramos o fato intrigante de os revoltosos protestarem lealdade a Pedro II, dizendo-se revoltados só até sua maioridade. Disso, nada se poderia imaginar de mais pitorescamente expressivo do que o espetáculo das fortalezas rebeldes dando salvas ao imperador, intercalando-as com tiros contra os barcos legalistas que também dão salvas. Esta cena que beira o surrealismo ocorreu nesse dia. E mais: cortejo com a efígie de d. Pedro, terminando com iluminação festiva do Palácio do Governo, da Câmara Municipal e das fortalezas do Mar e de São Pedro. À noite, cortejo fúnebre de "um herói patriota" morto no dia 30 — não sabemos o nome —, com a presença de quatrocentas pessoas.[60]

Nos primeiros dias de dezembro, os rebeldes tiveram um consolo à derrota inicial, ao impedir o desembarque dos soldados legais em Itapagipe (a partir de Plataforma). Tomaram o Forte de São Bartolomeu, onde mantiveram pequena guarnição.[61]

O fracasso contra a 1ª Brigada ("da Direita") fez com que tentassem romper a linha inimiga por outro lado. Atacaram a brigada

58. Ibid., p. 276. Ele conta que em janeiro 20 mil cartuchos seriam enviados diariamente para o Forte de S. Pedro — graças a seu esforço, subentende-se.
59. Pinto Garcez, "Exposição", p. 331.
60. *Novo Diário da Bahia*, 6/12/1837; *Diário da Bahia*, 27/11/1837 (AEBa, *A Sabinada*, maço 2841).
61. Vicente Vianna, "A Sabinada", pp. 174-6.

instalada em Itapoã (3ª, "da Esquerda") em 14 de dezembro, sendo novamente batidos.[62]

Esta brigada, como vimos, era comandada pelo visconde de Pirajá. Após o combate do dia 14 ele foi afastado, sob a alegação oficial de estar "incumbido de uma importante Comissão" — não especificada. O comando da brigada passou interinamente para o tenente-coronel João José de Sepúlveda.[63]

Como nas outras, seus quadros cresciam absorvendo unidades da Guarda Nacional, incorporadas à estrutura tradicional de batalhões e companhias do exército (a milícia cidadã não aparecia como tal).

Os dois batalhões que a compunham tinham como comandantes os tenentes-coronéis Manoel Rocha Galvão e Ignacio Accioli de Cerqueira e Silva.[64] Rocha Galvão foi o primeiro delator da revolta, em cuja casa Gonçalves Martins e Francisco Sabino tiveram seu histórico *rendez-vous*. Ignacio Accioli viria a ser o autor das *Memórias históricas e políticas da província da Bahia*, obra fundamental da historiografia baiana, na edição anotada por Braz do Amaral. Accioli foi dos primeiros a assinar a ata de 7 de novembro, e veio a ser processado por isso (depois de ser comandante!). No interrogatório disse ter ficado na cidade "tramando a contrarrevolução", até o dia 13, quando acompanhou o Corpo de Polícia até Pirajá.[65] Mas, ao que parece, ele flertou com a revolução

---

62. Carta de Barreto Pedroso a Rebouças, 15/12/1837, *ABN*, vol. 88, p. 208.

63. Pinto Garcez, "Exposição", p. 342. Pirajá queixou-se a Araújo Lima de seu afastamento, e não fez referência a nenhuma comissão: "Tendo organizado a Brigada de Itapoã, tendo tido seis combates com os rebeldes em que perderam muitos, sou despojado dela com a maior ingratidão e pesar da minha pessoa" (Carta a Pedro de Araújo Lima, 7/2/1838, PAEBa, IV, p. 332).

64. Ibid.

65. Biblioteca Nacional do Rio de Janeiro (BNRJ), Seção de Manuscritos (SM). "Peças do processo do Dr. Francisco Sabino Alvares da Rocha Vieira e outros,

e casou com a reação. Os rebeldes não lhe perdoariam essa *mésalliance*. O *Diário da Bahia* publicou a lista dos assinantes da ata, para escarnecer dos que haviam partido.[66] Seu nome é um dos dez marcados. O *Novo Diário da Bahia* referiu-se a "Accioli, Sande, Argolo e outros monstros inimigos da humanidade".[67]

---

implicados na rebelião conhecida pelo nome de Sabinada", I-31, 12, 1, fls. 269-
-2v.
66. Número de 27/11/1837, AEBa, *A Sabinada*, maço 2841.
67. Número de 14/12/1837.

Bloqueio e luta 2

A cidade sitiada

Salvador começou a sentir os efeitos do bloqueio em dezembro. Os barcos que agora esporadicamente alcançavam o porto não bastavam para supri-la de víveres.

Sentia-se sobretudo a escassez de farinha, de mandioca e de trigo. O governo apreendeu ou monopolizou pela compra o trigo existente — para alimentação da tropa, supõe-se —, e a população viu-se privada de pão e bolacha.[1]

O problema do abastecimento era complicado ainda pelo fato de os merceeiros recusarem o papel-moeda, ou aceitarem-no por valor inferior ao nominal (o que vinha ocorrendo desde o início da década, quando foi introduzido). Repetidas vezes o chefe de polícia dos rebeldes, bacharel Freire e Matos, pressionou os "taberneiros e vendilhões" para que aceitassem integralmente o papel-moeda.[2]

---

1. Cartas de Barreto Pedroso a Rebouças, 20 e 23/12/1837, *ABN*, vol. 88, pp. 209-10.
2. Aviso do chefe de polícia Freire e Matos, *apud* Braz do Amaral, "A Sabinada", pp. 21-2; *O Sete de Novembro*, 14/12/1837.

As dificuldades levaram, enfim, a medidas como proibir que saíssem gêneros de qualquer espécie e que pessoas partissem da cidade sem autorização (16 de dezembro). No mesmo sentido, revogou-se a lei que proibia o comércio de cabotagem a estrangeiros (23 de dezembro) e procurou-se organizar a Marinha, "visto que a existente bandeou-se para o partido regressista".[3] Para atrair marinheiros, elevaram os vencimentos e tornaram extensiva a oficiais da Marinha a promoção de dois postos concedida a 7 de novembro.[4] Para comprar embarcações de guerra, foi ordenada em 30 de dezembro a dedução de "metade do soldo, ordenado ou qualquer vencimento de todo funcionário, militar, civil ou eclesiástico"[5] — medida que foi justificada como a formalização de uma iniciativa patriótica dos assalariados e soldados, mas que, acreditamos, não deixou de ser uma má notícia de Ano-Novo para os soteropolitanos. Se essa resolução foi executada, não sabemos ao certo. No tocante aos soldados, as listas de pagamento remanescentes, do mês de fevereiro, mostram que receberam soldo integral.[6] Talvez o desconto fosse restrito ao mês de janeiro; o decreto não é preciso.

Também relacionado ao desejo de criar uma Marinha é o anúncio divulgado no *Novo Diário da Bahia*, de 27/12/1837:

> Os Cidadãos que quiserem assinar a Subscrição promovida para compra de Embarcações de Guerra, para defesa do Estado, podem dirigir-se ao Ilustre Sr. Manoel Alves Fernandes Sucupira, ou à Botica do Sr. Manoel Gomes da Silva, à Misericórdia, ou à loja do Sr.

3. *Apud* Vicente Vianna, "A Sabinada", p. 196, e Braz do Amaral, "A Sabinada", p. 73.

4. Braz do Amaral, ibid.

5. Decreto publicado no *Diário da Bahia*, 5/1/1838 (AEBa, *A Sabinada*, maço 2839).

6. AEBa, *A Sabinada*, maços 2840 e 2841.

Germano Ferreira Nóbrega, à rua direita da Misericórdia. Os mesmos Srs. recebem os donativos.

Ele é interessante como indício de um modo de mobilização popular e como contrapartida das solicitações de auxílio feitas por Barreto Pedroso aos habitantes do Recôncavo.

A situação dos legalistas era mais confortável que a da capital. Pouco antes do Natal receberam boa munição e oitocentas armas vindas do Rio de Janeiro, assim como 260 armas de Sergipe. Esperavam para breve uma expedição militar de Pernambuco.[7] Pequenos reforços do interior continuavam chegando a Pirajá. O tempo estava a seu lado, e só pretendiam atacar de vez quando sua superioridade assegurasse a vitória.

No começo de janeiro, o Ministério da Fazenda enviou dinheiro. O ministro Miguel Calmon comunicou a Barreto Pedroso o envio de trinta contos de réis para o que conviesse. Um trecho de sua carta é tristemente atual: caso não seja mais necessária, manda "aplicar a mesma soma para as remessas que devem ser incessantemente feitas para Londres, a fim de ocorrer à despesa do pagamento da dívida externa, que deve ter lugar no primeiro de Abril deste ano".[8]

A corte ratificou o bloqueio marítimo a Salvador, por decreto imperial de 2 de janeiro. Barreto Pedroso informou desse decreto aos representantes de nações estrangeiras na Bahia (cônsules inglês, francês, português, americano, sueco, holandês, hamburguês e sardo).[9]

7. Carta de Barreto Pedroso a Rebouças, 23/12/1837, *ABN*, vol. 68, p. 210.
8. Ofício de Miguel Calmon ao presidente da província, 2/1/1838, PAEBa, V, pp. 315-6.
9. Ofício ao cônsul inglês na Bahia, 17/1/1838, PAEBa, V, p. 177; texto do decreto no mesmo volume, pp. 353-4.

Qual a atitude dos estrangeiros diante dos acontecimentos? Os representantes e os cidadãos dos Estados Unidos, França e Inglaterra deviam ver com bons olhos as mudanças propostas pelos rebeldes, inspiradas em ideias e instituições de seus países.

Vejamos alguns sinais dessa simpatia.

Em reflexões sobre a atitude a tomar ante os Estados estrangeiros, parte do manuscrito "Medidas preparatórias que deverão preceder o ataque à Bahia", Miguel Calmon registrou com indignação as relações entre os cônsules inglês e americano e o governo rebelde. Cônsules e oficiais da Marinha prestaram visitas a Sabino, "com aparatos e até prostituição de seus grandes uniformes".[10] Barreto Pedroso mais de uma vez intimou o cônsul americano a respeitar o bloqueio, visto que os barcos de sua nação prosseguiam no comércio com a capital, fornecendo-lhe, em sua expressão, "meios de defesa e subsistência".[11] Braz do Amaral afirma que os revoltosos sempre mantiveram a esperança de que o presidente escolhido, Inocêncio da Rocha Galvão, um belo dia surgisse na Baía de Todos os Santos à frente de uma esquadra americana.[12]

Os franceses deviam sentir afinidade eletiva, ideológica, com os rebeldes. O cidadão francês Matheus Alexandre Gueulette serviu como cirurgião-mor de um batalhão. Um documento redigido por um estrangeiro intitula-se "Réflexions sur la sûreté de la Capitale" e se dirige "À Monsieur le Secrétaire du Gouvernement de Bahia".[13] Trata-se de um trabalho de consultoria militar, anterior ao primeiro ataque em fim de novembro, assinado por um "A. Kersting". Não teve sequência nem consequência (exceto para o autor, posteriormente corrido do país). É significativo, entretanto,

10. PAEBa, IV, p. 324.
11. Ofício ao cônsul dos Estados Unidos na Bahia, 4/1/1838, PAEBa, V, pp. 156-7.
12. Braz do Amaral, "A Revolução de 1837", PAEBa, IV, p. 119.
13. BNRJ, SM, "Peças do processo", I-31, 12, 1, ff. 236v-7.

que seja escrito em francês e use o pronome "nós": "nôtre flanc droit", "nôtre revers".[14] Logo após a vitória legalista, houve intenção ou plano de fuga de rebeldes numa fragata francesa, o que foi descoberto pelas autoridades. O cônsul Dugrevil teve a casa revistada pela polícia. Seria afastado do posto por seu envolvimento.[15]

Dos ingleses sabemos, além da referência acima de Miguel Calmon, que eles reconheceram passaportes emitidos pelo governo rebelde e lhe pagaram taxas. Como no caso do cônsul americano, isto ocasionou protestos impotentes do presidente da província.[16] Fato singular, Sabino e João Carneiro determinaram que os ingleses pusessem laços nos chapéus, para distingui-los. (Não sabemos se, como britânicos, prestaram-se a isso.) Parece que outras nacionalidades deviam também usar laços, talvez de cores diferentes.[17]

Sem dúvida, muito da cordialidade mostrada pelos estrangeiros decorria dos interesses comerciais, que sempre permaneceram acima de qualquer outra consideração. Eles continuaram seus negócios da mesma forma com os legalistas, sob protestos dos rebeldes. Zelaram por seus estabelecimentos em Salvador. Barcos de guerra estavam prontos a intervir a um sinal do respectivo cônsul, se as casas de comércio estrangeiras fossem atacadas.[18] Barcos ingleses principalmente, sendo a Inglaterra a potência maior. ("Os ingleses são senhores dos mares e de nós", disse um político holandês da época.)

Durante o mês de janeiro, houve ameaças de rompimento revolucionário em diversos pontos da província. A começar por Feira de Santana, onde houvera articulações com Salvador logo após o 7 de novembro, com o fornecimento de armas e dinheiro por emis-

14. PAEBa, IV, pp. 360-4.
15. PAEBa, V, p. 249.
16. Ofício ao cônsul inglês na Bahia, 22/12/1837, PAEBa, V, p. 396.
17. Viana Filho, *A Sabinada*, p. 149.
18. João Crisóstomo Callado, "Exposição dos Sucessos", PAEBa, V, p. 75.

sários da capital. Um comerciante de Feira testemunhou a insatisfação vigente em sua vila: ele não se sentia seguro, disse, por ter "falado contra o partido da capital, que ali tinha bastantes apaixonados".[19] Em janeiro, depois de renovadas e confirmadas as notícias sobre movimentação armada, o coronel Rodrigo Falcão Brandão partiu de Cachoeira com uma tropa e dissolveu o foco insurgente.[20]

Semelhante ensaio de revolta ocorreu na Vila Nova da Rainha (atual Bonfim), com igual desfecho. Em Jequiriçá, perto de Valença, o juiz de direito da comarca fez capturar, por ordem do presidente da província, simpatizantes dos rebeldes da capital. O juiz municipal de Belmonte, mais ao sul, informou sobre o "estado de perturbação" em que se achava a vila. A vizinha Caravelas também deu sinais de oposição.[21]

Um caso à parte foi Nazaré das Farinhas. Inclinava-se a apoiar Salvador, mas sentia a presença próxima dos legalistas em Cachoeira. Sua Câmara Municipal procurou manter-se neutra, ignorando os apelos vindos de Cachoeira. Conseguiu adiar o envio de seus guardas nacionais para Pirajá até fevereiro.[22]

À exceção da distante Vila da Barra, cuja rebelião descrevemos acima, qualquer tentativa de levante no interior foi prontamente sufocada. Barreto Pedroso estava atento para o perigo de difusão da Sabinada e fez criar destacamentos em muitos municípios para "impedir a sua ramificação" (suas palavras) e conter o constante perigo de uma insurreição de escravos.[23]

Enquanto isso, em Salvador, os rebeldes iniciavam o ano de

---

19. AEBa, *A Sabinada*, maço 2843.
20. Vicente Vianna, "A Sabinada", pp. 190-4; PAEBa, IV, pp. 439-40, V, pp.155-216.
21. PAEBa, V, pp. 160-1, 176 e 227; Viana Filho, *A Sabinada*, pp. 102-3.
22. A. J. de Souza Carneiro, "A Sabinada em Nazaré", PAEBa, IV, pp. 77-96.
23. Ofício de Barreto Pedroso ao presidente da província de Pernambuco, 3/1/1838, PAEBa, IV, p. 439.

1838 intensificando o alistamento de combatentes, através de dois decretos.

O primeiro deles é importante o bastante para ser transcrito por inteiro:

João Carneiro da Silva Rego, por aclamação popular Vice-presidente do Estado da Bahia.

Faço saber que, sendo conveniente aumentar a independência deste Estado, tão gloriosamente proclamada no dia 7 de novembro passado, e reclamando a justiça e [a] humanidade e o direito natural, que tenham parte nessa defesa e sustentação aqueles dos nascidos no território que têm a infelicidade de gemer debaixo do peso da escravidão, tenho resolvido criar um batalhão com a denominação de — *Libertos da Pátria* —, da maneira seguinte:

1º Todo o escravo nascido no Brasil que se achar nas circunstâncias de pegar em armas se poderá alistar sob a bandeira da independência do Estado para formar o batalhão dos Libertos da Pátria, para o que se dirigirão ao Exmo. General em Chefe, que deles mandará fazer o competente alistamento.

2º Os proprietários de semelhantes homens serão indenizados do seu valor, procedendo-se à avaliação pela fazenda pública, a qual será também indenizada pela dedução da metade dos soldos das praças de pré de que se compuser o referido batalhão, cujo plano será organizado pelo Exmo. General em Chefe do exército, com aprovação deste governo.

E, para constar, se mandou publicar este ao som de caixas nesta cidade da Bahia, aos 3 de janeiro de 1838 — João Carneiro da Silva Rego.[24]

24. *Apud* Vicente Vianna, "A Sabinada", p. 198, e Braz do Amaral, "A Sabinada", pp. 83-4; AEBa, *A Sabinada*, maço 2843.

Esta medida causou divergência entre os rebeldes. Daniel Gomes de Freitas, por exemplo, opunha-se a ela. Suas implicações serão discutidas adiante, ao considerarmos as atitudes dos "sabinos" ante a questão escrava.

O outro decreto, datado do dia 4, impunha o recrutamento. Os que se alistassem voluntariamente no prazo de oito dias serviriam apenas durante um ano. Findo o prazo, se procederia ao recrutamento forçado, por tempo de serviço indeterminado.[25]

Os líderes da reação mantinham-se a par do que acontecia em Salvador. "Recrutam doudamente velhos, crianças, escravos, etc.", escreveu Barreto Pedroso ao deputado Antonio P. Rebouças, com algum exagero.[26] Sabiam que continuavam as fugas: "todas estas noites têm aportado a costa lanchões cheios de emigrados da capital", informou o comandante militar de Itaparica em 4 de janeiro.[27] E o fluxo de informações corria no mesmo sentido do fluxo de pessoas: os "emigrados" informavam dos passos dos rebeldes e de ataques iminentes.

Assim foi que a 6 de janeiro os legalistas se anteciparam a um ataque. A brigada de Pernambuco chegara dois dias antes, com quinhentos soldados de 1ª Linha bem municiados. Foi logo engajada na luta pelo ponto da Campina (ver mapa, página 107). O combate durou o dia inteiro neste ponto e na Boa Vista, prolongando-se menos intenso por ainda dois dias. Caíram então essas posições em poder dos legalistas.[28] Pouco depois, eles foram refor-

---

25. *Apud* Braz do Amaral, id., p. 84.

26. Carta de 12/1/1838, *ABN*, vol. 88, p. 213.

27. PAEBa, III, pp. 325 e 328.

28. PAEBa, V, p. 154, III, pp. 355 e 363. A tropa pernambucana, que teria papel decisivo nos combates, vinha comandada pelo tenente-coronel José Joaquim Coelho. Ao anunciar sua entrada no acampamento, o comandante das Armas afirmou: ela "nos vem coadjuvar na gloriosa empresa de libertar a Primogênita de Cabral do bárbaro e detestável poder dos anarquistas" ("Ordem do Dia" de 5/1/1838, PAEBa, III, p. 350).

çados por uma expedição de cem sergipanos e por quinhentas armas vindas do Rio de Janeiro. Seus efetivos somavam agora cerca de 2300 homens.[29]

O mês de janeiro prosseguiu em escaramuças esparsas e em fatos a fortalecer o ânimo dos sitiantes e insinuar o desespero entre os sitiados. O juiz de direito de Inhambupe mandou 69 reses, fruto de uma "vaquinha" pró-legalidade entre os inhambupenses. Mais reforços vieram na fragata *Príncipe Imperial*. Mais praças e voluntários acorreram de Santo Amaro.[30]

Entre os rebeldes, a aflição se evidenciou na decisão de permitir que mulheres e "pessoas maiores de 50 anos e menores de 15" deixassem a cidade, por terra e sem levar escravos — esse o teor do decreto de 12 de janeiro.[31] Essa providência de dispensar as bocas inúteis mostra a que ponto ia chegando a falta de alimentos. Por outro lado, equivalia a uma renúncia de vida comunitária. Se apenas homens em idade de lutar eram obrigados a permanecer, havia a disposição de transformar a cidade numa só fortaleza.

No entanto, uma semana depois João Carneiro e Francisco Sabino organizaram o governo em seis ministérios. Sabino tornou-se ministro do Interior e, interinamente, dos Estrangeiros; Daniel Gomes de Freitas, ministro dos Negócios da Guerra; Manoel Pedro de Freitas Guimarães, da Marinha. O bacharel João Carneiro da Silva Rego Filho foi nomeado ministro da Justiça, e Joaquim da Silva Freire, da Fazenda. Cada ministro cuidou de nomear os funcionários de seus gabinetes.[32]

Quanto ao funcionamento do ministério, não houve reu-

---

29. Carta de Barreto Pedroso a Rebouças, 18/1/1838, *ABN*, vol. 88, p. 214.
30. PAEBa, III, p. 364.
31. BNRJ, SM, "Peças do processo", I-31, 12, 1, f. 42.
32. Decreto de criação do ministério, 19/1/1838, PAEBa, V, p. 134; também em Vicente Vianna, "A Sabinada", p. 207, e Braz do Amaral, "A Sabinada", p. 68.

niões formais de um conselho de ministros. Mas de acordo com Sabino, vice-presidente e ministros agiam sempre de comum acordo, e todos tomavam iniciativas.[33] Certamente as iniciativas de uns eram mais importantes e em maior número. A palavra de Sabino tinha o peso maior, depois a de João Carneiro. Em seguida, Gomes de Freitas, e talvez João Carneiro Filho, eram influentes. Freitas Guimarães foi ministro de uma Marinha quase fantasma — os dois barcos comprados permaneceram no cais por falta de tripulação —, e renunciou antes do fim.[34] Silva Freire era um antigo e honrado funcionário da Fazenda, que pouco se manifestou. (Uma de suas raras manifestações é uma carta a Sabino, em que se lê: "Deus lhe dê forças para ir carregando a cruz da nossa Redenção".[35])

Essa criação de um ministério foi de importância sobretudo ideológica. Era a rejeição das "antigas fórmulas provinciais" (termos do texto), pela adoção de uma instituição característica das repúblicas. Naquele contexto, representou um arremedo de ordem institucional. O despropósito foi percebido pelo ministro Gomes de Freitas:

> Divulga-se a notícia de se haver decretado um Ministério, existindo os cofres quase exaustos, a Força em desacoroçoamento pela iminente falta de mantimentos, o sítio em extremo rigoroso, a emigração cada vez em maior auge [*sic*], a intriga excessivamente extraor-

---

33. "Peças do processo", PAEBa, III, p. 39; "Interrogatório do réu Francisco Sabino Vieira", PAEBa, IV, p. 216.

34. Gomes de Freitas, "Narrativa", p. 270. A pouca expressividade de Freitas Guimarães contrasta com seu desempenho destacado — embora instável — em fevereiro de 1822, quando foi o mais alto oficial brasileiro na oposição a Madeira de Melo (cf. L. H. Dias Tavares, *A Independência do Brasil na Bahia*, pp. 23-50).

35. Defesa de J. Silva Freire, PAEBa, III, pp. 140-6.

dinária, as medidas governamentais vacilantes e não obedecidas *in limine* suas ordens, cada um fazendo, inventando o que bem lhe parecia, que o general tinha correspondência com o inimigo, tratava de entregar a causa em defesa, e por isso convinha ser demitido, além de outros fatos presenciados em diversos lugares e ocasiões, sendo custoso a qualquer, nesse labirinto, um desenvolvimento compatível a tão melindrosa crise![36]

Essa passagem nos dá uma boa síntese do momento, por um cidadão acima de qualquer suspeita de tendenciosidade.

O boato de traição de Sérgio Velloso que ele menciona deveu-se a cartas de Barreto Pedroso ao general comandante. Elas motivaram uma resposta enraivada de Sabino ao presidente da província, publicada no *Novo Diário da Bahia*: "que crime é que pretendes fazer com as cartas a Sérgio? [...] Cabe asseverar-te, monstro infernal, que são inúteis os teus meios de intriga".[37] A guerrilha de propaganda também correu em rumores de que havia uma escuna pronta para levar os líderes rebeldes, certos da derrota, para Montevidéu. Um outro boato atingia Sabino especificamente. Isto o fez vir a público com uma "Protestação francamente leal" à população. Esta não deveria crer, disse, na intriga segundo a qual embarcaria para a América, prevendo a queda do "sistema" para cuja aclamação não pouco concorrera — no que tinha muita honra. Deu vazão à ira contra os intrigantes, chamando-os de "caudilhos da escravidão", "infelizes liberticidas", "desgraçados escravos de Calmons".[38]

O momento caótico descrito por Gomes de Freitas não

---

36. Gomes de Freitas, "Narrativa", p. 278. Um autor considerou a criação de um ministério "a maior loucura da Sabinada" (Souza Carneiro, "A Sabinada em Nazaré", PAEBa, IV, p. 91).

37. BNRJ, SM, "Peças do processo", I-31, 12, 1, ff. 394v-7.

38. BNRJ, SM, id., ff. 37v-9v.

favorecia o funcionamento de instituições como a Câmara Municipal. Contudo, além das três já referidas (7 e 9 de novembro e 4 de dezembro), houve oito sessões da Câmara durante a revolta. Temas recorrentes nestas sessões foram: pedidos de empréstimos ao Executivo, para pagar salários e despesas, e preenchimento de cargos administrativos e judiciários vagos devido ao êxodo. Assim, a Câmara submeteu à Secretaria do Governo as propostas de candidatos a promotor público, juízes municipais e de órfãos; e convocou juízes de paz eleitos a assumirem o cargo.[39]

A administração dos rebeldes se esforçou em manter a ordem na cidade segundo as fórmulas de controle preexistentes. À consulta sobre o que fazer com indivíduos "inimigos à causa da Independência" presos no Arsenal da Marinha, o vice-presidente respondeu que ninguém seria preso senão por ordem do juiz de paz responsável ou do chefe de polícia, devendo-se sempre seguir o figurino legal.[40]

Entretanto, não havia precedentes para uma medida nova, de alto sentido simbólico. O governo rebelde determinou que seus partidários usassem no braço esquerdo "um ângulo de metal amarelo com a legenda *Liberdade ou morte*". O militar ou civil que não o tivesse seria considerado inimigo.[41] Isto se compreende naquela situação insegura e de crescente polarização das posições. Mas não há evidência de que a ordem fosse cumprida. Pressupunha uma coesão ideológica impensável na cidade, cujos habitantes possuíam preocupações mais materiais e imediatas numa hora de penúria.

Esta ordem é assim datada: "Palácio da Bahia, 20 de janeiro

39. "Atas da Câmara Municipal", PAEBa, V, pp. 113-23.
40. *Novo Diário da Bahia*, 15/12/1837.
41. *Apud* Braz do Amaral, "A Sabinada", p. 85.

de 1838, 2º da *Independência e do Estado*". Sabino e João Carneiro haviam determinado que se registrasse o tempo a partir do ano da revolta nos diplomas e documentos oficiais. Isto expressa o desejo — a sensação, mesmo — de inaugurar uma nova era, característico de algumas rupturas revolucionárias clássicas. Do mesmo modo a intenção de Sabino, de apagar a inscrição comemorativa da chegada da família real, no obelisco do Passeio Público (ainda hoje), e gravar a data "7 de novembro de 1837" em letras douradas.[42]

Ainda em janeiro (27), eles confiscaram as terras de Itaparica à casa nobre portuguesa de Niza. Interessante é que haviam tentado tomar Itaparica pela última vez em 19 de novembro. Desde então, os legalistas vinham firmando sua posição na ilha. Em 14 de janeiro, organizaram nela um batalhão provisório, os "Defensores do Imperador".[43] Portanto, a medida tinha um quê de quixotesco: confiscavam no papel terras onde não conseguiam pôr o pé. Como outras medidas suas, porém, ela importa menos por sua eficácia no real — nula — do que pelo que revela das ideias e motivações de seus autores. Em seu estatuto jurídico, as terras de Itaparica eram um morgado, e eles se pronunciam "contra os princípios feudais" no texto do decreto.[44]

A primeira semana de fevereiro foi pródiga em decretos dos revoltosos: três sucessivos.

Um deles concedia às famílias dos combatentes mortos pensões equivalentes aos soldos das vítimas (3 de fevereiro).[45]

42. BNRJ, "Peças do processo", I-31, 12, 1 ff. 393v-4v. Cf. Apêndice deste livro.
43. Proclamação de Barreto Pedroso aos itaparicanos, 14/1/1838, PAEBa, V, p.174.
44. BNRJ, SM, "Peças do processo", I-31, 12, 1, ff. 392-3.
45. *Apud* Vicente Vianna, "A Sabinada", p. 213.

Um outro abolia o dízimo sobre o gado vacum e qualquer imposto sobre a carne verde. Era decorrência da carestia dos gêneros de primeira (7 de fevereiro).[46]

O terceiro — em verdade o primeiro, cronologicamente (1º de fevereiro) — aumentava o salário do "presidente" para oito contos de réis anuais, e o dos ministros para quatro contos de réis, "por lhes parecerem muito módico, e até incompatível com a sua dignidade, o que se achava marcado para os extintos [sic] Presidentes Provinciais", justificava seu texto.[47]

Eis a única resolução do governo rebelde a beneficiar diretamente os próprios autores. Tal singularidade nos leva a inquirir as fontes para o texto. Nós o conhecemos através de Braz do Amaral, que o retirou do periódico O Legalista, editado em Cachoeira. Outra cópia consta dos processos da Sabinada existentes na Seção de Manuscritos da Biblioteca Nacional. Caso esta cópia tenha se originado também de O Legalista, poderia ser inventada, como parte da propaganda do Recôncavo. No entanto, uma leitura detida do documento nos faz ver sua autenticidade como provável. Estilo e vocabulário lembram outros decretos assinados por João Carneiro. No próprio texto ele revela a circunstância de sua origem (proposta dos "ministros e secretários deste Estado", em 23 de janeiro) e a consideração ao arbitrar a quantia ("atenta à angústia do Tesouro público"), em particularidades que soam autênticas. A medida representaria um momento pouco inspirado de legislação em causa própria.

Em sentido mais amplo, ela denotaria o alheamento dos líderes, a inconsciência das reais condições à sua volta, da precariedade do que se havia realizado. Essa atitude não era nova. Desde o princípio, ativeram-se a certas fórmulas e formalidades tradicionais,

46. Ibid.
47. *Apud* Braz do Amaral, "A Sabinada", p. 70; BNRJ, SM, "Peças do processo", I-31, 12, 1, f. 38.

ocuparam-se em desempenhar o papel de governantes, em detrimento da função de líderes revolucionários. Em vez de impor uma revolução, tentavam administrá-la. Por isso esbanjaram avisos, atas, proclamações, ofícios e decretos; criaram repartições e editaram jornais. Ao movimento que acreditavam sólido podia-se aplicar a mesma adjetivação esdrúxula de que certa vez se valeram para designar o Império: "papelífero e desmantelado".[48]

Entretanto, havia homens que criticavam o procedimento da liderança. A voz mais segura entre eles era a de João da Veiga Muricy, professor antes da revolta, tenente e secretário da Artilharia durante ela. Vejam-se os trechos de um manuscrito seu (ignoramos se publicado como artigo):

> Este governo, operando em uma pensada revolução, só quer marchar restrito às leis antigas, como se estas não fossem prescritas pela revolução, e desta forma ficando no *statu quo*, [...] donde certamente virá resultar o cair por terra o edifício revolucionário, e de nada valerem as observâncias de legalidades.[49]

Para remediar isto, Muricy propunha, em formulação surpreendente, de um leninismo *avant la lettre*,

> partir deste fundamental princípio — [de] que a lei da revolução é tudo aquilo que tende a fazê-la prevalecer, e por isso não há agora legalidades, antigas contemplações, escrúpulos, divisão de poderes, economias expendiosas contra o sagrado progresso da causa, etc.[50]

Retornando à narrativa:

48. *O Sete de Novembro*, 27/11/1837.
49. *Apud* Vicente Vianna, "A Sabinada", p. 157; AEBa, *A Sabinada*, maço 2840.
50. Ibid., p. 156; ibid.

No início de janeiro, os legalistas haviam se declarado "finalmente em estado de marchar sobre a cidade" (Barreto Pedroso), faltando-lhes apenas uma reserva maior de cartuchame. Ocorria que ao receberem reforços já não os consideravam suficientes para um golpe definitivo, porque os revoltosos haviam também se reforçado nesse meio-tempo. Assim, no final de dezembro estes haviam apreendido mil espingardas, de um barco português com destino a Benguela, na África.[51]

Em 9 de fevereiro, Barreto Pedroso queixava-se ainda da "falta de armamento e munição [que] me tem embaraçado de os fazer atacar". De acordo com ele, o inimigo dispunha de 3 mil homens, e atacaria exasperado pela fome.[52]

Sua referência à fome na cidade é confirmada por manifestações dos rebeldes, como em um artigo de João da Veiga Muricy: "Não sei que matar à fome pessoas de todos os sexos [*sic*], e dadas condições, seja o meio-termo na guerra, ou sinal de fortaleza". Ainda que cheguem "a comer raízes agrestes, como os soldados de César", afirma, consolam-se com a derrota que imporão aos adversários.[53] Um editorial do *Novo Diário da Bahia* (em 10 de fevereiro) menciona as "tristes lágrimas de nossos famintos filhos e consortes".

Um documento simples e eloquente de como as pessoas eram atingidas pela escassez é a petição de um alferes a Joaquim José Vinhático, comandante do 3º Batalhão de 2ª Linha. Mostra também que os chefes militares tinham acesso facilitado aos víveres, que havia favorecimento na distribuição:

---

51. Carta de Barreto Pedroso a Rebouças, 8/1/1838, *ABN*, vol. 88, p. 212; PAEBa, V, pp. 99-102.
52. Ofício ao presidente da província de Pernambuco, 9/2/1838, PAEBa, IV, p. 499.
53. *Apud* Vicente Vianna, "A Sabinada", p. 184.

Ilmᵒ e Exmᵒ Sr.

Diz Francisco Xavier da Cunha, Alferes da 1ª Companhia do 3º Batalhão de 2ª Linha dos Leais à Pátria, que sendo casado, e tendo a seu cargo uma numerosa família constante de doze pessoas, e não lhe sendo fácil obter alguma farinha para comprar para subsistência da dita família, recorre o Suplicante (a exemplo de outros a quem V. Exª tem socorrido) para o socorrer também com um despacho de V. Exª para comprar dois alqueires: para o que

Pede a V. Exª se digne

deferir ao Suplicante

Francᵒ Xᵉʳ da Cª Limoeiro

E. R. Mᶜᵉ [54]

---

54. AEBa, *A Sabinada*, maço 2841. O documento não é datado. "E. R. Mᶜᵉ" significa "E Receberá Mercê", fórmula com que se encerrava uma petição. As agruras do alferes não terminaram ali, como atesta sua correspondência seguinte ao comandante: "Tendo-me V. Sª ordenado que me retirasse com V. Sª para o ponto, o mesmo me não foi possível motivo por que, nesse mesmo dia em que falei a V. Sª não arranjei dinheiro algum indo dando um penhor, mas no outro dia tive um pequeno cobre, e como soube que na Bolandeira havia alguma farinha, dirigi-me a ver, para me poder retirar com algum sossego a respᵗᵒ fome [ilegível], ficando [ilegível] minha família com que comer que pela cidade nada há, mas como ia com muita sustância nas pernas dei duas quedas do cavalo, ia em mª companhia o Cap. Nery do nosso Bat., de modo q' nem me posso mexer é o que tenho a participar a V. Sª mandará o q' for do seu serviço.
Ba. 3 de fevereiro de 1838
e vim sem farinha

De V. Sª seu Súdito atencioso
Frᶜᵒ Xᵉʳ da Cª Limoeiro
Alfᵉˢ do mesmo"

Ibid. O papel tem marcas de dobras, com sobrescrito ao comandante Joaquim José Vinhático. Além das dificuldades de sobrevivência, esta carta denota a desorganização vigente na tropa: dois oficiais se ausentam à revelia do superior. Um dado curioso

Conforme Francisco Vicente Vianna, a situação levou a um grande êxodo por terra, em meados de fevereiro. Centenas de pessoas passavam então diariamente pelo acampamento de Pirajá. Até o dia 16, mais de 5 mil deixaram a cidade, inclusive as freiras das Mercês, até então sustentadas pelo governo, como os outros religiosos.[55]

A falta de gêneros fez os preços subirem. Há várias menções à carestia na cidade sitiada (como acontecera em 1823), embora sem especificações de preços.[56]

Os armazéns e tavernas fechados, pertencentes a portugueses fugidos ou presos, foram reabertos pelo governo rebelde, que criou uma comissão de seis negociantes para gerenciá-los. Além do inglês Macnab, que a presidia, a comissão se compunha de João Gonçalves Cezimbra, Manuel Alves Fernandes Sucupira, Burcheck, João Higgin e Guilherme Benn.[57]

Fevereiro foi o mês em que os atos dos revoltosos alcançaram o ponto mais alto de radicalização, pouco antes do fim.

No dia 15, José dos Santos Malhado, o comandante do brigue *Trovão* — o vaso mais bem equipado da Marinha rebelde, talvez o único — passou-se para o lado legalista com seu barco. Sabendo da deserção, grupos de pessoas enfurecidas queimaram casas de irmãos de Malhado nos Barris e no Rio Vermelho, na impossibilidade de

---

é que a petição, esta carta e uma terceira correspondência do alferes têm caligrafias diferentes. O alferes Limoeiro não era muito íntimo das letras, e pediu a outras pessoas para escrevê-las. Sobre a míngua de alimentos e o privilégio que se dizia terem os soldados, o autor anônimo de uma "Narrativa dos sucessos da Sabinada" escreveu em linguagem viva: "O povo decidido sofreu muita calamidade, a ponto de comer a casca da jaca e tudo mais que podia encontrar, pois o exército sempre teve recursos, porque o governo então do citado tudo comprava" (PAEBa, I, p. 341).

55. Vicente Vianna, "A Sabinada", p. 215.

56. PAEBa, III, p. 289.

57. *Novo Diário da Bahia*, 2/3/1838; AEBa, *A Sabinada*, maço 2839.

incendiar a do próprio, protegida por ordem de Daniel Gomes de Freitas, sempre defensor da propriedade e das virtudes próprias.[58]

Também as ações contra portugueses atingiram o auge a partir do dia 15. Antes houvera hostilidade pela imprensa e prisão em casos isolados. Agora decidiu-se pela prisão em massa. Assim determinou uma portaria: "capturar a todos quantos portugueses forem encontrados nesta Capital, principiando por aqueles que pela opinião pública se acham indigitados por desafeiçoados à causa esposada, e dentre estes com preferência os mais ricos".[59] A menção aos ricos é a primeira num documento oficial. Dois dias depois, ia a centenas o número de portugueses presos. Ao mesmo tempo decretou-se o confisco de "todos os prédios rústicos e urbanos pertencentes quer aos brasileiros quer aos portugueses que se acham no Recôncavo" (16 de fevereiro).[60]

Data de 19 de fevereiro o último decreto dos revoltosos. Significativamente, reafirma a alforria de escravos, tal como entendida no decreto de criação do batalhão "Libertos da Pátria" em 3 de janeiro:

> Devendo este governo por todos os meios lícitos sustentar o sistema proclamado no dia sete de novembro do ano passado, hei por bem declarar livres todos os escravos nascidos no Brasil que tiverem corrido ou houverem de correr às armas em defesa do mesmo sistema, e os que forem seus senhores [estarão] com direito a ser pelo Tesouro Nacional indenizados dos valores de tais libertos. (assinado por João Carneiro e Gomes de Freitas)[61]

58. Gomes de Freitas, "Narrativa", p. 290. Relação das casas incendiadas nos Barris em PAEBa, IV, p. 261. Em artigo no *Novo Diário* (2/3/1838), Malhado foi apropriadamente xingado de "Judas".

59. AEBa, *A Sabinada*, maço 2843.

60. PAEBa, V, p. 147; Vicente Vianna, "A Sabinada", p. 217.

61. BNRJ, SM, "Peças do processo", I-31, 12, 1, ff. 404v-5.

A essas decisões correspondeu, no campo de batalha, o esforço derradeiro de romper a linha legalista. Reuniram as forças e atacaram todas as posições — sobretudo Cajazeira, Boa Vista e Campina — em 17 e 18 de fevereiro. O combate durou 35 horas nesses dois dias, e foi intenso, segundo o comandante Luiz da França: "os peitos de cada soldado têm manchas pretas dos coices das armas, estando estas no fim da ação tão quentes, que dificultosamente se lhes podiam pôr as mãos".[62] Ao fim, os atacantes cederam as posições de Camilo e Gesteira, entre outras, com pesadas perdas em mortos e feridos. (Mais de seiscentos conforme Barreto Pedroso, que dá apenas cem para o seu lado.[63])

Com a derrota, voltaram boatos de traição de Sérgio Velloso, motivando seu pedido de demissão. A resposta de Gomes de Freitas a sua carta é reveladora do estado de coisas e de como o via a liderança (data de 26 de fevereiro de 1838):

> Tendo visto pelo Exmº Vice-Presidente do Estado o ofício em que V. Exª se demite de General em Chefe do Exército, manda o mesmo dizer a V. Exª que tendo V. Exª mais que alguém concorrido para que a causa por nós esposada se ache no estado atual, que ele não sabe se bom ou mau — ajuíze V. Exª — não é justo que V. Exª se exima de participar da gló-

62. *Apud* Braz do Amaral, "A Sabinada", p. 89. Luiz da França adoeceu em consequência do combate: "Depois que tive a honra de oficiar a V. Exª caí fortemente atacado do estômago, resultado dos dois dias do ataque em que apanhei muitíssimo sol, e me aplicaram trinta sanguessugas[!] que pouco me têm aliviado" (Ofício a Barreto Pedroso, 22/2/1838, PAEBa, III, p. 387).
63. Ofício de Barreto Pedroso ao presidente de Pernambuco, Francisco Rego Barros, 11/3/1838, PAEBa, IV, pp. 467-8. Em comunicação anterior a Rego Barros, ele dizia estarem os rebeldes "em os últimos apuros, pela falta de víveres", e ser isto que os impelia ao ataque, como se notava pelas proclamações achadas nos cadáveres (Ofício de 19/2/1838, PAEBa, IV, p. 454). Mais informações sobre o ataque no ofício de Luiz da França a Araújo Lima, de 18/2/1838 (ibid., p. 333).

ria do resultado, e mesmo da infâmia, em caso sinistro — o que Deus não permita — e portanto não aceita a pedida demissão, que do conteúdo do ofício de V. Ex.ª se colige ter sido em razão de boatos infundados de que V. Ex.ª foi o móvel do transtorno do ataque nos dias 17 e 18 do corrente, que pelos motivos expendidos no referido ofício nenhuma culpabilidade lhe pode ser atribuída, visto estar o mesmo governo certo de todas as circunstâncias. Deus guarde a V. Ex.ª.[64]

Esse fracasso certamente trouxe tons ainda mais tristes ao quadro do acampamento rebelde pintado por Gomes de Freitas. Deserções, dissenções, baixo grau de participação, fracionamento das unidades, morosidade na execução de ordens, ineficiência geral: "raros os que sem hesitar se apresentam no campo de batalha", "poucos os que à risca exercem as obrigações", disse ele.[65] Havia praças que largavam seus postos para cuidar de assuntos privados, visitar a família na cidade, providenciar alimento. O governo já não tinha como fornecer a etapa da tropa, dando em lugar quatrocentos réis diários. Havia famílias que acampavam junto aos soldados no *front*, dificultando a retirada.[66]

Em meio a esse quadro desolador, uma nota de humor proporcionada pelo homem sério que era Gomes de Freitas. Num ofício ao general em chefe, chama a atenção para "a imensidade de mulheres residentes nos acampamentos": em vez de procederem à retirada em ordem, os soldados precipitavam-se para protegê-las, "prejudicando a causa do Estado" e "tornando-se por isso a Tropa de Vênus, em vez de ser de Marte".[67]

64. "Processo-crime contra Daniel Gomes de Freitas", AEBa, *A Sabinada*, maço 2843.
65. Gomes de Freitas, "Narrativa", pp. 268, 270-1, 277 e 283.
66. Braz do Amaral, "A Sabinada", p. 33.
67. Ofício a Sérgio Velloso em 21/2/1838. *Apud* Braz do Amaral, id., p. 85; "Processo contra Gomes de Freitas", AEBa, *A Sabinada*, maço 2843.

Conforme a Tabela 1 — construída a partir das listas de pagamento anexas aos processos —, aproximadamente 4 mil homens compunham então a tropa de Vênus.

Os legalistas dispunham de 4 a 5 mil homens, e continuavam a receber e requisitar reforços.[68] De Pernambuco, centenas de armas chegaram em 8 de março. A 13 de março, às vésperas do desfecho, solicitou-se a remessa de todos os homens capazes da vila de Maragogipe.[69] Entre os legalistas, porém, o acontecimento

TABELA 1
EFETIVOS DO EXÉRCITO REBELDE

1ªLinha	
Regimento de Artilharia (10 Companhias)	840
1º Batalhão	550
2º Batalhão, "Periquitos Bravos da Pátria" (7 Companhias)	570
2ª Linha	
1º Batalhão, "Voluntários Leais à Pátria" (2ª, 3ª e 6ª Companhias)	130
2º Batalhão, "Leais à Pátria" (3ª e 6ª Companhias)	95
3º Batalhão, "Voluntários Leais à Pátria" (6 Companhias)	350
4º Batalhão, "Independentes Leais à Pátria" (2ª, 3ª e 6ª Companhias)	130
Batalhão dos Artífices (6 Companhias)	620
Companhia no Forte de São Bartolomeu	105
Companhia do Rio Vermelho	130
Total	3520

Fonte: AEBa, *A Sabinada*, maços 2838, 2839 e 2840.
Nota: Vê-se que o 1º, o 2º e o 4º Batalhões de 2ª Linha aparecem incompletos. Estimando para as companhias que faltam um número de homens igual aos das representadas, teríamos *mais 450*. É possível, contudo, que as duas companhias avulsas, do Forte de São Bartolomeu e do Rio Vermelho, pertencessem àqueles batalhões. De qualquer forma, 4 mil homens, aproximadamente, teria sido o máximo com que contaram os rebeldes. Os números da tabela são aproximados. O estado dos documentos não permite precisão absoluta, no caso.

68. Ofício de Barreto Pedroso ao presidente de Sergipe, 4/3/1838, PAEBa, IV, p. 462.
69. PAEBa, V, pp. 220 e 232.

relevante naquele momento foi a substituição do comandante das Armas.

O desempenho fraco e hesitante de Luiz da França no início de novembro não fora esquecido. Desde então sua exoneração era questão de tempo, e chegou num decreto imperial em 27 de novembro.[70] Entretanto, o atraso na nomeação de seu substituto fez com que continuasse no cargo, desmoralizado como líder, vendo suas atribuições de comandante desrespeitadas por um homem enérgico como Barreto Pedroso. Somente a 23 de fevereiro tomou posse o novo comandante enviado pelo Rio de Janeiro, marechal João Crisóstomo Callado, português de nascimento.[71]

Não era desconhecido dos baianos, muito menos dos revoltosos: "corrido desta cidade em 1831, por querer aqui reparar o governo absoluto" (Sérgio Velloso). De fato, quando comandante das Armas da província, no princípio da década, sua demissão foi exigida pelos que tomaram o Forte do Barbalho em abril de 1831.[72]

Barreto Pedroso e Callado não morreram de amores um pelo outro. O presidente da província devia sentir como uma intrusão a chegada de um marechal com plenos poderes sobre o *seu* exército. Algo lhe desagradou especialmente. Uma instrução do governo central trazida por Callado era estimular a deserção de rebeldes para o acampamento legalista, conservando-lhes as gra-

70. Decreto de exoneração do tenente-coronel Luiz da França Pinto Garcez, 27/11/1837, PAEBa, V, p. 328. Luiz da França escreveu a "Exposição dos acontecimentos militares de 6 e 7 de novembro" para defender-se no processo de responsabilidade que em 1838 lhe moveu o governo imperial. A epígrafe de sua dedicatória é verdadeiramente singular, partindo de um soldado: "L'amour de soi est la première passion de L'âme, et L'amour porte à conserver ce qu'on aime". Na defesa, colocou-se como vítima da traição e da fatalidade. Consolou-se com outra citação francesa: "Les malheurs ont aussi leur héroisme, leur gloire" (PAEBa, II, pp. 309 e 312).
71. Ofícios de Luiz da França a Barreto Pedroso, 22 e 23/2/1838, PAEBa, III, pp. 387-8.
72. Morton, "Conservative revolution", pp. 304-5; Braz do Amaral, "A Sabinada", p. 86.

duações e as armas. Ora, os oficiais que fizeram ou aderiram à revolta ganharam dois postos de promoção. Barreto Pedroso objetou ao governo central a injustiça da medida e a insatisfação que iria causar entre suas hostes. Ameaçou colocar o cargo à disposição. O Ministério da Guerra reconheceu o erro.[73]

Além desse incidente, ele e Callado discordaram no que puderam, em particular quanto à ocasião para invadir a cidade. Para Callado, um soldado de carreira, o estado da tropa ainda não o permitia. Barreto Pedroso insistia com firmeza para que atacassem o mais breve possível. Desde janeiro havia providenciado um baú de bom tamanho para transportar de Cachoeira os papéis da Secretaria do Governo.[74] Em fins de fevereiro queria marcar o dia de reunião da Assembleia Provincial na capital retomada. Temia encontrar, nela entrando, "só cinzas e vítimas da fome", disse numa carta a Pernambuco em 1º de março.[75]

Ao tempo em que Barreto Pedroso informava o presidente da província de Pernambuco sobre notícias das primeiras vítimas da fome em Salvador, o padre José Maria Varella, em patético discurso-oração aos soldados do Regimento de Artilharia, do qual era capelão, comparava as privações dos habitantes de Salvador aos sofrimentos dos hebreus em busca da Terra Prometida:

> Eu vejo em vós uma memória do Povo de Deus quando perseguidos [sic] de seus inimigos, cujo jugo tinham sacudido, [e] se viram muitas vezes expostos à fome e à sede. Eu vejo em vós a reprodução daquele mesmo Povo, quando, cercado de outros inimigos, recebia

73. Vicente Vianna, "A Sabinada", pp. 220-1. Logo após sua chegada, Callado reuniu-se com os chefes da esquadra para coordenar as ações entre Exército e Marinha. Em sua "Exposição dos Sucessos" (PAEBa, V, pp. 63-79), ele revela que nessa reunião cogitaram demolir o Forte do Mar.

74. PAEBa, V, pp. 164-5. Ele solicitou "um baú de cinco palmos" a 8 de janeiro.

75. PAEBa, IV, p. 460; também em ofício a Callado, PAEBa, V, p. 75.

ordem de Deus, pelos seus Profetas e Chefes, para os combater. Aquelas privações, aqueles perigos em que se viu por muitas vezes o Povo de Israel, seriam por ventura provas do desamparo de Deus? Não, certamente. [...] Assim como o Povo de Israel foi sempre socorrido a tempo pelo Ente Supremo, também o há de ser o Povo da Bahia.[76]

Nesse estado de desespero, os rebeldes cometeram um ato inexplicável de agressão. Em princípios de março, o brigue português *Porto* deixava a cidade com centenas de pessoas, velhos, mulheres, religiosas e órfãos do Colégio de São Joaquim entre elas. Saía devidamente autorizado, visitado inclusive pelo comandante do Forte do Mar, tenente José Nunes Bahiense. No entanto, do mesmo forte o atacaram com dois tiros de canhão, causando várias vítimas e pânico na embarcação — que parou então na vila de Itaparica, onde foram socorridos os feridos e sepultados os mortos.[77]

O comandante da Marinha legalista, Theodoro de Beaurepaire, fora substituído em fevereiro por Frederico Mariath, vindo do Rio. A tibieza de Beaurepaire na execução do bloqueio permitira, entre outras coisas, que uma galera dinamarquesa carregada de gêneros

---

76. *Novo Diário da Bahia*, 2/3/1838; AEBa, *A Sabinada*, maço 2839. Ver Apêndice deste livro. Em 13 de junho de 1638, Antonio Vieira pregou o grande sermão de graças pela vitória sobre os holandeses, na capela de Santo Antônio Além do Carmo. Nesse sermão, Vieira demonstra a intervenção de Deus no destino da Bahia através de elaborado jogo de semelhanças com o Antigo Testamento, a começar pela identificação da cidade do Salvador com a de Jerusalém, e de Davi com Santo Antônio (*Sermões*, vol. III, t. VII, Porto, Lello e Irmão, 1959, pp. 27-57). O padre Varella pode ter se inspirado em Vieira. Como coincidência que não custa registrar, Viana Filho observa que Francisco Sabino foi sepultado sob invocação de Santo Antônio, santo guerreiro (*A Sabinada*, p. 200).
77. AEBa, *A Sabinada*, maço 2843, Ofício de Barreto Pedroso ao presidente de Pernambuco, 14/3/1838, PAEBa, IV, p. 467.

alcançasse a capital, o que provocou até a manifestação da corte, em severo ofício do ministro da Marinha ao presidente da província.[78]

A corte enviara reforços navais, que elevaram o número de navios no bloqueio a dezesseis, em fins de fevereiro.[79] Isso não impediu, contudo, que os revoltosos embarcassem para o Recôncavo uma força de trezentos a quatrocentos homens, em catorze lanchas baleeiras. Vendo ser impossível romper o cerco por terra, jogavam sua última cartada numa audaciosa travessia da baía. Essa travessia se deu na noite de 8 para 9 de março. A expedição desembarcou no local conhecido como Boca do Rio (foz do Paraguaçu, provavelmente) e seguiu para Feira de Santana. Lá travou combate com a pequena força legalista que a perseguia.[80]

Era comandada por Higino Pires Gomes, um dos mais combativos chefes rebeldes, "perigoso homem", "uma quase espécie de mito", no dizer de Francisco Vicente Vianna. Segundo o mesmo historiador, antes da Sabinada, Higino Gomes havia muitas vezes transportado pela costa escravos e dinheiro falso, "de que foi o primeiro fabricador". Ao assumir a chefia dessa expedição, era tenente-coronel comandante no ponto da Bolandeira.[81]

Higino Gomes não conseguiu estabelecer uma base rebelde no Recôncavo, se era o que pretendia. Há muito o terreno já não era bom para ensaios de revolta; menos ainda desde que os legalistas puseram fim aos ensaios de adesão de Feira de Santana, em janeiro. Após a primeira escaramuça em Feira, ele prosseguiu para o interior, sem destino aparente. Em seu encalço a força da reação, agora bastante reforçada. Os ataques dessa tropa, e a dispersão, as deserções, a

78. Vicente Vianna, "A Sabinada", pp. 211-2; Ofício do ministro Rodrigues Torres a Barreto Pedroso, 14/2/1838, PAEBa, V, p. 304.
79. PAEBa, V, p. 205.
80. Braz do Amaral, "A Sabinada", p. 35.
81. Vicente Vianna, "A Sabinada", pp. 193-4.

falta de mantimentos e munição (e de perspectiva) terminariam por aniquilar a expedição. Mas seu fim se estenderia pelo mês de abril. [82] Na capital, o fim seria mais imediato.

O ataque decisivo começou sem plano combinado, por iniciativa da Brigada de Pernambuco.[83] Instalada na Campina, achou-se de repente sob o fogo de um canhão colocado pelos rebeldes na elevação do Bate-Folha, à margem da Estrada das Boiadas (o "ponto em frente do Candomblé" de que fala o comandante dos pernambucanos em seu relatório).[84] Com permissão do general em chefe Callado, o comandante José Joaquim Coelho investiu contra o Bate-Folha, na madrugada de 12 para 13 de março. A fácil vitória sobre este e o ponto vizinho de São Caetano — ambos bem guarnecidos de artilharia — deslanchou o ataque geral.

A Brigada de Pernambuco rumou pela Estrada das Boiadas em direção ao engenho da Conceição, seguida pela 1ª Brigada sob Antonio Correia Seara.[85] Ao saber do acontecido, Argolo Ferrão pôs em marcha suas unidades da 2ª Brigada acampadas nas Barreiras

82. Narrativa detalhada da expedição de Higino Gomes em Vicente Vianna, "A Sabinada", pp. 239-48. Ele atribui seiscentos homens a essa tropa. Braz do Amaral dá o número de quinhentos ("A Sabinada", p. 34). O presidente Barreto Pedroso informou a Rego Barros que eram "300 homens pouco mais ou menos" (Ofício ao ministro da Guerra, 10/3/1838, PAEBa, IV, p. 465).

83. Os testemunhos dos comandantes concordam quanto à espontaneidade do ataque. Mas a decisão de tomar Salvador por aqueles dias já devia estar amadurecida, influenciada também por notícias como a de um bilhete que dizia: "os malvados têm resolvido lançar fogo à Cidade no próximo dia 16 [...] valha-nos, senão o que será de nós. Bahia, 9 de março de 1838 — ass.) Legalista" (PAEBa, V, p. 76).

84. Relato do comandante da Brigada de Pernambuco ao comandante em chefe, 5/4/1838, PAEBa, IV, pp. 355-8. Existe atualmente um "candomblé do Bate-Folha" no Retiro.

85. A descrição dos movimentos da tropa se baseia nos relatórios de Callado ao ministro do Império (PAEBa, IV, pp. 338-41) e dos comandantes a Callado (id., pp. 341-5, 350-3 e 354-9). O mapa permite acompanhar a movimentação. Foi mandado confeccionar por Callado, para o "Relatório dos acontecimentos" que publi-

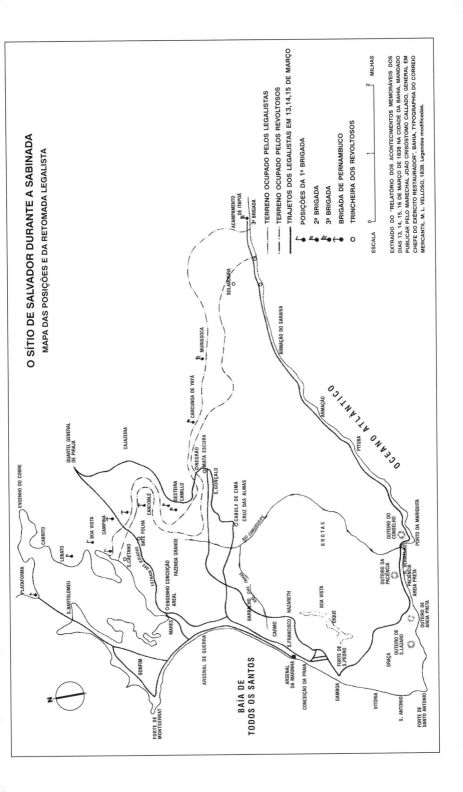

(atual Retiro). O tenente-coronel Pedro Luiz de Menezes — comandante do Corpo de Artilharia antes da Sabinada — desembarcou em Itapagipe com reforço de praças da marinha e tomou o Forte de Montserrat, para juntar-se à 1ª Brigada nos Mares e na Calçada. Enquanto isso, a 3ª Brigada (de Itapoã), comandada pelo coronel José de Sá Bittencourt e Câmara, avançou sobre as posições rebeldes na Bolandeira e no litoral, rumo às Armações. Argolo Ferrão venceu-os no Negrão e em São Gonçalo. Segundo seu relatório,

> o inimigo sofreu grande mortandade na tomada de suas primeiras posições, os campos estavam cheios de sangue, assim como as estradas, e de cadáveres. [...] Também se notaram muitas e espaçosas sepulturas abertas de fresco, as quais denotavam o grande número de mortos que o inimigo, em sua retirada rápida, procurou subtrair às nossas vistas.[86]

No dia 14, a 1ª Brigada e a de Pernambuco haviam batido os revoltosos até a Lapinha, enquanto Argolo Ferrão tomava posição na Quinta dos Lázaros (onde atualmente funciona o Arquivo do Estado da Bahia). Parte da 1ª Brigada vinha pela Cidade Baixa; a 3ª pelo Rio Vermelho.

Os soldados levavam "à ponta de baionetas as forças rebeldes que guarneciam as tortuosas gargantas e estreitas avenidas das imediações da Cidade", conforme Callado relatou ao ministro da Guerra. Assim prossegue seu relato:

> Os soldados, com efeito, e seus valentes chefes, excederam muito da minha expectativa, e o combate se tornou tão encarniçado que as armas se disparavam mutuamente sobre os peitos dos vencedores e

---

cou em 1838. O relatório foi incorporado a PAEBa, vol. II, sem o mapa e sem indicação de sua existência.

86. Ibid., pp. 343-4.

dos vencidos, e assim fiz a minha entrada na Lapinha, das cinco para seis horas da tarde, e aí, como à porfia, rivalizando em coragem e bravura, os dois comandantes de brigada Argolo e José Joaquim correram a tomar o Forte do Barbalho, fazendo prisioneira parte da sua guarnição, correndo a maior parte dos inimigos a se entrincheirar no Forte de S. Pedro.[87]

À noite, os legalistas se concentraram na Piedade e imediações — "esta terrível e trágica noite de 14 de março de 1838, mil vezes mais horrorosa que a de 6 de novembro de 1837" (Braz do Amaral).[88] Certamente a noite mais triste da história de Salvador. Incêndios clareavam vários pontos da cidade. O fogo consumia cerca de setenta sobrados, a maioria na Conceição da Praia — provocado pelos vencidos, em desespero e embriaguez, e pelos vencedores, para desentocar inimigos.[89] Soldados rebeldes foram atira-

87. Ibid., p. 339.
88. "A Sabinada", p. 42.
89. Braz do Amaral oferece o número de 160 casas incendiadas (id., p. 45); igualmente Viana Filho (A Sabinada, p. 179). No entanto, a contagem de um rol de casas destruídas — feita duas semanas após o fim da revolta, como parte do corpo de delito — resulta em 41 sobrados incendiados na freguesia da Conceição da Praia e trinta em quatro outros locais: Piedade, Barris, Ajuda e São Pedro (AEBa, maço 2843). Vicente Vianna consultou esta lista para achar seu número de 67 ("A Sabinada", pp. 234-5). Teriam Amaral e Viana Filho consultado ainda outra documentação? Quanto à origem do incêndio, Amaral o atribui a Sabino, seguindo a "voz pública" ao tempo da revolta — assim lhe contaram seu pai e seu tio, que tinham servido na tropa rebelde (p. 50). Ao observar o avanço dos restauradores, do Passeio Público, Sabino teria mandado atear fogo a Salvador, ao anoitecer de 14 de março. (Imagem veramente cinematográfica!) Não é preciso dar-se ao trabalho, como fez Sacramento Blake, de provar a impossibilidade física desse ato. Não faz sentido buscar a autoria de um incêndio (vários, na verdade) ocorrido durante a batalha final de uma guerra civil. Tudo era descontrole da soldadesca, vencedora e vencida. Sabino ameaçou incendiar a capital à entrada dos legalistas, é verdade. "Vossos olhos verão os restos da antiga Troia ou da moderna Moscou", escreveu a Barreto Pedroso (BNRJ, SM, "Peças do processo", f. 408). Mas ele afirmou muitas outras coisas mais.

dos às chamas, e também simples moradores. Posteriormente, interpelado sobre isso no Parlamento Nacional, o deputado Francisco Gonçalves Martins admitiu ter havido pessoas queimadas; "mas ninguém foi lançado vivo", asseverou...[90]

A cidade nunca vivera tamanha destruição e selvageria. O colapso das normas de conduta, tão comum nos tempos de guerra, manifestou-se em saques, estupros, assassínios. Não se poupou a vida de vários chefes militares rebeldes aprisionados em combate. Francisco Xavier Bigode, Joaquim José Vinhático e Manuel Inácio Canabrava foram assassinados depois de presos. O célebre major negro Santa Eufrazia matou-se para não morrer pela mão do inimigo.[91]

Na tarde de 15 de março, o movimento convergente que as três brigadas vinham traçando findou em torno ao Forte de São Pedro, onde tudo havia começado em 6 de novembro. Após duas horas de assédio, os rebeldes içaram uma bandeira branca e enviaram uma ingênua proposta de capitulação condicional:

> A força militar sob o comando do abaixo assinado, desejando evitar de uma vez o derramamento de sangue brasileiro, propõe o seguinte: que se deponham desde já as armas sob a condição de liberdade a todos, que jamais devem ser tidos como criminosos pelo simples fato de dissentimentos de opiniões políticas. — Sérgio José Velloso.[92]

Ao que Callado respondeu:

---

90. Em sessão a 18 de maio de 1838, *apud* Braz do Amaral, id., pp. 126-7. A selvageria na reconquista da cidade foi discutida em várias sessões durante o mês de maio (id., pp. 117-28). Gonçalvez Martins e Barreto Pedroso (deputado pelo Rio de Janeiro) se defendiam da arguição de deputados oposicionistas. O regente Araújo Lima recebeu uma carta de Salvador, acusando Barreto Pedroso de não haver tentado "sustar a matança" (Braz do Amaral, "A Revolução de 7 de novembro", PAEBa, IV, p. 124).
91. Braz do Amaral, "A Sabinada", p. 51; Viana Filho, *A Sabinada*, pp. 180-1.
92. Callado ao ministro, 17/3/1838, PAEBa, IV, p. 340.

Ao general do exército brasileiro com forças sobre o Forte de São Pedro só convém que a guarnição rebelde se entregue à discrição. Campo sobre o Forte de São Pedro, às seis horas da tarde de 15 de março de 1838.[93]

Depuseram então as armas 586 praças, oitenta oficiais, quinze músicos e cornetas e o comandante.

As fortalezas da Gamboa e do Mar renderam-se logo depois.[94] Nos dias seguintes, grupos de soldados caçaram rebeldes pelos subúrbios e matas. Os juízes de paz das freguesias-limite e os juízes de direito das vilas vizinhas foram instruídos para deter os que fugiam individualmente para o Recôncavo.[95]

Os líderes se esconderam, mas seu paradeiro foi revelado por dois de seus combatentes, em troca de recompensa e liberdade.[96] Sabino foi preso na manhã do dia 22, na casa do cônsul francês, juntamente com Alexandre Gueulette, cirurgião do 2º Batalhão de 2ª Linha. Foi encontrado dentro de um armário, "coberto de roupa suja, em camisa e descalço", segundo o informe do chefe de polícia Gonçalvez Martins.[97] (Ele chegara a Salvador no dia 15.[98])

93. Ibid.
94. Braz do Amaral, id., p. 44. Relato circunstanciado da "Batalha dos três dias" em Amaral, id., pp. 36-44 e Viana Filho, id., pp. 169-83.
95. PAEBa, V, p. 235.
96. Ibid., p. 252. Em abril de 1838, o chefe de polícia prendeu inadvertidamente um delator de Sabino, e o presidente da província fez soltá-lo. Em maio, um outro delator exigiu o resto de sua recompensa: recebera só 50 mil de um conto (= 1 milhão) de réis (AEBa, A Sabinada, maço 2834).
97. O informe de Gonçalves Martins a Barreto Pedroso (23/3/1838) sobre a prisão de Sabino dentro de um guarda-roupa, foi reproduzido na primeira página de O Despertador Fluminense, 9/4/1838 (BNRJ, Seção de Microfilmes). Sobre a cobertura da revolta por um órgão mais influente da imprensa carioca, cf. Alfredo Pimentel, "A Sabinada no noticiário contemporâneo do Jornal do Commercio do Rio de Janeiro", PAEBa, IV, pp. 165-82.
98. Gonçalves Martins, "Simples e breve exposição", p. 256.

João Carneiro e o seu filho, o chefe de polícia Freire Matos e Manuel Tupinambá foram detidos no mesmo dia à noite. Os demais já se encontravam presos, com exceção de Daniel Gomes de Freitas e José Nunes Bahiense, desaparecidos, e de Higino Pires Gomes, ainda perseguido com seus homens no Recôncavo.[99]

O transtorno da vida urbana fora quase completo. Grupos de desamparados, compostos principalmente de mulheres e crianças, pediam por comida nas ruas.[100] Semiabandonada, incendiada, insalubre, a cidade do Salvador começava a receber de volta os refugiados de quatro meses atrás.

Em ação de graças ao Senhor pela vitória celebrou-se um *Te Deum* na Catedral da Sé, à uma hora da tarde de 1º de abril. Comemorou-se também com salvas do Forte do Mar ao nascer e ao pôr do sol, e fogos de artifício.[101]

---

99. Ofício de Barreto Pedroso a Bernardo Vasconcelos, 2/4/1838, PAEBa, IV, p. 475.
100. Braz do Amaral, "A Revolução de 7 de Novembro", p. 124; Gonçalves Martins, ibid.
101. Ofício de Barreto Pedroso aos vigários das dez freguesias da cidade, 29/3/1838, PAEBa, V, p. 257.

Restauração, repressão

Tanta compaixão pelos Dantões e Robespierres da Bahia!
Deputado Nunes Machado, 17/5/1838[1]

O presidente da província entrou em Salvador a 17 de março.[2] Imediatamente participou a boa-nova da restauração à corte, e mandou enterrar os cadáveres das ruas e estimar o perigo de desmoronamento dos prédios incendiados. Estando a cidade às escuras, instruiu os moradores a acenderem luzes nas janelas, enquanto o "arrematante da iluminação" não voltasse a cumprir o contrato.[3]

O motivo maior para esta medida era de segurança. Ela se relacionava com a prisão de revoltosos e a prevenção de novas

---

1. Em sessão do Parlamento nacional, zombando da preocupação de oposicionistas com o tratamento dos presos (*apud* Braz do Amaral, "A Sabinada", p. 124). Um outro deputado do governo acrescentou: "É honrá-los muito com esses nomes".
2. Callado, "Exposição dos sucessos", p. 68. Chegou a 17 de março e colocou a data do dia anterior no ofício à Corte.
3. PAEBa, V, pp. 236 e 238.

revoltas. A atribuição principal do presidente da província, como agente do poder central, sempre fora a manutenção da ordem. Restaurar o governo legal na província significava restabelecer o "sossego público", do qual o presidente era o guardião-mor (o "primeiro chefe de polícia", na frase de Gonçalves Martins).[4] Suas demais funções subordinavam-se a esta. Sua eficiência nela era o termômetro de seu sucesso administrativo. Souza Paraizo fora um fiasco. Barreto Pedroso devolveu a "primogênita de Cabral" ao Império, embora não tão rapidamente quanto se esperava. Em abril, ele deixou a Presidência para dedicar-se apenas à Assembleia Geral, como deputado que era pelo Rio de Janeiro.[5] Foi substituído com eficiência por Thomaz Xavier Garcia d'Almeida.

O novo presidente vinha da magistratura, como era norma. Participara do combate à Confederação do Equador, fora presidente da província de São Paulo e depois da de Pernambuco. Ultimamente, era desembargador do Tribunal da Relação na Bahia.[6]

Em 30 de abril, Garcia d'Almeida sancionou uma lei provincial suspendendo direitos individuais trazidos na Constituição de 1824:

> Ficam suspensas por espaço de dois meses as garantias dos §§ 6, 7 e 8 do artigo 179 da Constituição, para o fim de serem removidos desta para qualquer outra Província os indivíduos suspeitos à segurança pública; bem como para que a respectiva autoridade possa, dia ou noite, entrar na Casa que lhe for suspeita, sem lhe obstarem as formalidades das Leis, e mesmo prender sem culpa formada os compreendidos na Revolução de 7 de Novembro de 1837, podendo formar-lhes a culpa, quando possível seja.[7]

4. Gonçalves Martins, "Simples e breve exposição", p. 229.
5. PAEBa, IV, p. 480.
6. Wildberger, *Presidentes da província*, pp. 229-32.
7. *Coleção de leis e resoluções da Assembleia Legislativa da Bahia, 1835/1841*, 2 vols., Salvador, Typographia de A. O. de França Guerra, 1862, vol. I, p. 225; PAEBa, IV, p. 481.

As cifras existentes de vítimas rebeldes são de 1258 mortos e 2989 prisioneiros. Os números são *oficiais*, do marechal Callado, e datam de 24 de março de 1838.[8] A lei acima sugere que o número de prisioneiros crescia com rapidez. Sobre as vítimas no campo legalista existe a cifra de apenas 594 mortos.[9]

A mesma fonte nos informa sobre a distribuição desses presos. Salvador possuía duas cadeias: a municipal, chamada do Aljube, e a da Relação. Nelas se achavam somente 136 prisioneiros. Os quartéis e fortes (do Mar, sobretudo) abrigavam 694. Pouco mais de cem (117) estavam presos ao hospital. A grande maioria (1810) estava em porões de navios surtos no porto, principalmente no navio-prisão chamado "presiganga" (780 presos).[10] O tratamento e as condições de higiene nessa presiganga eram os piores imagináveis. Durante a revolta, os legalistas já mantinham prisioneiros nela. Um exame médico desses homens acusou então diversas doenças respiratórias, intestinais e venéreas, assim como alienação mental em um deles.[11] No levante federalista de 1832 em Cachoeira, uma exigência manifesta foi o fim desse tipo de prisão e a destruição da existente: "será queimada em lugar onde o Povo possa ver para satisfação do Público". Item semelhante havia no manifesto federalista do Forte do Mar, em 1833.[12]

Quanto ao critério na escolha das prisões, o único que pare-

8. Callado, "Relatório dos acontecimentos", p. 102.

9. Moreira de Azevedo, "A Sabinada da Bahia em 1837", PAEBa, I, p. 31.

10. *Apud* Braz do Amaral, "A Sabinada", p. 105. Mas temos notícias de barcos não incluídos na lista. Sabino ficou preso na corveta *7 de Abril* (PAEBa, IV, p. 216, V, p. 239). Encontramos referência a um réu "preso na fragata Bahiana, que serve de presiganga" (AEBa, *A Sabinada*, maço 2834).

11. PAEBa, III, pp. 383-4. O compositor e professor de música no Liceu da Bahia, Domingos da Rocha Mussurunga, estava na presiganga (Sacramento Blake, "A revolução", p. 47).

12. Accioli/ Amaral, *Memórias históricas*, vol. 4, pp. 355 e 369.

cia haver era a ideia que se fazia da importância ou periculosidade dos presos. Os considerados mais perigosos iam para porões de navios. Assim, no primeiro julgamento de Sabino, seu interrogatório foi adiado para a sessão seguinte, pois as testemunhas acabaram de depor às seis da tarde, e durante a noite o réu não podia ficar em terra, por não haver prisão segura.[13]

Os presos aguardavam o julgamento por júri. Este era uma inovação da "década liberal" da política brasileira do Império (1827-37), fruto de uma reforma legal que compreendeu também a criação do Juizado de Paz e dos novos códigos legais: o Código Criminal (1830) e o Código de Processo (1832).[14]

O Código Criminal surpreendia pela suavidade de certas penas. Isto se explicava como uma reação à severidade das leis criminais da Colônia (o Livro Quinto das Ordenações Filipinas) e pela conjunção política. Os liberais que faziam oposição a Pedro I no Congresso, em 1830, procuraram aparar seu poder de perseguir inimigos políticos. Explicitamente, acabavam com as leis desumanas herdadas de Portugal; nisso, favoreciam dissidentes políticos e revolucionários.[15] Como exemplos, a pena capital e as galés eram abolidas para crimes políticos; os artigos 110 e 111 do novo Código Criminal limitavam o castigo "aos cabeças", em caso de rebelião ou sedição.[16]

Na punição aos réus da Sabinada, as autoridades não se deixaram embaraçar pelo texto da lei. Suprimiram-se as palavras "aos cabeças" daqueles artigos, por proposta do novo ministro da Jus-

13. "Interrogatório do réu Francisco Sabino Vieira", PAEBa, IV, p. 215.
14. Flory, *Judge and jury*, passim.
15. Ibid., p. 111.
16. Eis o artigo 110, que dispunha sobre rebelião:
"Art. 110 — Julgar-se-á cometido este crime, reunindo-se uma ou mais povoações, que compreendam todas mais de vinte mil pessoas, para se perpetrar alguns dos crimes mencionados nos artigos 68, 69, 85, 87, 88, 89, 91 e 92 [contra a integridade do Império, contra a Constituição, o Trono, o Regente etc.].

tiça, conservador.[17] Com a privação das garantias individuais já ordenada na província, estava aberto o caminho para a perseguição "legal" a todos que se supunha envolvidos na revolta. Estava aberta a temporada de caça às bruxas.

Para os vitoriosos, não apenas os cabeças e combatentes, mas todos os que não haviam partido para o Recôncavo eram culpados. O presidente Paraizo bem advertira esses cidadãos, em 9 de novembro, que cometiam um crime. Ter ficado na cidade, simplesmente, era signo de cumplicidade. Foram indiciados todos os que permaneceram exercendo alguma atividade mais ou menos pública, mesmo que remotamente ligada à administração. Do porteiro ao diretor, responderam a processo os funcionários da Alfândega, Mesa do Consulado, Intendência da Marinha, Câmara Municipal, Casa do Troco de Cobre, Arsenal de Guerra, e das várias secretarias criadas. Assim também advogados, juízes, escrivães e demais membros do aparato judicial. E padres e capelães, entre eles os da Sé, que "receberam dinheiro dos cofres roubados" para rezar missa.[18]

Não temos os processos de toda essa gente. Mas um "Processo-crime contra os empregados da Alfândega", por exemplo, permite concluir que os das outras repartições também foram pro-

---

Penas — Aos cabeças — de prisão perpétua com trabalho de grau máximo; de prisão com trabalho por vinte anos no médio, e por dez no mínimo" (Josino Nascimento Silva, *Código Criminal do Império do Brasil*, Rio de Janeiro, 1859).

A própria definição de rebelião dificultava o castigo. Juntar mais de 20 mil pessoas para iniciar um movimento era impossível. O artigo 111 definia sedição como a tentativa de obstar a posse de autoridade ou o cumprimento de ordem legal, por grupo de mais de vinte pessoas. As penas — "aos cabeças" — variavam de três a doze anos.

17. Publicada na *Gazeta Comercial da Bahia*, 18/8/1838 (AEBa, *A Sabinada*, maço 2840); também em PAEBa, III, p. 177n.

18. AEBa, *A Sabinada*, maços 2835 a 2843. Exemplo da devassa promovida dentro do aparato judicial é um "Resumo das Informações dadas pelos Magistrados em seus ofícios acerca dos Escrivães e mais Empregados da Justiça que permaneceram com os rebeldes até a Restauração da Capital" (maço 2842).

cessados. Da mesma maneira, a existência de um processo contra o professor público de "1ªs Letras" da povoação (hoje bairro) da Barra, Hermes Correia de Moraes, e — independente — sua suspensão do cargo por ato do presidente da província,[19] permitem afirmar que os demitidos de seus empregos eram processados e vice-versa. Para maio e junho, há evidência de dezoito professores de 1ªs Letras e do Liceu suspensos do magistério, porque, "desobedecendo ao chamado do legítimo governo da província, não emigraram para o Recôncavo, onde este se achava, adotando assim o partido rebelde declarado nesta Capital" — nas palavras da autoridade.[20]

Além de Francisco Sabino, dois doutores foram expulsos do quadro da Escola de Medicina: João Francisco de Almeida e Vicente Ferreira de Magalhães. Este cuidara da mulher de Sabino em 1833, junto com José Vieira Ataliba — também processado, com outros médicos.[21] Juízes de paz em Salvador, Feira de Santana e Vila da Barra foram suspensos de seus cargos; os de Feira por se recusarem a colaborar nas investigações.[22]

Difícil precisar o número dos perseguidos. À falta de grande parte dos processos soma-se uma certa confusão nos existentes. Há processo contra todos os empregados de uma Secretaria, ou contra todo um Batalhão de 2ª Linha, e ao mesmo tempo proces-

---

19. Ibid., maço 2840.

20. Ato de suspensão dos professores do Liceu, PAEBa, IV, p. 425. Para outros professores: ibid., pp. 425-8. Os de "1ªs Letras" ensinavam também os primeiros números. O curso correspondia provavelmente ao primário. No Liceu Provincial, foram suspensos os professores de lógica, geografia, gramática filosófica da língua portuguesa, "aula do comércio", língua inglesa, música e desenho. Entre os professores de primeiras letras há duas mulheres, as únicas aparecidas na documentação.

21. Ato de Suspensão de alguns lentes da Escola de Medicina, ibid.; processos contra médicos em AEBa, maço 2840.

22. PAEBa, IV, pp. 428 e 426.

sos individuais contra funcionários ou combatentes seus. Sabe-se que os soldados profissionais eram levados à justiça militar, mas o 1º Batalhão de 1ª Linha foi processado pela justiça civil.

Se identificarmos todos os presos como réus, temos o número oficial citado acima, para o fim de março. Mas parece que estar preso independia de ser processado, assim como estar sendo processado não impedia que o sujeito fosse retirado da província. Até novembro de 1838, 1820 presos partiram da Bahia: 1520 para o Rio de Janeiro, cem para o Pará e duzentos para Fernando de Noronha.[23] Como os processos ainda corriam, esses homens eram expulsos sem estabelecimento de culpa, ou não haviam sido sequer indiciados. A isto sentiu-se autorizado o governo, utilizando os (diríamos hoje) "instrumentos de exceção" que providenciara.

Essa transferência — para usar um eufemismo — não se confundia com o envio dos praças do Corpo de Artilharia e do 3º Batalhão de Infantaria para lutar no Pará e no Rio Grande do Sul. A dissolução dessas unidades, por ordem imperial, datava de novembro. Elas haviam sido, lembremos, as primeiras a se insurgir. Depois de restaurada a capital, o ministro da Guerra lembrou e obteve a execução daquela ordem.[24]

Dos presos embarcados para fora da província, temos informação sobre os que foram para Fernando de Noronha, num barco com o nome — brutalmente irônico, nas circunstâncias — de *Nova Aurora*. Entre os documentos, existe uma "Relação nominal dos presos deportados [*sic*] da Província da Bahia, que no dia 11 do corrente desembarcaram nesta Ilha".[25] O nome de Nicolau Tolentino Cirilo Canamerim encontra-se nessa relação. Ele assinou a ata

23. Ibid., p. 266.
24. PAEBa, V, p. 328; Ofício do ministro da Guerra ao presidente da província, 31/3/1838, id., p. 341.
25. PAEBa, III, pp. 419-22.

de 7 de novembro e foi vereador durante a Sabinada. Seu processo diz que foi absolvido em 1840. No entanto, chegou em Fernando de Noronha em agosto de 1838.[26]

Dos duzentos que embarcaram em 30 de junho, dez morreram no caminho, o que diz algo sobre as condições da viagem, semelhantes talvez às do tráfico negreiro. Os sobreviventes fariam trabalho forçado, embora chegassem "no mais deplorável estado de moléstias, fome e nudez", segundo o tenente-coronel comandante da Ilha. (Ele acrescentou: "admira que gente tal pudesse causar o mínimo receio".[27]) A responsabilidade pela manutenção desses homens não estava bem definida. O comandante de Fernando de Noronha se empenharia em obter do presidente Garcia d'Almeida a confirmação de que a Bahia proveria o sustento de seus "deportados".

Este fato tinha um precedente recente. Como mostra João José Reis em sua admirável tese de doutorado sobre a revolta dos negros malês em 1835, centenas de libertos foram deportados ilegalmente para a costa da África, na repressão que se seguiu.[28]

Em junho, o presidente da província comunicou ao ministro da Guerra que treze dos principais réus militares estavam a ponto de ser julgados ("faltando ainda 790", disse).[29] Um conselho de guerra presidido pelo coronel Antonio Corrêa Seara votou pela pena de morte para oito dos treze. Pouco depois, essa sentença foi confirmada para os réus Sérgio José Velloso, Inocêncio Eustáquio Ferreira de Araújo, José Joaquim Leite e Alexandre Ferreira do Carmo Sucupira. Dos demais, oito tiveram a pena reduzida para prisão perpétua ou vinte anos de reclusão; um foi absolvido. Eles

26. AEBa, maço 2843; Manoel Querino; "Os homens de cor preta na História", *RIGHBa*, vol. 48 (1923), p. 361.
27. Ofício do ten.-cel. comandante a Garcia d'Almeida, 18/8/1838; PAEBa, III, p. 418.
28. Reis, "Slave rebellion", pp. 307-9.
29. Ofício de 16/6/1838, PAEBa, IV, p. 370.

recorreram então ao Rio de Janeiro, questionando a competência do foro militar para julgá-los. Arrependeram-se: o Supremo Tribunal colocou fora de dúvida essa competência, reafirmando serem os recorrentes militares e culpados de "motim militar", e condenou-os todos à morte. Isto em janeiro de 1840.[30]

O julgamento dos principais implicados civis começou ainda antes daquele dos militares. Em maio o promotor público denunciou 57 nomes ao juizado de paz da freguesia da Sé. A lei determinava que a denúncia se fizesse na freguesia do local do crime. Este se considerou como sendo a Câmara Municipal. Os 57 nomes foram extraídos da primeira ata, mas não conseguimos atinar com o sentido da seleção.[31]

A denúncia fazia-se ao juiz de paz da freguesia. Era sua função juntar as provas para "formação de culpa" dos denunciados.[32] As provas seriam analisadas pelo Primeiro Conselho de Jurados ou Júri de Acusação. Os 23 membros desse Júri eram sorteados de uma lista de sessenta nomes fornecida pelo Conselho Municipal (também sorteada). As exigências para um cidadão ser eleito jurado eram ter mais de 25 anos e renda mínima anual de 200 mil--réis, um rendimento baixo para aquele tempo. (Lembrar que o soldo dos praças era 600 réis diários, ou 18 mil-réis por mês.) O que levou um publicista da época a comentar que os únicos realmente excluídos de atuar em corpos de jurados eram "mulheres, crianças e o idiota da aldeia".[33]

Se o Primeiro Conselho de Jurados julgasse haver evidência bastante de crime, lançava-se o nome do indivíduo no "rol dos cul-

---

30. PAEBa, IV, pp. 261-4; V, pp. 373-84.

31. Denúncia do promotor público, PAEBa, I, pp. 111-3; IV, pp. 211-3.

32. Sobre as atribuições do juiz de paz, melhor, sobre tudo relativo a juízes de paz, ver Flory, *Judge and jury*, pp. 49-108. Ele dedica três capítulos a essa instituição.

33. *Apud* Flory, p. 118. A descrição do sistema de júri baseia-se nesse autor (id., pp. 117-9).

pados", para o julgamento propriamente dito. Disso cuidavam os doze membros do Segundo Conselho de Jurados ou Júri de Sentença, escolhidos também ao acaso, dentre os 37 nomes restantes. Um juiz de direito presidia a este, como ao primeiro júri. Aos jurados cabia decidir: eram chamados também "juízes de fato". O ritual forense compreendia curto interrogatório do réu, leitura do processo de formação de culpa, acusação do promotor e defesa do defensor, encerrando com um sumário, pelo juiz, da matéria pró e contra o réu. Por fim os jurados respondiam a uma pequena inquirição do juiz. A cada artigo do Código Criminal em que se enquadrava o réu, ele lhes colocava quatro questões atinentes à existência do crime, culpa do acusado, grau de culpa e pertinência de indenização. O juiz então sentenciava, de acordo com as respostas da maioria do júri.[34] Esses procedimentos, lentos e trabalhosos, podiam durar semanas.

Dos réus principais da Sabinada, aquele cuja trajetória pós-revolução podemos melhor acompanhar é, compreensivelmente, Francisco Sabino. Isso porque ela é sobretudo sua história processual, mais completa que as outras — ou melhor, menos incompleta, pois falta boa parte do processo.

Fez-se o inventário de seus bens logo em março de 1838.[35] Resumiam-se aos achados na casa onde morava havia um ano, às Portas do Carmo. A chave da casa estava em poder de uma mulher que se sabia ser ou ter sido "sua concubina". A descrição do interior mostra um mobiliário modesto, funcional, num espaço generoso — como costumavam ser as construções. De materialmente mais valioso, só os livros, de que já se falou acima, no esboço de seu per-

34. Como exemplo de julgamento pelo Segundo Conselho de Jurados, ver o de Nicolau Soares Tolentino, PAEBa, III, pp. 273-83.
35. "Inventário dos bens achados em casa do rebelde Francisco Sabino Vieira", PAEBa, IV, pp. 203-10; manuscrito em AEBa, A Sabinada, maço 2836.

fil. Entre eles encontravam-se, aliás, dois livros pertencentes à Biblioteca de Medicina, que foram devolvidos ao diretor da Escola por ordem do presidente da província; um zelo que não foi demonstrado para com os pertences do próprio Sabino: ele se queixou de "objetos que foram extraviados em proveito de certas pessoas", além da retirada dos móveis.[36]

O inventário de bens servia à coleta de provas. Na casa encontraram também cartas não abertas com a rubrica de Barreto Pedroso e um manuscrito com os títulos "Proposta" e "Plano e fim revolucionário". Este documento foi publicado por Francisco Vicente Vianna em 1890, sem indicação da procedência. Será discutido adiante.[37]

No interrogatório, aquele homem de temperamento loquaz foi parcimonioso: disse, em suma, que como secretário do vice--presidente apenas escrevia o que ele mandava.[38]

Ao fim do julgamento, Sabino foi condenado com base nos seguintes artigos do Código Criminal:

Artigos 201 a 205, que dispunham sobre ferimentos, mutilações ou outras ofensas físicas; artigo 89, sobre crime contra o regente; 68, sobre crime contra a integridade do Império; 85, crimes contra a Constituição e a forma de governo adotada; 87, crime contra o Trono; 113, crime de insurreição; 192, crime de homicídio.

Na singular sentença de 2 de junho de 1838, os crimes vêm enunciados nesta ordem, em grau crescente de gravidade, com as penas respectivas: de um ou vários anos de prisão (artigos 201 a

36. Ibid., p. 210.
37. Vicente Vianna, "A Sabinada", pp. 122-6; BNRJ, SM, "Peças do processo", I-31, 12, 1, ff. 99v-106. Cotejando o texto reproduzido em Vicente Vianna com o manuscrito da Biblioteca Nacional, notam-se vários erros de transcrição. O mais gritante está na oração: "O verdadeiro governo é o governo das minorias" — leia-se "maiorias".
38. Interrogatório de Sabino, PAEBa, IV, pp. 215-6.

205, e 89), à prisão perpétua (artigos 68, 85 e 87), e finalmente à morte (113 e 192).[39]

Sabino solicitou novo julgamento em outro local da província, como lhe facultava o artigo 308 do Código de Processo.

Pouco depois do primeiro julgamento fez esta petição à Santa Casa da Misericórdia; ela nos instrui sobre seu estado financeiro e sua situação familiar:

> Ilmos. Srs. Provedor e Mesários da Santa Casa da Misericórdia. Diz Francisco Sabino Alvares da Rocha Vieira, que se acha preso a bordo da Corveta *7 de Abril*, e sentenciado à morte pelo júri desta cidade, e porque o Supe. [Suplicante] está no mais miserando estado de pobreza, como é público e notório, e pretende, para não morrer ao desamparo, seguir os termos dos recursos concedidos por lei, e tem três filhos, de que deve ter compaixão. P. [Pede] a VV. SSas. se sirvam, na forma do caridoso instituto desta casa, tomar a seu cargo a defesa do Supe. e tudo mais que for próprio da Caridade com que esta casa socorre aos miseráveis no estado do Supe., o que espera pela Paixão e Morte de N. S. J. C. E. R. M.[40]

A Santa Casa deu amparo a Sabino. Aceitou sua defesa e designou para isso um jovem advogado e professor de retórica, Manoel Pedro Moreira de Vasconcelos.[41]

Desde sua prisão que ele se achava na corveta *7 de Abril*. (Outra pequena coincidência enviesada: em 7 de abril de 1831

---

39. "Sentença", id., p. 217. Determinou-se também que ele pagaria indenização pelos crimes e que daria os bens para custeio do processo.

40. Petição à Santa Casa da Misericórdia, 30/6/1838, PAEBa, III, p. 267. Sobre a instituição da Santa Casa existe uma obra excelente: *Fidalgos and philanthropists*, de A. J. R. Russel-Wood (Berkeley, University of California, 1968). Foi editada entre nós pela Universidade de Brasília.

41. PAEBa, IV, p. 223; AEBa, *A Sabinada*, maço 2839.

deu-se a abdicação de Pedro I, data festejada pelos dissidentes.) Em setembro, enviou uma petição a Sua Majestade Imperial. Nela, seu procurador o dizia a ponto de sofrer uma morte "ainda mais cruel do que a decretada pelo bárbaro júri da capital da província, onde foram juízes os seus próprios vencedores, no maior exaltamento das paixões".[42] Estando desde março no porão da *7 de Abril*, com ferros aos pés, agora aumentavam-lhe mais o sofrimento ao colocar tonéis no porão, deixando um espaço mínimo para ele e mais quatro infelizes dormirem. Um desses era o amigo que servira como seu chefe de polícia, bacharel Antonio Freire Mattos. Em petições distintas, Sabino e Mattos suplicaram mudança para prisão em terra, onde estavam outros réus em circunstâncias legais idênticas (cujos nomes não declinaram).[43]

O segundo julgamento de Sabino foi na Vila de São Francisco do Conde, cinco meses depois do primeiro. Sempre notável a rapidez da justiça.

No novo interrogatório, as perguntas centraram-se em três pontos: 1) instauração de um novo Estado; 2) incêndio da cidade (foi citada uma sua carta a Barreto Pedroso, em que afirmava que as tropas da legalidade só entrariam em Salvador pisando sobre cinzas); 3) libertação dos escravos. Sobre o primeiro ponto disse simplesmente estar persuadido de ser útil a separação da província *durante* a menoridade de Pedro II, e que não respondia pela ata. Sobre a intenção de destruir a cidade, respondeu que em seu ato de defesa faria ver o contrário. Sobre o ensaio de insurreição dos escravos, disse não ter parte naquele decreto, como provaria oportunamente na defesa.[44] Infelizmente nos falta sua defesa.

---

42. Petição de Sabino ao Imperador, 20/9/1838, id., p. 221.
43. Petição de Freire Mattos, PAEBa, V, p. 373
44. Interrogatório do julgamento em São Francisco, PAEBa, IV, pp. 219-20.

A segunda sentença, em 8 de novembro de 1838, reiterou cada vírgula da primeira.[45]

Seguindo o artigo 301 do Código de Processo, seu advogado Moreira de Vasconcelos apelou da sentença junto ao Tribunal provincial da Relação. O texto da apelação é uma bonita peça jurídica, simples e sóbria. Moreira de Vasconcelos lembra de início que a finalidade das leis não é a vingança. A vingança é pura paixão, e as leis devem ser puras de paixão:

> Quando as Leis punem, têm diante dos seus olhos não o culpado, mas a sociedade, porque elas são excitadas pelo interesse público, e não por um ódio pessoal, e por esta razão procuram estabelecer um exemplo para o futuro, e não uma vingança pelo passado.[46]

Em consequência desse principio, "todos os Códigos das Nações cultas" estabelecem certas formalidades, a que deve obedecer um processo-crime. O que nem sempre aconteceu no caso de Sabino.

Seu defensor demonstrou várias irregularidades no processo. A lei prescrevia que o réu tivesse notícia da acusação no mínimo três dias antes de responder a ela; Sabino não foi sequer notificado. O juiz de direito da 1ª Vara, nosso conhecido Gonçalves Martins, estava no Rio de Janeiro, como deputado à Assembleia Geral. Na sua ausência, o da 2ª Vara devia presidir o júri, e não o juiz municipal interino, como se verificou. Sobretudo, o novo júri não foi "o de maior população dentre os mais vizinhos", como prescrito no Código de Processo. Cachoeira e Santo Amaro eram mais populosas que São Francisco. Tinham sido elevadas à categoria de cidade em 1837, ao passo que São Francisco continuou vila.[47]

45. Id., pp. 220-1.
46. Defesa de Sabino, PAEBa, III, p. 101.
47. Id., pp. 101-10.

Por que então sua escolha para o novo julgamento? Talvez porque nela residia boa parte da aristocracia rural. Os nomes no Conselho de Jurados falam claro: Miguel de Teive e Argollo, Vicente Ferreira Gomes, Estevão de Araújo Góes, Manoel Ignácio de Argollo e Queiroz, Salvador Muniz Barreto, Egas Ferrão Muniz etc. "Eram todos eles homens de bom sangue, largos haveres, e monarquistas", no dizer muito bem dito de Luiz Viana Filho.[48] O último mencionado, Egas Ferrão Muniz, era menor de 25 anos. Outra irregularidade exposta por Moreira de Vasconcelos.

Ao Tribunal da Relação apelaram também outros réus, João Carneiro e o filho entre eles. Seus julgamentos foram simultâneos ao de Sabino, tanto o primeiro, em Salvador, como o segundo, em São Francisco.

Quando interrogado, João Carneiro minimizou sua participação, mais ainda que Sabino. À pergunta sobre onde se achava no funesto dia 6 de novembro, respondeu ter ido à fortaleza de São Pedro por convite do tenente Bahiense, que o encontrara sentado ao pé da "pirâmide" do Passeio Público, onde ia todas as tardes (era seu passeio vespertino de homem idoso). Lá chegando, soube que se tratava de uma revolução. Por que então não se retirou? "Respondeu que já o não poderia fazer por se terem postado vedetas [vigias!]." E depois de nomeado vice-presidente permaneceu porque "assim convinha a bem de evitar a anarquia". Sobre o incêndio disse, e não há por que duvidar, ter empregado meios para evitá-lo, "o que não foi bastante para conter o furor da populaça que lhe disseram estar amotinada". Por fim, reconheceu ter assinado o decreto libertando os escravos crioulos para pegar em armas.[49] Teve a mesma sentença de Sabino, ou seja, foi condenado à morte, entre outras coisas. "Entre outras coisas" soa absurdo. E era um absurdo

48. Viana Filho, *A Sabinada*, p. 187.
49. Interrogatório de João Carneiro, PAEBa, III, pp. 15-6.

jurídico segundo o artigo 61 do Código Criminal, que fazia desconsiderar outras penas no caso de pena de morte. O motivo para esse acúmulo de penas foi revelado pela própria promotoria: temia-se que, condenados unicamente à morte e absolvidos no segundo júri, ficassem sem punição pelos outros crimes.[50] A mesma lógica estaria talvez no fato de haverem sido acusados por crimes tão diversos. Atentados contra a segurança interna do Império não eram passíveis de pena capital, conforme o novo Código. Daí a incriminação de insurgir escravos e assassinar homens — isto sim, levava à morte.

O bacharel João Carneiro da Silva Rego Filho teve a audácia de dizer que assinara a ata de 7 de novembro sem ler. Perguntado por que não abandonou Salvador, respondeu que por achar que assim ajudava mais a humanidade, e pelos laços filiais que o impediam de abandonar o pai. Foi condenado apenas por crime contra o regente (artigo 89), a catorze anos de prisão.[51]

O advogado de João Carneiro foi Lúcio Pereira de Azevedo. Ele era juiz de paz quando da morte do alferes Moreira por Sabino em 1838. Vereador, assinou as duas atas, mas pulou do barco (fugiu para o Recôncavo) a tempo de não sentar depois por muito tempo no banco dos réus. Certo é, porém, que assumir a defesa dos implicados dava mostra de pendor para a oposição, e poucos se atreviam a isso.[52]

No texto do recurso à Relação, Azevedo aponta aquelas mesmas irregularidades no processo de João Carneiro e procura caracterizar a ilegalidade das penas de ferimentos, homicídios e insurreição. Seu argumento parte do princípio de que a intenção apenas, não o efeito produzido, define o mérito da ação. Assim, os ferimentos e mortes da guerra não se podem considerar crimes,

50. PAEBa, III, pp. 128 e 188.
51. Interrogatório e sentença de João Carneiro Filho, id., pp. 21-4.
52. PAEBa, I, p. 116; IV, p. 297.

porque se bem que o inimigo não atire sobre o inimigo [*sic*] com outro intuito que não seja o de destruir para vencer, com tudo não tem em vista positivamente matar a Pedro ou a Paulo; quero dizer, não tem consigo a má-fé ou a direta intenção de matar. Acontece porém que Pedro ou Paulo morra, ou que perca um braço, ou uma perna, etc.; mas isto não é senão um resultado da sorte que lhe foi desfavorável; são efeitos, deixem-me assim dizer, independentes da vontade da causa.[53]

O problema é afluente da questão maior da legitimidade da revolução:

Ao menos não consta que em tempo algum, ou em algum lugar, se considerassem como assassinatos os estragos da guerra, a qual, conquanto seja civil, ou entre cidadãos do mesmo Estado, nem por isso deixa de ser guerra, e guerra autorizada e legitimada pelo dever da própria conservação.[54]

Dentro do princípio da primazia da intenção, ele advoga que não houve crime de insurreição dos escravos, "porque todos sabem que o fim, para que se armou escravos, foi o aumento das forças revolucionárias; foi o triunfo da Revolução", e não a insurreição em si.[55]

Naturalmente o promotor não aceitou esse argumento: "supõe uma guerra autorizada entre os dois partidos: donde procedem ilações tão falsas como o seu princípio".[56] Quanto às restrições de ordem formal, considerou que foram respeitadas as "fórmulas substanciais" do processo. Além disso, "um júri extraordinário, e

53. PAEBa, III, p. 129.
54. Ibid.
55. Ibid., p. 132.
56. Ibid., p. 189.

de salvação, não é e nem pode ser em tudo regulado pela mesma forma que os ordinários".[57] Para ele, enfim, aquele era "um tribunal de Justiça, não de graças".

Portanto, o Tribunal da Relação julgou improcedentes os recursos interpostos pelos réus; isto em julho de 1839.[58]

Antes, em novembro de 1838, Sabino foi transferido para a Cadeia da Relação, à Praça Municipal. A corveta *7 de Abril*, onde estivera desde março, partiu para Pernambuco conduzindo os oito réus militares referidos. Na cadeia portou-se da maneira "a mais escandalosa, repreensível e subversiva", segundo o juiz Ferreira de Araújo.[59] Em companhia de Alexandre Sucupira e J. J. Leite, foi removido para o Forte do Mar, onde seu comportamento insubmisso (tentando seduzir a guarnição e escrevendo para um jornal) novamente causou transferência. Dessa vez para o paiol da fragata *Príncipe Imperial*, alojamento em condições inumanas. Ele e os companheiros enviaram uma representação ao imperador e à Assembleia Provincial, por meio de um filho seu, Francisco Sabino Júnior. Viam-se "submersos em um antro tenebroso", onde a altura não permitia a postura vertical. Pediam o mesmo tratamento dado a João Carneiro, Sergio Velloso e Inocêncio Ferreira de Araújo, igualmente sentenciados à morte. Este último era "parente próximo" — irmão, aparentemente — do juiz municipal servindo de juiz de direito e chefe de polícia interino, Evaristo Ferreira de Araújo, o responsável mais direto, diziam, por seus padecimentos. Viviam angustiados com a possibilidade de o navio partir, levando-os: "quem sabe, Senhor, se irão também exilados para a Ilha de Fernando de Noronha, antes da decisão

---

57. Ibid., pp. 180 e 194. Grifo nosso.

58. PAEBa, IV, p. 224.

59. PAEBa, I, p. 353; "Documentos relativos às reclamações de Sabino e outros rebeldes contra as prisões", id., pp. 353-9.

final de seus recursos?".[60] Em resposta ao requerimento, a corte solicitou à presidência da província que esclarecesse a questão. Garcia d' Almeida respondeu enviando relatório do juiz de direito sobre a conduta censurável dos presos, e a palavra do comandante naval, de que seus alojamentos eram tão insalubres quanto os dos oficiais.[61]

A partir de agosto de 1839, tendo esgotado as instâncias judiciárias da província, ainda e sempre com a perspectiva do enforcamento num futuro próximo, os réus recorreram ao Supremo Tribunal.[62] No Rio, a tramitação dos processos começou em janeiro de 1840. Foi nesse janeiro, como vimos, que se confirmou a condenação à morte — por fuzilamento — de doze dos réus militares.

Procedeu-se à intimação da sentença a esses homens. Em Fernando de Noronha encontravam-se, desde novembro, Marques Cardoso, Manoel de Azevedo Coutinho, Pedro Barboza Leal, Rodrigo de Figueiredo Ardignac, João da Paixão e Manoel Florêncio. Tiveram ciência de sua condenação em junho. Na Bahia, estavam Sérgio Velloso, Inocêncio Ferreira de Araújo, Alexandre Sucupira e J. J. Leite. Manoel Boaventura Ferraz estava na Fortaleza do Brum, em Recife. O último a ser notificado foi Ignácio Pitombo, também em Recife, a 4 de agosto de 1840.[63]

Possuindo afinal a certeza da morte, foram anistiados por decreto imperial em 22 de agosto.[64] O "golpe da maioridade" adiantou a subida ao trono de Pedro II, e um *show* de clemência num princípio de reinado sempre foi algo de bom-tom. A anistia era geral, estendia-se a todos os envolvidos em crimes políticos, presos ou

60. Petição ao imperador, 25/5/1839, PAEBa, pp. 271-4.
61. "Documentos relativos às reclamações", PAEBa, I, pp. 353-5.
62. Recursos ao Supremo Tribunal, PAEBa, III, pp. 199-252.
63. PAEBa, I, pp. 382-3.
64. Decreto da anistia em PAEBa, I, pp. 347-9, e V, pp. 366-7.

foragidos. Alguns que viviam na clandestinidade, como Daniel Gomes de Freitas e Higino Pires Gomes, apresentaram-se então.

Mas não era irrestrita. Em alguns casos, só seria concedida se o indivíduo abandonasse a província. Eram dez esses casos. O governo central determinou que Sabino iria para Goiás, e o francês Alexandre Gueulette para fora do país. Os demais para São Paulo ou Minas Gerais, conforme o arbítrio do presidente da província.[65]

Em 20 de novembro, os anistiados em questão assinaram um termo previsto no decreto de anistia, comprometendo-se a cumprir seus degredos. Fizeram-no em presença do chefe de polícia Gonçalves Martins. Ele os encaminhou à corveta *Regeneração*, que os levaria ao Rio de Janeiro. De lá, Sabino e Gueulette seguiriam para suas destinações. Daniel Gomes de Freitas, João Carneiro e Carneiro Filho iriam para São Paulo. Sérgio Velloso, José Joaquim Leite, Alexandre Sucupira e Inocêncio Ferreira de Araújo iriam para Ouro Preto.[66]

---

65. Ofício de Limpo de Abreu ao presidente da província, 14/9/1840, id., p. 383.
66. "Termos de Obrigação", PAEBa, IV, p. 228. O tenente José Nunes Bahiense deveria ir para São Paulo, mas não se apresentou para a anistia. Em outubro, o arcebispo d. Romualdo Seixas interveio em favor de João Carneiro e o filho, sem sucesso. Escreveu ao ministro da Justiça para que lhes fosse dilatado o prazo de trinta dias para a partida e principalmente para que se mudasse sua destinação. Pediu que em vez de São Paulo fossem enviados para a Corte, onde tinham amigos e parentes. Alegou arrependimento de pai e filho. Sobre este afirmou: "O Doutor João Carneiro da Silva Rego, moço de não vulgar talento, escreveu na prisão alguns interessantes artigos para uma das Folhas Defensoras da Monarquia" (Ofício de Romualdo, arcebispo da Bahia, ao ministro da Justiça, 23/10/1840, PAEBa, V, pp. 370-1). O ministro Limpo de Abreu replicou que "qualquer mudança a esse respeito contribuiria para o governo Imperial tirar-se a si mesmo a força moral" (Limpo de Abreu a Romualdo, 19/11/1840, id., pp. 371-2).
Era a segunda vez que d. Romualdo intercedia pelos dois. Quando solicitaram mudança da fragata *Príncipe Imperial*, Sabino, Sucupira e Leite perguntaram por que a diferença de tratamento para alguns companheiros. A carta do arcebispo fornece uma pista.

Com a anistia, as punições que a princípio se anunciavam tão severas — "júri de sangue", havia o povo denominado o primeiro julgamento[67] — resultaram em nenhuma morte. Os que haviam pegado em armas contra a revolta se irritaram com a medida, sem dúvida. A imprensa conservadora baiana, notadamente o *Correio Mercantil*, desenvolveu campanha furiosa contra o novo sistema legal que permitira a absolvição de tantos implicados.[68] Pois o número de condenados fora surpreendentemente pequeno diante do volume de processos. A maioria imensa dos processos existentes no Arquivo do Estado traz na frente as palavras "absolvido em [data]". As prisões e demissões de funcionários públicos, professores, advogados, médicos, padres, etc. causaram perturbação sem precedente no funcionamento da administração e dos serviços, na própria vida da comunidade. Mas — brasileiramente, diriam os que veem em nossa história sequências de crueza e conciliação, golpe e bálsamo — à repressão larga seguiu-se a absolvição e reabsorção gradual nos empregos.

A leniência da nova lei e a precisão de empregados concorreram na liberação de toda essa gente — que, *grosso modo*, compunha a camada média da sociedade. Destino mais duro tiveram as vítimas da violência extralegal, a ralé que apodreceu nos porões de navios, quando não abatida antes na Estrada das Boiadas (a via principal na reconquista da cidade).

Sabino chegou a Goiás não sabemos exatamente quando. Partiu do Rio de Janeiro em março de 1841.[69] Entre os líderes, recebeu a punição mais severa: obrigado a viver numa comunidade pequena e isolada, onde seus atos e ideias teriam ressonância

---

67. Devido a uma frase do promotor aos jurados: "É preciso aplacar com o sangue dos revolucionários a poeira da revolução" (*apud* Viana Filho, *A Sabinada*, p. 187).
68. Flory, *Judge and jury*, pp. 143-4.
69. Ofício de Limpo de Abreu a Garcia d'Almeida, 17/3/1841, PAEBa, V, pp. 384-5.

mínima. Mesmo assim, sua vida de exilado — pois aquilo era praticamente um exílio, num tempo em que as distâncias agiam como barreiras — foi quase tão movimentada quanto sua vida anterior.[70] Teve mulheres e filhos, editou pequenos jornais (um deles intitulado *O Zumbi*), exerceu oposição ao governo de Goiás e depois ao de Mato Grosso, para onde foi expulso por aquele. Continuou perseguido pelas "ideias exageradas e anarquistas", tornou-se conhecido como médico humanitário. Terminou a vida escondido numa fazenda no interior de Mato Grosso. Morreu repentinamente, em 25 de dezembro de 1846, em circunstâncias não inteiramente esclarecidas. Tinha cinquenta anos de idade quando "entregou a Deus sua alma agitada" (Braz do Amaral).

O último escrito registrado de Sabino não é um editorial político, mas uma pequena quadra amorosa:

Na minha pobre cabana
Bem juntinho de meu bem
Desfrutando em paz serena
As delícias que amor tem.[71]

Em 1896, o Instituto Geográfico e Histórico da Bahia fez trasladar seus restos para sua terra.[72] Por essa época teve início a discussão em torno dele. Em memória lida no Instituto Histórico e Geográfico Brasileiro, Moreira de Azevedo enfatizou sua responsabilidade por aquele "acontecimento nefasto da história pátria"; qualificou-o de "homem de gênio violento e irascível".[73] Em outras sessões do Instituto, Sacramento Blake respondeu com os adjetivos mais elogio-

---

70. As informações sobre sua vida após a Sabinada são de Agenor Augusto de Miranda, "Os últimos dias do chefe da rebelião baiana de 1837", PAEBa, IV, pp. 3-76.
71. Ibid., p. 76.
72. PAEBa, IV, p. 418.
73. Moreira de Azevedo, "A Sabinada da Bahia", pp. 34-5.

sos para Sabino, minimizou sua parte na revolta e ressaltou o apoio popular a ela.[74]

Para Brás do Amaral, ele foi sem dúvida "a alma da revolução". Quanto a um balanço final de sua vida, Amaral não estava certo de ser positivo: "São muitos fatos delituosos cometidos por um só indivíduo, em um período relativamente restrito".[75] Do mesmo modo Luiz Viana Filho: "A mesma natureza que o dotara duma inteligência viva, dum raro poder de persuasão, qualidades de afabilidade, distinção no trato pessoal, marcara-o com o sinete do crime. E toda a sua vida de agitado, de irrequieto, foi uma oscilação entre a criminalidade comum e [a] política".[76]

Mais recentemente, e mais sensatamente, F. W. O. Morton afirmou ser possível ver nele "o clássico mulato culto, inseguro de sua identidade e buscando defini-la através da ação e das ideias".[77]

Certo é que, numa terra pobre em vultos de real relevo, Francisco Sabino surge como uma das mais fascinantes figuras históricas, por tudo merecedor de uma biografia.

---

74. Sacramento Blake, "A revolução da Bahia" e "Ainda a revolução", *passim*. No entanto, a defesa que faz do caráter de Sabino tem passagens hilariantes, de tão piegas. Por exemplo, após afirmar que ele era muito carinhoso com crianças: "Eu penso que um homem que ama a música, as flores e as crianças, não pode, nunca, ser um homem de índole perversa" ("A revolução da Bahia", p. 41).

75. Braz do Amaral, "A Sabinada", pp. 46 e 48.

76. Viana Filho, *A Sabinada*, p. 78.

77. Morton, "Conservative revolution", p. 368. No original: "the classic educated mulatto, unsure of his identity and seeking to define it through both action and ideas".

Sabinos e nagôs

Felizmente malogrou-se a República interina de Sabinos e Nagôs da Bahia.

O Carapuceiro, 4/4/1838

A narrativa precedente responde a algumas questões e coloca outras. Temos agora uma ideia da história do conflito, dos personagens, do cenário social. O próximo passo será discutir uns temas importantes apenas insinuados na narrativa, para entender melhor o que sabemos da Sabinada.

Que camadas da sociedade baiana apoiaram a revolta? Uma averiguação das profissões dos rebeldes nos ajudará a responder essa pergunta.

A ata da sessão extraordinária da Câmara Municipal em 7 de novembro contém 104 assinaturas. Checando esses nomes com informações de outras fontes, pudemos verificar as ocupações de 34 dos subscritores. Nove são militares; incluem Sérgio Velloso e Rodrigo Xavier Ardignac. Três são médicos: Alexandre Gueulette,

João Antunes Chaves e Francisco Sabino. Outros três são professores: Gustavo José Cavalcanti, Antonio Gentil Ibirapitanga e Domingos Guedes Cabral. Esse último era mais conhecido como jornalista, editor de *O Democrata*, de 1829 a 1834. Encontramos dois comerciantes, João Carneiro e Manoel Travessa, e um bacharel, Carneiro Filho. Há dois funcionários públicos. Um deles é Francisco José Barata de Almeida, irmão do célebre jornalista e participante da Revolução dos Alfaiates, Cipriano Barata de Almeida (que morreu naquele ano de 1837). Um outro irmão, José Raimundo, também está entre os assinantes.[1]

As seguintes ocupações estão representadas uma vez na ata: ourives (Manoel Gomes), escrivão, carcereiro, porteiro, capelista, boticário, conferente da Alfândega, servente do teatro, solicitador do fórum, empregado da iluminação pública. Um indivíduo "vive de agências", dois "de negócio"; um outro trabalha no comércio.[2]

Esta enumeração não considera os que abandonaram a cidade pouco depois, como Ignacio Accioli ou Antonio Gomes Villaça, advogado.

Em seguida, alguns envolvidos na revolta que não subscreveram a ata e sobre os quais temos informação de interesse:

O bacharel José Duarte Silva, que redigiu parte da ata. O bacharel Francisco Liberato de Mattos, irmão de Antonio Freire Mattos (chefe de polícia de Sabino).[3] O alferes de 1ª Linha Ladislau dos Santos Titara, autor do longo poema de louvor aos heróis da Independência, o "Paraguaçu" (1835).[4] O professor João da Veiga Muricy, autor de artigos de combate e secretário da Artilharia. O

---

1. Sacramento Blake, "Ainda a revolução", p. 67.
2. "Peças do processo", PAEBa, III, *passim.*
3. Sacramento Blake, "Ainda a revolução", p. 69.
4. Pedro Calmon, "Ladislau dos Santos Titara", *RIGHBa*, vol. 86 (1976-7), pp. 159--65; AEBa, *A Sabinada,* maço 2841.

professor de geografia e major da Artilharia Afrigio Fonseca Galvão. O comandante do 1º Batalhão de 1ª Linha Lázaro Vieira do Amaral, tio do historiador Braz do Amaral. O jornalista e capitão de 1ª Linha Domingos Mondim Pestana. O professor de música Domingos da Rocha Mussurunga, autor de hinos aos heróis sabinos.[5] O bacharel, depois civilista famoso, Augusto Teixeira de Freitas.[6]

Dispomos ainda dos seguintes dados sobre profissões dos rebeldes:

De doze oficiais interrogados no processo contra o 3º Batalhão de 2ª Linha Voluntários Leais à Pátria, três são alfaiates, dois caixeiros, um vive de "negócio de molhado", um outro "de quinquilharias"; os restantes são: oficial de carpina, ourives, cirurgião, marceneiro, latoeiro.[7]

Numa lista de 27 presos enviados para fora da província há quatro ferreiros, sete carpinas, quatro calafates. Dos outros doze, sete são: carpinteiro, marceneiro, estivador, remador, latoeiro, pescador, alfaiate. Os cinco restantes não têm especificado o ofício.[8]

À vista dessa amostragem, podemos dizer que as categorias econômico-ocupacionais de oficiais militares, profissionais liberais, empregados públicos, pequenos comerciantes e artesãos apoiaram a revolta da Sabinada.

Precisamente esses grupos urbanos eram os mais vulneráveis à miséria econômica que se acentuava na década de 1830, na província da Bahia. À retração na agricultura do açúcar correspondeu a crise na produção de alimentos. Esta produção, já normalmente frágil numa economia voltada para a exportação de

---

5. AEBa, maços 2840 e 2843; artigos de Muricy reproduzidos em Vicente Vianna, "A Sabinada", pp. 149-60.

6. AEBa, maço 2838; Vicente Vianna, id., p. 209; Silvio Meira, *Teixeira de Freitas — O jurisconsulto do Império*, Rio de Janeiro, José Olympio/MEC, 1979, pp. 64-77.

7. AEBa, *A Sabinada*, maço 2841.

8. PAEBa, IV, p. 265.

uma lavoura única, sofreu o efeito de quatro anos consecutivos de seca, de 1830 a 1833.[9] Em fins de 1833, o presidente da província pediu auxílio ao governo no Rio: o envio de farinha de mandioca, o alimento básico da população. No "termo" (equivalente a município atual) de Cachoeira, chegou-se a constatar mortes por inanição. Subiam os preços da farinha, do feijão e da carne-seca, devido também à atividade de atravessadores. O mesmo presidente notificou à corte sobre a indignação popular causada pelos "excessivos preços dos gêneros". Uma arroba de carne-seca, por exemplo, passou de 1930 réis em 1824 a 3427 réis em 1834 (77,56% mais).[10] Estes são preços de atacado. No varejo, sabemos que uma arroba de carne custava 4 mil réis em Salvador, no início de 1834.[11] Um aumento de quase 78% em dez anos pode parecer irrisório para quem vive no Brasil de hoje, onde o índice oficial de inflação para 1983 ultrapassou os 200%. Contudo, como observa João José Reis, estamos lidando, no caso, com uma economia pré-capitalista, onde pequenos aumentos de preços tinham impacto severo sobre os consumidores.[12]

A situação era complicada pelo derrame de falsas moedas de cobre, um flagelo que remontava a 1823, quando a junta provisória de governo cunhou moedas às pressas, e aos montes, para cobrir as despesas da luta pela Independência. Esse dinheiro ruim não foi recolhido após a guerra. Pelo contrário, multiplicou-se, por ser de fácil falsificação. Falsários brasileiros e americanos — estes traziam carregamentos em navios — enriqueceram com essa atividade. No dia 27 de novembro de 1827, os lojistas de Salvador

9. Reis, "Slave rebellion", pp. 42-3.
10. Ibid.
11. Morton, "Conservative revolution", p. 328.
12. Reis, "Slave rebellion", p. 46.

fecharam as portas a esse cobre. Ele foi resgatado pelo governo central, mas a falsificação continuou.[13]

A gravidade desse problema transparece numa carta do Conselho da Província ao imperador, em 7 de dezembro de 1832. Uma das duas assinaturas da carta é de João Carneiro da Silva Rego, então secretário daquele órgão (que, é bom repetir, era secundário, da função consultiva). Nela, o Conselho considera o dinheiro espúrio o maior dos males que ameaçam a província, capaz de "abismá-la em todos os horrores de uma revolução financial e política".[14] Alerta o imperador para o descontentamento da população, e solicita convocação extraordinária da Assembleia Legislativa da Bahia. Esta foi convocada, sem resultado aparente.

Em setembro de 1833, o presidente da província queixou-se da pressão do "povo pobre" (redundância) para que as autoridades acabassem com a moeda falsa. O governo do Rio de Janeiro executou nova operação de resgate no ano seguinte, que não solucionou ainda o problema.[15] Em setembro de 1837, às vésperas do rompimento da Sabinada, houve tumultos por esse motivo.[16]

Seca, escassez, alto preço dos gêneros, aviltamento da moeda: de uma maneira que não se deixa demonstrar com a precisão desejável, esses fatores contribuíram para o "desassossego público" na década de 1830. As manifestações desse desassossego tinham algo de *food riot*. Os ingleses designam por essa expressão explosões espontâneas de revolta ocasionadas por falta de comida ou impossibilidade de comprá-la (*riot*, tumulto; *food*, comida).

F. W. O. Morton diz que muitos estavam ao abrigo do pro-

---

13. Morton, "Conservative revolution", p. 328.

14. Arquivo Nacional, Correspondência do presidente da província com o ministério do Império, ofício de 7/12/1832, 1JJ9 336.

15. Reis, "Slave rebellion", p. 45.

16. Braz do Amaral, *Do Império à República*, p. 132.

blema da subsistência, sendo os escravos alimentados pelos senhores e a tropa pelo Estado. Isto explica, para ele, por que uma grande explosão não ocorreu já em 1833 ou 1834.[17] Na verdade, os escravos urbanos, sendo em boa parte de aluguel ou de ganho, dependiam de si mesmos para sobreviver. Quanto à tropa, somente os praças recebiam ração e paga diária; os oficiais recebiam soldos mensais, eram assalariados.

Os salários certamente não acompanhavam o custo de vida. Não há estudo sobre a relação entre salários e preços na década em questão. Mas a historiadora Katia Mattoso constatou uma persistente depreciação dos salários no período de 1751 a 1830. No início da década de 1820 havia, segundo ela, um claro clima de opressão econômica[18] — que tudo indica haver se agravado na década seguinte.

Reivindicações por aumentos salariais eram constantes nessa época. Partiam de artesãos, empregados públicos, militares. Parecem ter se intensificado durante o ano de 1837. Em julho, os carpinteiros do Arsenal da Marinha requereram o aumento dos vencimentos diários para 1400 réis, como eram pagos seus iguais na corte. Em agosto, todos os empregados civis do Arsenal se uniram nessa exigência. No mesmo mês, os guardas da Alfândega pediram elevação dos soldos, "atenta a carestia dos gêneros de 1ª necessidade", alegaram.[19] Se reivindicações desse tipo não obtinham resposta, não surpreende que tais grupos de profissionais tomassem parte na revolta. Numa lista de empregados do Arsenal da Marinha demitidos por esse motivo em maio de 1838 constam dois aponta-

17. Morton, "Conservative Revolution", p. 328.
18. Katia M. de Queirós Mattoso, "Sociedade e conjuntura na Bahia nos anos de luta pela Independência", *Universitas*, nᵒˢ 15-16 (maio-dez. 1973), p. 23.
19. *Apud* João Reis, "A elite baiana face os movimentos sociais: Bahia, 1824/1840", *Revista de História*, nᵒ 108 (1976), pp. 373-4.

dores, porteiro, calafate, ferreiro, pedreiro, carpina e dois "cabos da ponte" (?).[20]

Quanto aos profissionais militares, melhorias de soldo e das condições de trabalho foram temas recorrentes em seus levantes anteriores a 1837 (resumidos na Cronologia). A tal ponto que alguns deles semelhavam greves tanto quanto levantes ou golpes de Estado.[21] Com frequência atrasado, o pagamento era pouco, e sempre menor graças à inflação. Os soldados rasos tiveram o soldo aumentado, no 7 de novembro, de 320 para seiscentos réis diários (o que fez os legalistas concederem a seus praças a mesma "avultada soma" — visconde de Pirajá).[22] Na mesma ocasião, um cabo passou a ganhar setecentos, e um primeiro-sargento oitocentos réis diários. Os soldos mensais dos alferes, tenentes e capitães passaram a cinquenta, sessenta e setenta mil-réis.[23] Não obtivemos dados sobre os seus soldos anteriores, mas se foram aumentados na mesma proporção dos praças, ganhavam realmente pouco. Um quilo de carne custava pouco menos que o vencimento diário de um soldado (que recebia etapa; mas a comparação não perde o valor ilustrativo).

Sobre as motivações dos oficiais existem outras considerações a fazer. A oficialidade dividia-se em dois grupos, segundo a origem. Um consistia daqueles que haviam entrado no serviço como cadetes, aspirantes a oficial. Eram filhos de importantes famílias do Recôncavo ou de famílias de militares (por vezes ramos menores daquelas).[24] Podiam ser filhos naturais: um exemplo perfeito é Alexandre Gomes de Argolo Ferrão, filho do pai com o

20. PAEBa, V, pp. 310-1.
21. Morton, "Conservative revolution", p. 318.
22. Pinto Garcez, "Exposição", p. 330; PAEBa, IV, pp. 366-73.
23. Lei de 23 de junho de 1835, *Coleção de leis e resoluções*, vol. I, pp. 91-9. Esta é a lei de criação da polícia, seu artigo 8º especifica os vencimentos. Os soldados e oficiais da Sabinada tiveram os soldos equiparados aos dos policiais.
24. Morton, "Military and society", pp. 252-3.

mesmo nome. Ele assentou praça como cadete, e fez provavelmente seu batismo de fogo, em dezembro de 1837, ao completar a idade mínima legal de dezesseis anos. Em 1840, já tenente, combateu a Balaiada no Maranhão, sob as ordens de Caxias. Serviu em vários pontos do Império, lutou por fim na guerra do Paraguai, recebeu o título de visconde de Itaparica.[25]

A maioria da oficialidade não era de ex-cadetes, mas de homens que emergiam das fileiras. Tinham menos chance de atingir os postos mais altos, e necessitavam para isso de mais tempo. Não seria incomum a situação de servirem a superiores bem mais jovens, ex-cadetes. Eram discriminados nas promoções. Por isso adquire novo sentido, além do caráter de prêmio, a resolução da ata de 7 de novembro de promover em dois postos os oficiais rebeldes. Também, as promoções andavam paralisadas havia bastante tempo, talvez devido ao número excessivo de oficiais e à confusão hierárquica, resultantes da guerra da Independência.[26] E os oficiais mais graduados constituíam boa parte dos que se passaram para o lado da legalidade, deixando seus postos vagos.

Nos requisitos para candidato a cadete estava implícita uma divisão baseada em classe.[27] Isso era confirmado pelo comportamento dos oficiais nos levantes da época. A Artilharia, a unidade mais radical, possuía bem menor proporção de ex-cadetes entre seus oficiais do que as outras. Foi justamente ela (sediada no Forte de São Pedro) que melhor marcou presença nas revoltas militares dos anos 1820 e 1830. Quando não deu início, apoiou ativamente.

---

25. PAEBa, III, p. 360; Laurênio Lago, *Visconde de Itaparica — marechal de campo Alexandre Gomes de Argolo Ferrão. Dados biográficos*, Rio de Janeiro, Imprensa Militar, 1952; Loureiro de Souza, *Baianos ilustres*, pp. 101-2.

26. Morton, "Conservative revolution", pp. 314-5.

27. Morton, id., p. 74; "Military and society", p. 255.

De modo correspondente, os oficiais que comandavam as reações eram ex-cadetes.

Na Sabinada, o único oficial da Artilharia a não apoiá-la foi o comandante, tenente-coronel Pedro Luiz de Menezes; por isso "preso pelo seu próprio Corpo!", como constatou alarmado o comandante das Armas Luiz da França.[28] Encontramos referência a somente três cadetes participantes do movimento. Dois cujos nomes não ficaram, presentes na noite do dia 6 no Forte de São Pedro, e Tranquilino Velloso, filho de Joaquim José e sobrinho de Sérgio Veloso, que (Tranquilino) cometeu o duplo crime de abandonar o 3º Batalhão de Infantaria e o pai que o comandava.[29] O major Inocêncio Eustáquio Ferreira de Araújo, nomeado comandante da Artilharia e promovido a tenente-coronel na ata de 7 de novembro, era de família de prestígio. Seu pai, que fez sua defesa diante do tribunal militar, era brigadeiro. Havia exceções, portanto, como nas revoltas anteriores. (Gaspar Villas Boas, de família aristocrática, foi fuzilado por parte na revolta de 1824.) Mas a divisão existia; os militares tinham consciência dela. Em abril de 1831, um dos batalhões insurgentes rejeitou Argolo Ferrão como comandante.[30]

Essa distinção fundava-se igualmente na *cor*. Os oficiais que vinham das fileiras eram pretos e mulatos. Numa sociedade com minoria de brancos — estimam-se em 28% da população de Salvador em 1835[31] —, o recrutamento recaía sobre negros. O recrutamento era antes um apresamento, e feito de modo a isentar indivíduos de boa posição e ocupação (leia-se brancos).[32] A percentagem de oficiais de cor aumentou durante a guerra da Inde-

28. Pinto Garcez, "Exposição", p. 316.
29. Id., pp. 312 e 316.
30. Morton, "Conservative revolution", p. 314.
31. Reis, "Slave rebellion", p. 7.
32. Morton, "Military and society", p. 258.

pendência, com a arregimentação em massa, e depois, com a expulsão de portugueses e o número sempre crescente de pretos e mulatos livres.

A importância da cor e sua relação com o radicalismo político foi observada por contemporâneos, notadamente pelo cônsul francês Guinebaud: "Nota-se nessas tropas, com pesar, muito mais negros do que homens de qualquer outra cor, [...] há bem poucos brancos entre os oficiais".[33] Em 1824, as unidades que se revoltaram tinham predominância de libertos, e haviam sido elevadas recentemente à 1ª Linha. Eram o 3º e o 4º Batalhões de Infantaria, chamados Periquitos e Pitangas. A Artilharia os apoiou. O 1º e o 2º Batalhões saíram da cidade para formar a resistência. A eles se referiu Guinebaud como "les troupes blanches". As linhas de cor e de classe tendiam a se superpor, no Exército como na sociedade: "As divisões entre os militares eram, portanto, um microcosmo daquelas da Bahia; brancos conservadores tendiam a enfrentar homens de cor radicais".[34] Houve momentos em que os "sabinos" demonstraram aguda consciência dessa oposição, como no trecho seguinte de um editorial do *Novo Diário da Bahia* (26/12/1837):

> Mas enfim eles nos estão fazendo a guerra porque são brancos, e na Bahia não devem existir negros e mulatos, principalmente para subirem a postos, salvo quem for muito rico, e mudar as opiniões liberais.

Pode-se afirmar que oficiais de cor eram presença dominante na tropa da Sabinada, até onde foi possível obter informação sobre esse aspecto geralmente silenciado. Aqueles comandantes assassinados depois de presos pelos legalistas eram negros ou mulatos.[35]

33. *Apud* Morton, "Conservative revolution", p. 315.
34. Id., p. 316
35. Braz do Amaral, "A Sabinada", pp. 36, 38 e 51.

Segundo Viana Filho, o preto Santa Eufrazia era o comandante do batalhão de escravos libertos.[36] Argolo Ferrão se referiu a um oficial rebelde como "o negro major Espírito Santo".[37] (A ênfase no adjetivo, deslocado para a frente do substantivo, denota também preconceito racial.)

Num artigo com o título "Os homens de cor preta na História", Manoel Querino (ele mesmo preto) refere-se a Santa Eufrazia como militar que conquistou grande nome na Sabinada, e fornece dados sobre alguns outros participantes: Luiz Gonzaga Pau-Brazil, "presidente da Câmara Municipal em 1834"; Manoel Alves, "Cavalheiro da Ordem de Cristo, recolhido às galés do Arsenal da Marinha, onde morreu"; Nicolau Canamerin, que vimos deportado para Fernando de Noronha, foi "solicitador do foro, tendo grande clientela, vereador da Câmara Municipal [durante a Sabinada] e capitão do exército revolucionário em 1837".[38] Antes de Querino, João Maurício Wanderley, barão de Cotegipe, referiu-se a Canamerin, em anotações para uma pretendida história da Sabinada, como "um pobre crioulo, solicitador do foro, mal sabendo ler e escrever".[39]

Da negritude da massa de soldados temos alguns claros indícios. Daqueles dez que morreram na viagem de Salvador a Fernando de Noronha, seis eram crioulos, três pardos e um cabra (designação da época para indivíduo de cor entre negra e mulata).[40] Na lista já referida de 27 presos retirados da província, catorze são crioulos e sete são pardos; seis nomes não têm especificação de cor.[41] Numa lista de catorze presos enviados de Ca-

36. Viana Filho, *A Sabinada*, p. 152.
37. PAEBa, IV, p. 343.
38. Querino, "Os homens de cor preta na história", *RIGHBa*, nº 48 (1923), pp. 353-63.
39. "Notas do punho do Barão de Cotegipe", PAEBa, I, p. 347.
40. PAEBa, III, pp. 422-3.
41. PAEBa, IV, pp. 265-6.

choeira para Salvador em 25 de maio de 1838, há sete crioulos (quatro são escravos), quatro pardos, dois brancos e um índio.[42]

E nem seriam necessários "indícios", se temos em mente que porção considerável da população livre de Salvador era de pessoas de cor. Era a "casta liberta", na expressão do mesmo cônsul francês citado acima.[43] Pretos e pardos livres ou libertos constituíam, segundo a mais nova estimativa, 30% da população da cidade em 1835: 19500 indivíduos de um total de 65500.[44] Brancos brasileiros e europeus eram 28% (18500 indivíduos); escravos africanos e "crioulos" — nascidos aqui — compreendiam 42% (27500). Os não brancos eram, portanto, 72%. Essa estimativa peca por cautela: subestima a proporção de negros e pardos, se considerarmos que em 1824 eles foram calculados em 78% por Balbi (cujas estimativas são tidas como confiáveis), e que a tendência era aumentar, devido ao tráfico. O número relativo de brancos era provavelmente menor, como reconheceu depois o próprio autor da estimativa.[45]

A população livre de cor crescia rapidamente em Salvador. (E a pressão social que exercia, inevitável, de certo modo encontrou expressão nas revoltas do período.[46]) Para seu aumento contribuía a prática da alforria, o número crescente de libertos. Essa prática decorria das formas da escravidão urbana. Os escravos da cidade compreendiam, além dos domésticos: negros de ofício — ferreiros, pedreiros etc., cuja renda do trabalho ia diretamente para o senhor, e que eram mantidos por ele; negros de aluguel — alugados pelo dono a terceiros por um período de tempo; e negros de ganho, que ofereciam seus serviços na rua, obrigados a pagar ao

---

42. AEBa, Presidência da província, SH, Sabinada, maço 2833.
43. *Apud* Reis, "Elite", p. 377.
44. Reis, "Slave rebellion", p. 7.
45. Em comunicação pessoal. Os números de Balbi se acham em Thales de Azevedo, *Povoamento da cidade do Salvador*, Salvador, Itapuã, 1969, p. 232n.
46. Reis, "Elite", p. 377.

senhor uma quantia por dia ou por semana, e prover a própria subsistência.[47] Esses escravos tinham a possibilidade de, após um bom tempo, amealhar dinheiro suficiente para comprar a carta de liberdade. Libertos, teriam filhos livres.

A população urbana de cor desenvolveu instituições próprias, em adaptação ao novo ambiente. Entre elas destacam-se as *juntas de alforria* e os *cantos* (locais onde escravos e libertos da mesma etnia vendiam serviços). Uma outra instituição nos interessa especialmente. Nos séculos XVII e XVIII, homens de cor, escravos inclusos, fundaram irmandades de natureza religiosa e filantrópica, à imagem das irmandades de brancos (das quais a mais importante era a Santa Casa da Misericórdia). Elas proviam assistência diversa a seus membros, incluindo enterro católico ao morrer. O amparo em vida podia significar, para os cativos, a alforria. Na primeira metade do século XIX, as irmandades de cor eram numerosas, dezenas talvez.[48] A maior chamava-se Irmandade de Nossa Senhora do Rosário dos Pretos.

Elas tinham fins ostensivamente cristãos, mas, ao permitir aos negros se associarem, quem sabe não lhes favoreceram a preservação de heranças africanas: línguas, crenças, costumes.[49] O consolo que eles daí retiravam seria, então, maior do que os senhores brancos supunham, ao lhes aprovar os estatutos de fundação. Não parece haver como provar essa hipótese. Porém, por outro caminho, se houvesse sinais de envolvimento dessas irmandades nas revoltas sociais seria porque os "irmãos" não só se ajudavam a suportar sua condição, como lutavam contra ela. Existe alguma

47. Maria Inês Côrtes de Oliveira, "O liberto: o seu mundo e os outros", tese de mestrado, Universidade Federal da Bahia, 1979, pp. 51-7.
48. Katia M. de Queirós Mattoso, *Bahia: a cidade do Salvador e seu mercado no século XIX*, São Paulo/Salvador, Hucitec/Secretaria de Educação e Cultura de Salvador, 1978, pp. 218-9.
49. Ibid.

evidência disso na Sabinada. Em abril de 1838, Argolo Ferrão, presidente interino da província (de 10 a 28 de abril, quando tomou posse Thomaz Xavier Garcia d'Almeida), endereçou o seguinte ofício ao chefe de polícia:

Ilmº Sr.

Constando a este governo tornar-se suspeita a Capela do Rosário, de João Pereira, de ali existir gente guardada, o que pode muito bem ser pelo forro da Igreja e mais esconderijos, como sejam dois sumidores, cujas entradas são no terrapleno da Capela, logo ao entrar das portas para baixo das torres, onde até pode estar armamento escondido; cumpre que V. Mce., sem perda de tempo, mandando cercar a mesma Capela, faça ali dar uma busca rigorosa, visto ser indubitável que grande parte dos indivíduos de que é composta a Irmandade respectiva se envolvera [*sic*] na rebelião que acaba de ser sufocada. Deus G. a V. Mce. Palácio do Governo da Bahia, 18 de abril de 1838.[50]

A atividade policial contra a população livre de cor refletia seu *status* legal dúbio. Não havendo diferenciação de fenótipo entre negros escravos e livres, eles se confundiam aos olhos da sociedade — e da lei. Como observa Thomas Flory, um autor que bem se ocupou da questão, a multidão de rostos escuros que impressionava os visitantes estrangeiros incluía escravos, livres e libertos. E um viajante americano, ensaiando diferençar negros livres de escravos, concluiu que aqueles usavam sapatos![51]

O negro ou mulato livre no Brasil-colônia já foi descrito como "uma anomalia legal".[52] Após a Independência, a nova legisla-

---

50. PAEBa, IV, pp. 365-6.
51. Thomas Flory, "Race and social control in independent Brazil", *Journal of Latin American Studies*, 9, 2 (nov. 1977), p. 202.
52. *Apud* Flory, ibid.

ção não cuidou de precisar seu *status*, e ele continuou anômalo — um subcidadão. Thomas Flory o demonstra com base em equívocos na terminologia oficial do período, por exemplo. Em 1824, numa portaria dispondo sobre desordens causadas por lutas de capoeira, o ministro da Justiça trocou "negro capoeira" com "escravo". Nem sequer os sapatos as autoridades percebiam. Em 1825, estabeleceu-se um toque de recolher para brancos e outro para negros no Rio de Janeiro. (O Rio, aliás, tinha um perfil demográfico semelhante ao da Bahia: cerca de 70% de escravos e pretos livres, em 1840.[53])

A discriminação oficial recebeu impulso após o levante dos negros malês, que chocou o país em 1835. Os homens livres de cor foram obrigados a usar passaportes para viajar dentro da província, os suspeitos entre eles puderam ser deportados sem processo, ou mesmo se processados e absolvidos. Na Bahia, cenário da revolta, essas leis foram reforçadas por outras decisões do chefe de polícia, e aplicadas com especial rigor no caso dos *africanos* livres.[54] Eles eram considerados ainda mais perigosos que os "crioulos". Os autores normalmente negligenciam essa distinção adicional quanto à nacionalidade, ou melhor, quanto ao grau de integração cultural na nova sociedade. Ela é corretamente enfatizada por João Reis em sua tese sobre os malês. Como consequência dessas leis, centenas de libertos foram deportados para a África (seus descendentes formam hoje as colônias "brasileiras" na Nigéria e no Benin, antigo Daomé). A mesma negação da cidadania da população livre de cor foi reeditada de modo implícito na legislação de emergência após a Sabinada e subsequente expulsão de quase 2 mil presos para Fernando de Noronha, Pará e Rio de Janeiro. A selvageria con-

53. Ibid., pp. 201 e 203.
54. Reis, "Slave rebellion", pp. 309-14.

tra civis não combatentes, na retomada da cidade, pode ser vista como outra instância da mesma violência básica.

Entretanto, como observa Flory, os legisladores do Império logo descartaram "tanto o legalismo do *status* civil como a discriminação aberta de critérios raciais, em favor de uma linguagem baseada em categorias sociais e comportamentais".[55] Aceitar o "legalismo do *status* civil" seria reconhecê-los plenamente como cidadãos. Discriminá-los como negros seria pouco político, e nada constitucional. Por isso a legislação de controle social passou a utilizar categorias como "vadios e ociosos" ou "desordeiros" — onde caberiam negros, mulatos, escravos, capoeiristas, etc. Isso numa sociedade escravista em que o desemprego entre trabalhadores livres era um mal crônico a que se referem invariavelmente cronistas, viajantes e autoridades. Já tocamos no crescimento da população livre e na crise econômica da Bahia. Após a guerra da Independência, grande era o número de mendigos, vagabundos, bandidos de estrada, soldados dispensados do Exército. As más finanças do novo Estado nacional impuseram cortes no orçamento militar e consequente perda de emprego por trabalhadores de repartições do Exército e da Marinha. O desequilíbrio social na raiz das revoltas era de causação econômica e política. Na percepção das autoridades baianas, o "político" da revolta se confundia com o "criminoso" puro e simples. Os juízes dos réus da Sabinada, acompanhando os promotores, negaram qualquer distinção entre crime político e crime comum. Algumas expressões que líderes da legalidade aplicaram aos rebeldes sugerem a mesma redução do "político" ao "criminoso": "bando de anarquistas e assassinos" (Honorato Paim); "criminosos" (Barreto Pedroso); "criminoso" (Gonçalves Martins sobre Sabino); "horda de malvados" (Callado); "ladrão, incendiário" (visconde de Pirajá).[56] A

55. Flory, "Race relations", p. 203.
56. PAEBa, II, pp. 76 e 272; IV, pp. 338 e 410.

estes homens escapava, ou não interessava perceber, que relação podia haver entre a existência daqueles "vadios, ociosos e desordeiros" e esses "assassinos e criminosos".

A atitude da população branca frente aos homens de cor livres era extensão de seu temor a uma insurreição de escravos. Esse temor era natural numa província onde, no dizer do seu presidente em 1835, "a classe dos pretos superabunda imensamente a dos brancos".[57] Ele se acentuou depois da insurreição malê daquele ano, que reafirmou na consciência branca a possibilidade de se repetirem na província os acontecimentos de 1791 em São Domingos (Haiti), quando uma grande rebelião escrava destruiu a sociedade dos dominadores brancos. Parodiando Karl Marx, poderíamos dizer que "o fantasma do haitianismo rondava a Bahia". ("Haitianismo" era um termo da época.) O mesmo presidente declarou, após a vitória sobre os malês: "pânico terror se tem apoderado da parte mais grada da população".[58]

Durante a Sabinada, os legalistas criaram destacamentos no interior da província, para "impedir a ramificação da revolução" e "conter os escravos de cuja insurreição [havia] receios" (Barreto Pedroso, em carta ao presidente de Pernambuco).[59] No Recôncavo, local da maior concentração de escravos, apenas na Vila de São Francisco houve notícias de insurreição, sem consequência.[60] Barreto Pedroso temia que, recorrendo aos escravos, os rebeldes abrissem as comportas a um levante geral da escravaria. As notícias que chegavam da cidade faziam-no pensar:

57. *Apud* Reis, "Elite", p. 381.
58. Ibid.
59. Ofício de Barreto Pedroso a Francisco do Rego Barros, 3/1/1838, PAEBa, IV, p. 439.
60. PAEBa, V, p. 210.

Eles têm aumentado sua força e com especialidade o Batalhão dos pretos, o que, segundo informações que tive da Capital, tem dado bastante ousadia aos escravos dela, ao ponto de terem aparecido indícios de insurreição. (a Bernardo P. Vasconcelos, 29/11/1837)[61]

Eles têm recrutado nas Cadeias, e uns presos e sentenciados, e principalmente uns escravos têm engrossado suas fileiras, e sua maior força é hoje talvez dois terços de pretos, cuja audácia estou informado que é já extrema. (ao presidente de Pernambuco, em 1º de março de 1838)[62]

Nos julgamentos de Francisco Sabino e João Carneiro, a promotoria deu especial importância a seus atos supostos de libertação de escravos. Foram condenados à morte por incorrerem nos artigos 113 e 192 do Código Penal. O artigo 113, que dispõe sobre "Insurreição" (entendida sempre como de escravos), diz o seguinte:

Art. 113. Julgar-se-á cometido este crime, reunindo-se vinte ou mais escravos, para haverem a liberdade por meio da força.

Penas — Aos cabeças — de morte no grau máximo; de galés perpétuas no médio, e por quinze anos no mínimo.

Esse artigo se aplica a insurreições lideradas por escravos mesmos. Deveriam ter invocado o artigo 114, que considera pessoas livres como cabeças. Seja como for, no recurso ao Tribunal da Relação a defesa objetou que os escravos não sentaram praça como tais, e sim como indivíduos alforriados; seus senhores haviam recebido indenização. Mas se contradisse ao afirmar também que o objetivo "para que se armou *escravos*" foi o aumento das forças e

---

61. PAEBa, IV, p. 436.
62. Ibid., p. 459.

o triunfo da revolução, não a alforria de escravos. E ilustrou isso com exemplos históricos, dos romanos — que armaram 8 mil escravos contra Aníbal — a d. Pedro I, que permitiu a criação de um "Batalhão de Libertos" para lutar contra os portugueses na Independência.[63] Como vimos, esses argumentos não surtiram efeito. Os juízes da Relação decidiram pelo espírito, não pela letra da lei.

A questão pertinente é: até que ponto eram justificados os temores legalistas (em Barreto Pedroso, por exemplo) de que a arregimentação de escravos se traduzisse em libertação dos escravos; de uma aliança entre rebeldes e escravos, "sabinos e nagôs"? Responder a essa pergunta implica analisar a relação entre sabinos e nagôs, investigar a atitude dos primeiros frente à instituição central, a espinha dorsal daquela sociedade: a escravidão.

Em sua primeira grande resolução relativa a escravos, o governo da Sabinada formou o batalhão dos *Libertos da Pátria*. Causa espécie não encontrarmos esse batalhão na relação das unidades rebeldes, feita a partir das próprias listas das companhias, anexas a processos como provas. Uma suposição para explicar essa ausência é que os *Libertos da Pátria* não foram processados: reverteram à condição de escravos. Uma outra é que não conservaram esse nome, que parece constar apenas no decreto de criação. Nesse caso, seriam um dos batalhões de 2ª Linha constantes em nossa relação. Luiz Viana Filho afirma que "os pretos, sob o comando do major Santa Eufrazia, formaram o batalhão dos *Leais à Pátria*". Mas o batalhão chamado apenas *Leais à Pátria* (2º de 2ª Linha) era comandado por Alexandre Sucupira.[64] Ou este de Santa Eufrazia seria na verdade o tal *Libertos da Pátria*? Daniel Gomes de Freitas menciona um "batalhão de pretos do país com a denominação de 'voluntários leais à pátria', pertencente à 2ª

---

63. Defesa de João Carneiro, PAEBa, III, pp. 131-3.
64. *Novo Diário da Bahia*, 6/1/1838.

Linha". Mas era de negros livres, como o próprio Gomes de Freitas dá a entender ao informar que "alguns escravos" nele se alistaram.[65] E havia mais de um batalhão de 2ª Linha com o título *Voluntários Leais à Pátria*.

Na hipótese de o batalhão *Libertos da Pátria* ter sido excluído dos autos do processo, seria preciso considerar seus efetivos no cálculo da tropa rebelde. Se tivéssemos ideia de seus efetivos.

Seu decreto de criação lança alguma luz sobre o problema escravo na Sabinada. Diz o primeiro parágrafo:

> Todo o escravo nascido no Brasil, que se achar nas circunstâncias de pegar em armas, se poderá alistar sob a bandeira da independência do Estado para formar o batalhão dos "*Libertos da Pátria*".[66]

É de notar a especificação quanto à origem dos escravos, a exclusão dos não nascidos no Brasil. A evidência factual concorda com o decreto: em um rol de 59 escravos presos por lutar na Sabinada, somente quatro são africanos.[67]

Os africanos eram maioria na população escrava de Salvador (⅔ aproximados). A distinção entre eles e os "brasileiros" era importante, sobretudo depois da revolta de 1835, em que a participação de africanos foi esmagadora, e a de nascidos no Novo Mundo quase nula. A hostilidade entre estes e aqueles era tradicional, e característica das sociedades escravistas das Américas.[68] Nascidos e socializados no Brasil, os escravos "crioulos" tendiam a rebelar-se menos que os vindos da África.

Percebia-se claramente esse determinante cultural, e ele era

---

65. Gomes de Freitas, "Narrativa", p. 268.
66. *Apud* Vicente Vianna, p. 198.
67. BNRJ, SM, "Peças do processo", I-31, 12, 1, pasta V.
68. Reis, "Slave rebellion", pp. 197-8.

distinto da condição escrava mesma. Em 1835, o presidente da Bahia justificou o pedido de deportação de libertos africanos, que fazia à corte, alegando não poderem eles gozar das garantias da Constituição, "não sendo nascidos no Brasil, e possuindo linguagem, costumes e até religião diferente dos brasileiros".[69]

Prosseguindo com uma análise do decreto que criou o *Libertos da Pátria*, vejamos o segundo parágrafo:

> Os proprietários de semelhantes homens serão indenizados do seu valor, procedendo-se a avaliação pela fazenda pública, a qual será também indenizada pela dedução da metade dos soldos das praças de pré de que se compuser o referido batalhão.

Se os proprietários seriam indenizados pelo governo, e este pelos ex-escravos, a operação representava, mais que uma simples, unilateral libertação de escravos, uma alforria coletiva patrocinada pelo Estado, paga pelos libertos através do serviço nas armas. Entretanto, fica em aberto até onde esse modo de alforria foi posto em prática. O decreto de 19 de fevereiro mostra que havia ainda soldados escravos: alforria "todos os escravos nascidos no Brasil que *tiverem corrido* ou houverem de correr às armas".[70]

Este segundo decreto nada mais é que um reforço do primeiro, ditado pela necessidade de homens dos rebeldes. Veio logo após a derrota de 17-18 de fevereiro. É menos específico que o primeiro; não cria um batalhão, não se refere à dedução no soldo para ressarcir o Estado.

O decreto relativo aos *Libertos da Pátria* data de 3 de janeiro de 1838. Antes disso havia já escravos na tropa, como se depreende, por exemplo, da menção de Gomes de Freitas à presença deles nos

---

69. *Apud* Reis, "Elite", p. 382.
70. BNRJ, SM, "Peças do processo", I-31, 12, 1, f. 404v.

batalhões *Voluntários Leais à Pátria* e *Bravos da Pátria*. Ele não precisa a data, mas é certamente anterior ao decreto, pois isto se acha no começo de sua "Narrativa dos sucessos da Sabinada".[71] Portanto, esse decreto foi, em parte, o reconhecimento burocrático de um estado de fato.

Mais importante, Gomes de Freitas expressa, nesse trecho, seu desagrado com a admissão de escravos naqueles batalhões. Atribui essa decisão dos comandantes a um "excessivo patriotismo", ou mesmo "indiscrição". Houve um "quase geral descontentamento" com "tão absurda medida",

> que posto aumentasse nos corpos que [a] praticassem, a força física, diminuiria sem embargo a moral, como não foi oculto aos habitantes da mesma capital logo que realizou-se tão inconsequente projeto, sendo o desgaste a partilha da maior parte dos combatentes que de bom grado haviam corrido ao reclamo da Pátria, vendo-se enfileirados com escravos.[72]

Mais adiante, ele conta como, ministro da Guerra, permitiu que alguns soldados e oficiais do 2º Batalhão de 1ª Linha *Bravos da Pátria* se transferissem para outros corpos, insatisfeitos "com o alistamento nele de escravos, e outros motivos".[73]

Eis como ele registra sua parte no decreto de 19 de fevereiro:

> expondo-me o Vice-Presidente a necessidade de libertar os filhos do País que ainda sofressem cativeiro e se prestassem à defesa da Causa, cuja minuta para o indicado decreto me apresentou, [reagi]

71. Gomes de Freitas, "Narrativa", p. 267.
72. Ibid., pp. 267-8.
73. Ibid., p. 281.

declarando-lhe minha desaprovação por ser oposto a tão nocivo procedimento.[74]

Em outra passagem, ao expor o episódio de escravos registrados com outros nomes no Exército, para que os senhores não os requisitassem, Gomes de Freitas deplora a "feroz anarquia" iniciada com a admissão de escravos.[75] Nessa postura conservadora escravista, ele usa a mesma palavra com que os legalistas, no Recôncavo, designavam a sua revolução: "anarquia".

Atitude semelhante demonstrou o general em chefe Sérgio Velloso. Num momento em que os legalistas qualificaram a Sabinada de "insurreição", termo que o Código Criminal do Império reservava às revoltas de escravos, ele reagiu indignado: "Vede, Militares, se são dignos de vossa sociabilidade aqueles que vos querem pôr a par de escravos", disse em proclamação à tropa.[76]

O Sete de Novembro, um diário oficial da Sabinada, assim se expressou em 25 de novembro de 1837, tentando desfazer o medo à insurreição entre os habitantes da cidade, que seria um dos motivos para a emigração:

> Uma insurreição de Africanos não é atualmente de recear, porque mesmo quando alguns inconsiderados alguma coisa pretendessem, seus planos baqueariam logo que eles vissem a tropa em ação, os Batalhões completos e tudo em atitude de lhes fazer a maior destruição. Quem poderia ocasionar uma insurreição eram os Governantes depostos e seus senhores do Rio de Janeiro, que pouco a pouco nos iam tirando a Guarnição Militar para mandar nossos Patrícios ao matadouro do Rio Grande.

74. Ibid., p. 300.
75. Ibid., p. 277.
76. *O Sete de Novembro*, 27/11/1837.

Do mesmo argumento valeu-se *A Luz Bahiana*, periódico editado por João Carneiro da Silva Rego Filho, ao censurar o governo da província pelo embarque de soldados para o Sul, em *fim de outubro* de 1837: sem a tropa de linha para protegê-los, os habitantes estariam "entregues ao brutal furor dessa gente preta".[77] Observar que em ambos os casos a imprensa se refere a escravos africanos, não crioulos. Por "pretos" entendia-se "africanos".

Os jornais revolucionários nos fornecem também dados sobre o comportamento dos escravos durante a Sabinada. O *Novo Diário da Bahia* de 16 de janeiro de 1838 traz um aviso do proprietário da tipografia onde era impresso: ele alerta os comandantes para que não aceitem seus escravos "Fortunato pardo e Rafael crioulo, que trabalham na tipografia". Ele soube que havia escravos sentando praça, passando por forros. Alistar-se no Exército fingindo-se de liberto seria uma maneira de aproveitar-se do conflito civil, da desarrumação do momento. Conforme Barreto Pedroso, a conscrição de escravos deu "bastante ousadia" aos da cidade, "a ponto de terem aparecido indícios de insurreição".[78] Mas, como bem lembrou *O Sete de Novembro*, "a tropa em ação, os batalhões completos" eram bastante dissuasivos. Os não escravos estavam divididos, porém mais armados do que nunca. E deve-se considerar um outro fator desfavorável aos escravos: a provável aversão dos homens de cor livres. O "quase geral descontentamento" com a admissão de escravos (Gomes de Freitas) ocorreu em batalhões de negros e de mulatos livres. Deviam ser bem ciosos de sua liberdade — sua quase inteira riqueza, a diferença entre eles e aqueles elementos mais inferiores da escala social.

A escravidão continuou ocupando o mesmo lugar na ordem

77. *A Luz Bahiana*, 27/10/1837.
78. Ofício de Barreto Pedroso e Bernardo Vasconcelos, 29/11/1837, PAEBa, IV, p. 436.

(ou desordem) institucional do governo rebelde, e os escravos não combatentes prosseguiram exercendo as mesmas atividades. Escravos carregadores foram alugados pelo próprio governo para transportar cartuchos para os postos de combate. Seus donos atenderam a um anúncio publicado no *Diário da Bahia*.[79]

Também não mudou a situação dos africanos trazidos no tráfico ilegal e apreendidos pelas autoridades. A lei que aboliu o tráfico de escravos em 1831 declarava essas pessoas *ipso facto* livres.[80] Mas sua servidão *de facto* é indicada num documento como o ofício de um juiz de paz ao vice-presidente João Carneiro, em 19 de novembro de 1837. O juiz de paz do 2º distrito da Sé esclarece que preside o arrendamento do serviço de *africanos livres*, na falta do juiz de direito chefe da polícia (que se presume seja Gonçalves Martins, ainda não "substituído"). Pergunta ao vice-presidente se deve receber adiantado o arrendamento, pois assim fazia o juiz de direito.[81]

Para melhor compreender a questão, devemos ressaltar a importância da mão de obra escrava em Salvador, não tão evidente, talvez, quanto no Recôncavo dos engenhos. Numa cidade que teve sua vocação de entreposto comercial e centro de serviços definida desde o século XVI, os escravos eram responsáveis pela maior parte dos serviços urbanos.

A dissertação de mestrado de Maria José Andrade sobre trabalho escravo em Salvador é conclusiva a esse respeito.[82] Numa exaustiva consulta a 1289 autos de inventários de cidadãos falecidos entre 1811 e 1860, ela registrou 6974 escravos (3919 homens e 3055 mulhe-

79. *Apud* Gomes de Freitas, "Narrativa", p. 284.
80. Robert Conrad, "Neither slave nor free: the *Emancipados* of Brazil, 1818--1868". *The Hispanic American Historical Review (HAHR)*, 53, 1 (fev. 1973), p. 53.
81. AEBa, *A Sabinada*, maço 2843.
82. Maria José de Souza Andrade, "A mão de obra escrava em Salvador de 1811 a 1860: um estudo de história quantitativa", tese de mestrado, Universidade Federal da Bahia, 1975.

res). E dessa amostra da população escrava fez um exame quanto a procedência, idade, etnia, sexo, tipos de ocupação, condições de trabalho, doenças, despesas com manutenção, preços. Foi com base numa tabela sua mais minuciosa que elaboramos a tabela seguinte:

TABELA 2
DISTRIBUIÇÃO DOS ESCRAVOS POR OCUPAÇÕES
SALVADOR, 1811-60

Ocupações	Homens	Mulheres	Total
Artífices	836	445	1281
Carregadores	578	—	578
Domésticos	465	841	1306
"Roça e enxada"	414	83	497
Ganhadores	248	345	593
Embarcações	166	—	166
Comércio	144	—	144
Outros	102	482	584
Sem ofício (crianças, etc.)	966	859	1825
Total	3919	3055	6974

Fonte: Adaptado de Maria José Andrade, "A mão de obra escrava em Salvador de 1811 a 1860" (dissertação de mestrado, UFBa, 1975), Apêndice, Tabela 7.

Compreendidas nesses grupos estão 89 ocupações diferentes: 75 entre homens e 14 entre mulheres.[83] A diversidade de ofícios é outra indicação de como o trabalho escravo era onipresente. Difícil imaginar o funcionamento da cidade sem ele.

A quem pertenciam esses escravos? "Na Bahia, no início do século XIX, os escravos que trabalhavam como carregadores ou em outras profissões eram o único sustento de famílias inteiras, que nada faziam. O trabalho era considerado, pelas pessoas livres, algo

83. Ibid., p. 117.

de desonroso e digno apenas de servos."[84] Na avaliação da riqueza inventariada de 395 cidadãos mortos no período de 1801 a 1850, João Reis constatou que apenas 13% não possuíam nenhum escravo.[85] Os proprietários eram, por grupos de riqueza e ocupação: senhores de engenho, negociantes, os que "viviam de rendas", senhorios, fazendeiros, funcionários, profissionais liberais, lavradores, religiosos, oficiais militares, pequenos comerciantes e artesãos. É verdade que aí se encontram senhores de engenho (nove indivíduos) e fazendeiros (treze), porque, à diferença de Maria José Andrade, ele não distinguiu entre escravos urbanos e rurais. De qualquer modo, a maioria era de pequenos proprietários: 65% dos falecidos possuíam de um a dez escravos. Esses 65% incluíam mesmo ex-escravos. Uma conclusão de João Reis é de que "os habitantes pobres de Salvador — e outros estudos mostraram o mesmo no Recôncavo — tinham interesses bastante objetivos em manter o sistema escravista".[86] Havia, portanto, uma bem urdida teia de interesses comuns aos grandes escravistas e aos pequenos burgueses que viviam da exploração de dois ou três escravos.

Mesmo os que se opunham ao regime escravista eram obrigados a recorrer a escravos: "Robert Hesketh, cônsul britânico no Rio de Janeiro e já há muito tempo crítico da escravatura brasileira, reconheceu a seu governo, em 1840, que empregava três escravos como criados domésticos, embora prometendo despedi-los com a reserva 'de que neste país de trabalho escravo não é possível obter alimentos, fazer roupas, efetuar consertos, alugar transporte ou carregadores, sem usar escravos'".[87]

---

84. Robert Conrad, *Os últimos anos da escravatura no Brasil*, 2ª ed., Rio de Janeiro, Civilização Brasileira, 1978, p. 14.
85. Reis, "Slave rebellion", p. 33, tabela 1-9.
86. Ibid., p. 34.
87. Conrad, *Os últimos anos*, p. 17.

De tal modo generalizado, o uso do trabalho escravo não era contestado sequer por homens de cor e de saber, de destaque na vida pública como o advogado e deputado Antonio Pereira Rebouças, um ilustre mulato que representou a província da Bahia em várias legislaturas, nas décadas de 1830 e 1840. Longe de criticar a escravidão, Rebouças usou seu talento para descobrir meios de contornar a proibição legal ao tráfico.[88] (Foi, a propósito, adversário da Sabinada. Correspondia-se com Barreto Pedroso, e as cartas que dele recebeu são boa fonte de informações sobre o decorrer da luta.) Quanto a um outro mulato ilustrado, Francisco Sabino, não sabemos exatamente o que pensava. O inventário de seus bens não menciona escravos, limitando-se aos bens achados em sua casa. Em 1833 possuía escravos: no incidente com a esposa, ela "escorregou pela escada abaixo sendo recolhida em um quarto por um dos seus escravos", conforme um depoimento.[89] Os editoriais dos números restantes do *Novo Diário da Bahia* não tocam no assunto da escravidão. O título de um periódico que editou em Goiás em 1841, *O Zumbi*, sugere que veio a "esposar" ideias abolicionistas. Porém, sendo o homem forte da revolta, devemos tomar as ações maiores do seu governo como concretização do seu pensamento.

Alforriar escravos, mesmo que apenas os crioulos, não parece haver constado de planos revolucionários. Não há referências a libertação de escravos nas manifestações de natureza programática, no que escreveram de mais próximo a programas: o manuscrito "Plano e fim revolucionário", as atas de 7 e 11 de novembro, o manifesto de João Carneiro. Os decretos de alforria foram antes providências do que atos. Embora invocando, por certo, "a justiça, a humanidade e o direito natural", foram produzidos por pressão das circunstâncias: o sítio militar, as derrotas ao tentar rompê-lo, a

---

88. Flory, "Race relations", pp. 214-5.
89. PAEBa, IV, p. 248.

limitação do movimento à cidade, sem a esperada adesão do interior — a consequente necessidade de mais e mais homens em armas. O primeiro decreto foi editado somente dois meses após a tomada do poder. Ambos tiveram o fim expresso de liberar escravos para *pegar em armas* — esta a expressão comum aos dois, juntamente com "nascidos no Brasil". O apelo aos escravos crioulos ganha sentido não só por fortalecer o movimento, como por enfraquecer a possibilidade de insurreição escrava geral. Ao adquirir a emancipação, na aliança com os sabinos, os crioulos comprometiam-se *contra* os africanos.

Logo após a Independência, um observador francês a serviço de d. João VI produziu uma análise da situação política do Brasil. Diz uma passagem desse documento anônimo:

> Finalmente: todos os brasileiros, e sobretudo os brancos, não percebem suficientemente que é tempo de se fechar a porta aos debates políticos, às discussões constitucionais? Se se continua a falar dos direitos dos homens, de igualdade, terminar-se-á por pronunciar a palavra fatal: liberdade, palavra terrível e que tem muito mais força num país de escravos do que em qualquer outra parte.[90]

Os rebeldes da Sabinada não chegaram efetivamente a pronunciar a palavra "liberdade" em relação com escravos. Seus jornais traziam artigos clamando pela "soberania do povo" e tranquilizando esse povo quanto a uma possível insurreição africana. Essa incoerência decorria de sua existência social. Ela condicionava seu desejo de transtornar e transformar uma ordenação social que

90. *Apud* Luís R. B. Mott, "Um documento inédito para a história da Independência", *in* C. G. Mota (org.), *1822: dimensões*, São Paulo, Perspectiva, 1972, p. 482.

apreendiam como injusta. Mais que injusta, era perversa, porque os tornava cúmplices. Nela, a escravidão era a instituição básica, definidora; estava na raiz. Eles não foram radicais, não tocaram nas raízes. Foram incapazes de pensar além do horizonte ideológico de uma sociedade escravista.

A República e a corte

No corpo da narrativa pudemos referir de passagem a questão da provisoriedade da revolução, na condição esclarecida pela ata de 11 de novembro, de existir apenas enquanto menor o imperador. Também nos festejos de seu augusto aniversário, em 2 de dezembro de 1838, os rebeldes nos colocaram esse problema.

Um Estado intencionalmente transitório: a peculiaridade dessa ideia foi sentida pelos contemporâneos. Em particular, estimulou a arte satírica do padre Lopes Gama, editor de *O Carapuceiro*, periódico pernambucano conservador e popular. Lopes Gama fustigou a Sabinada e seus líderes em vários artigos, durante e após a revolta. Em um deles, após notar com satisfação que ela ia mal, "como era de esperar de uma revolução tramada e posta em efeito por saltimbancos, por migueletes, badamecos, chiricotes e rasgados", comentou que

> ainda não apareceu em nosso Brasil (onde, aliás, se têm visto boas extravagâncias) coisa tão eminentemente ridícula como a ideia de uma república interina, república que tinha de existir durante a menoridade do Sr. D. Pedro II.

E prosseguiu, especulando ao seu estilo como seria o desfecho de tal república:

> Logo que o Imperador se declarasse maior o cidadão Sabino dava consigo no Rio de Janeiro, e apresentando-se em audiência como plenipotenciário, diria muito ancho: "Imperial Senhor — A República interina dos farrapos da Bahia, tendo acabado sua importante comissão com a maioridade de V. M. I. [Vossa Majestade Imperial], me manda passar às mãos de V. M. I. o governo daquela cidade que até agora esteve em nossas mãos. Tudo achará V. M. I. em boa ordem. Quem era sargento está coronel, quem era alferes está brigadeiro, etc. Elevamos os bons patriotas e demos cabo dos ricos e aristocratas. A respeito de dinheiro, não falemos nisso: o que havia, gastou-se com a Pátria que estava bem carecida, pelo que os cofres estão limpos, *comme il faut*. Agora governe-vos V.M.I., porque está acabada nossa república de vapor".[1]

Se forneceu combustível à imprensa conservadora da época, a questão desnorteou comentaristas posteriores. Braz do Amaral interpretou a ata de 11 de novembro como uma condenação do movimento republicano do dia 7.[2] Luiz Viana Filho insistiu no republicanismo da revolta; para ele, a emenda do dia 11 foi uma concessão de momento.[3] F. W. O. Morton tomou-a como simples expressão da relutância em romper com o Rio por parte dos insurgentes de mais alta condição, em número razoável nos primeiros dias.[4] Em comum, só a tendência a realçar o 7 de Novembro como o grande momento da separação, que equi-

---

1. *Apud* Silvio Meira, *Teixeira de Freitas*, pp. 546-7.
2. Amaral, *Recordações históricas*, p. 77.
3. Viana Filho, *A Sabinada*, p. 109.
4. Morton, "Conservative revolution", p. 371.

valeria à República. (Na República Velha, o dia chegou a ser feriado na Bahia.[5])

A questão continua presente. Como conciliar lealdade a um monarca com fé republicana? A dificuldade em definir os contornos ideológicos seria, quer nos parecer, um motivo para a pouca atenção até agora recebida pela Sabinada. Uma revolta de menor vulto, apenas tentativa, como a dos Alfaiates, foi mais estudada. O que se deve, em parte (haveria, claro, outras considerações), a ter se declarado inequivocamente separatista, republicana, igualitária.

Foi Viana Filho quem mais detidamente se ocupou do problema, no capítulo nuclear de seu livro, intitulado, um tanto pomposamente, "As ideias do século". Nossa discussão do ideário político sabino será, em parte, um diálogo com as "ideias do século". Nela devem se entrelaçar estes temas: interinidade, República, federalismo, relação com a corte, antilusitanismo, crítica à aristocracia.

A ata de 7 de novembro declarou a Bahia "inteira e perfeitamente desligada do governo denominado central do Rio de Janeiro". Quatro dias depois registrou-se a emenda: "Independência somente até a maioridade do Imperador". Somos tentados a desconsiderar a ata do dia 11 como mero recurso para ganhar tempo e apoio. No entanto, a mesma profissão de vassalagem ao imperador reaparece em manifestações diversas dos revoltosos.

O manuscrito "Plano e fim revolucionário", achado em casa de Sabino, esclarece já no primeiro de seus catorze pontos: "enquanto durar, somente, a menoridade do Sr. D. Pedro II".[6] O próprio Sabino deve ter escrito esse documento. Seu texto introdutório ("Proposta") harmoniza em tema e estilo com os editoriais do *Novo Diário da Bahia*.

---

5. Amaral, *Recordações históricas*, p. 78.
6. *Apud* Vicente Vianna, "A Sabinada", p. 125.

Um artigo transcrito nesse diário, de autoria de um outro ideólogo da Sabinada, João da Veiga Muricy, bate na mesma tecla da interinidade. Eis como começa:

> Qual a diferença entre o governo do Recôncavo e o governo da capital da Bahia? *O governo do Recôncavo obedece ao imperador constitucional do Brasil, o governo da capital também;* o governo do Recôncavo reconhece um interregno, o governo da capital também; o governo do Recôncavo respeita o interregno dirigido pelo Sr. Pedro de Araújo Lima, o governo da capital respeita o interregno dirigido pelo Sr. Inocêncio Rocha Galvão e em sua ausência pelo Sr. João Carneiro da Silva Rego.[7]

Esse artigo data de 16 de janeiro de 1838, quando não poderia mais haver necessidade de transigir com eventuais moderados.

Durante a Sabinada, as proclamações aos soldados e aos habitantes, por João Carneiro ou por Sérgio Velloso, eram sempre arrematadas com "vivas". Eis uma finalização característica:

> Viva a Religião Católica Romana! *Viva a independência da Bahia durante a menoridade S. M. I.!* Vivam os briosos militares da independência, incapazes de covardia e servilismo! Viva a liberdade social! Viva a Pátria!
>
> Quartel General da Lapinha, 8 de março de 1838.
>
> Sérgio José Velloso, General em Chefe.[8]

Ao lado das reiterações de obediência ao monarca, acham-se nos periódicos rebeldes referências à federação e à República.

---

7. *Novo Diário da Bahia*, 16/1/1838; artigo reproduzido em Vicente Vianna, id., p. 152. Grifo nosso.

8. *Apud* Braz do Amaral, "A Sabinada", p. 86. Grifo nosso.

Luiz Viana Filho é o mais veemente advogado do caráter republicano da Sabinada. *A República baiana de 1837* — esse o subtítulo de seu livro. Entre as provas para sua tese, traz a influência do Rio Grande do Sul: "Sente-se claramente que os alicerces da Sabinada foram batidos sobre o exemplo dos 'farrapos'. Se lá se proclamara a República e a Independência, outro pensamento não podia congregar os conjurados baianos".[9] Mas se a corrente republicana predominou sobre a federalista, na Farroupilha, por que ocorreria necessariamente o mesmo na Bahia?

Nosso autor vê outra prova no fato de a reação do Recôncavo não dar crédito aos protestos de fidelidade ao imperador e acusar — melhor, xingar — os rebeldes de republicanos. Ora, havia outras causas para hostilidade, como vimos e veremos, e os conservadores usavam este xingamento porque tinham a República como "o governo dos roubos e dos crimes mais atrozes" (*Novo Diário da Bahia*), conforme a quadrinha corrente no Recôncavo, citada por Viana Filho:

> *São republicanos*
> *Vossos benefícios:*
> *Devorar dinheiros,*
> *Devorar patrícios.*[10]

Ele afirma que a conquista dos espíritos para o ideal republicano, não podendo preceder a rebelião, seria realizada durante ela. Para isso, diz, publicou-se *O Novo Sete de Novembro*, distribuído gratuitamente na cidade sitiada. Ocorre que esse jornal não se pronuncia sobre a República. Foi o periódico de menor expressão entre os rebeldes. O único de periodicidade semanal, o último a ser fun-

9. Viana Filho, *A Sabinada*, p. 112.
10. Ibid., p. 119.

dado (em 11 de dezembro de 1837 — daí o "novo" do nome; já havia *O Sete de Novembro*). Curiosamente, põe João Carneiro como o herói da revolta.[11] (A acreditar nele, deveríamos chamá-la de "Carneirada".) É certo que foi fundado como "órgão da Revolução", "intérprete do espírito da nova ordem política" e "diretor da ilustração e educação nacional" — mas sobre a República, nem uma linha.

Outro é o caso do *Sete de Novembro*: ele se pronuncia, mas desfavoravelmente. Esse diário começou a ser editado em 21 de novembro de 1837, não sabemos por quem. Sua epígrafe é extraída de Rousseau, do *Contrato social*, e soa como uma fatalidade, em vista do desfecho da revolta: "Um povo pode conquistar a Liberdade, mas se a perde, nunca mais a recobrará". Seu número de estreia reproduz a ata do dia 11 e convida os cidadãos a subscrevê-la, na secretaria da Câmara Municipal. O segundo número traz um "Artigo traduzido", do francês provavelmente, sobre a federação. São citados como exemplos "a Confederação Germânica, a Federação dos EUA, a Confederação Helvética". O terceiro coloca a separação da província nesses termos, reproduzindo artigo do *Diário da Bahia*: "Não é pois uma república, uma independência absoluta do Rio de Janeiro, e da comunhão brasileira; é uma separação condicional".[12]

Foi no *Novo Diário da Bahia* que a ideia de República encontrou formulação e defesa. O editorial reproduzido em primeiro lugar no Apêndice deste trabalho se intitula "República não é para o Brasil!!!". Trata-se de uma crítica à afirmação, ao argumento de que o povo não é suficientemente cultivado para o governo republicano. Demonstra o absurdo em sustentar "ser este ou aquele governo apropriado para este ou aquele povo"; em prescrever para

11. *O Novo Sete de Novembro*, 11/12/1837. Conservaram-se sete números desse periódico. Os números 4, 5 e 6 se encontram na Seção de Microfilmes da Biblioteca Nacional; os números 1, 2, 3 e 7, no Arquivo Nacional.
12. *O Sete de Novembro*, 23/11/1837.

uma nação uma forma de governo que não constitua "o belo realizável em política" (!). Deplora a estranha lógica de reconhecer a deficiência da educação política e não franquear à população "os meios mais prontos de melhorar sua miserável condição", de eliminar o "lamentável estado de estupidez da generalidade dos Brasileiros".[13] É, em suma, uma apaixonada apologia da liberdade republicana.

É ainda no *Novo Diário* que lemos, em três outros editoriais e artigos:

> Se há um fato na nossa História Política que mereça a mais séria contemplação, pelas mudanças fundamentais que tem de operar nos futuros destinos da Bahia, de certo será este próspero movimento que, realizando a indispensável desmembração da nossa Província, tende a constituir a sua organização social no firme apoio das Instituições Republicanas. (6/12/1837)

> [Sobre Sabino, defendendo-o de intrigas:] Um homem resoluto, que sem temer perseguições semeou entre nós os germes das Instituições Republicanas. (20/12/1837)

> O Céu realize as nossas predições e, acelerando o complemento da nossa gloriosa Revolução de 7 de novembro, nos permita levantar o majestoso edifício das Instituições Republicanas. [...] Sirvam-nos de norma e protótipo os saudáveis exemplos dos Estados Norte-Americanos. (22/12/1837)

Tais manifestações datam de dezembro. Em janeiro, as sementes republicanas de Sabino germinariam bem visivelmente na criação de um ministério. Temos de concordar com Luiz Viana Filho quanto ao republicanismo dos sabinos, embora sem parti-

13. *Novo Diário da Bahia*, 30/11/1837.

lhar algumas razões queridas por ele. E sem deixar de reconhecer como *sui generis* a República que pretendiam. Não podemos negar a fidelidade a Pedro II: impossível afirmar que "o Trono era visto como um anacronismo". Também não vemos como defender completa diferença ideológica entre a Sabinada e as rebeliões do início da década: "Enquanto nestas a ideia central era a federação, naquela se omitiu inteiramente o pensamento federalista".[14] Na verdade, existem bons argumentos para inscrevê-la nessa linhagem de revoltas.

Podemos imaginar a existência de correntes diversas no interior do movimento. Mas não se pense que *O Novo Diário da Bahia* era republicano, enquanto *O Sete de Novembro* era federalista. A coisa era mais complicada. Leia-se o seguinte trecho de um editorial no *Novo Diário* justificando a separação (25/12/1837): "a nossa organização política não deve autorizar-nos a eludir obrigações a que estamos religiosamente sujeitos como membros da comunhão Imperial".

Essa "comunhão Imperial" é a mesma "Federação Imperial" proclamada na curta revolta de fevereiro de 1832, em Cachoeira. Conhecida como "Federação de Guanaes Mineiro" (seu líder), esta revolta filiava-se à do Forte de São Pedro, em outubro de 1831, e se desdobrou na do Forte do Mar, em maio de 1833. A Sabinada pertence a uma linha de revoltas federalistas baianas que propunham o fim da integridade do Império, por uma comunidade imperial das províncias. À união deveria suceder a comunhão. A relação genealógica torna-se nítida ao compararmos os pontos de seus programas. Os rebeldes de 1832 e 1833 produziram dois manifestos. Vamos relacioná-los com as atas de 7 e 11 de novembro de 1837, e com o "Plano e fim revolucionário".

O artigo nono do manifesto de 1832 e o terceiro do de 1833

---

14. Viana Filho, *A Sabinada*, p. 122.

são centrais; explicitam o federalismo e o papel nele reservado ao imperador:

> 3º Fica proclamado nesta grande Província o sistema de Governo Federal, para que nos seus negócios internos se governe independente de outra qualquer Província, fazendo porém aliança com todas as mais, bem como obedecendo ao chefe da Nação, o Sr. D. Pedro II, em os negócios gerais dela.[15]

Do mesmo modo pretendeu-se, na Sabinada, a separação *com* d. Pedro.

Qual seria a fronteira entre "negócios internos" e "gerais"? Quais seriam as prerrogativas do "Estado livre da Bahia" e as do Império? Supomos que o *filet mignon* — leis, armas, finanças — viesse a constituir assunto interno.[16] Mas esse era um ponto por demais delicado para ser decidido de imediato, e por homens sem delegação legitimada do poder. Daí um outro artigo comum (12 e 5º) estipular que

> haverá uma Assembleia Constituinte Legislativa Provincial, que será composta de 21 membros ou Deputados, para marcar todos os limites da Independência da Província, [e] suas relações com o chefe principal da Nação. (12º) [...] com a capital da Nação (5º).[17]

Os "limites da Independência" seriam precisados numa Constituição a ser produzida pela Assembleia.

Assim também no artigo primeiro da ata sabina primeira:

15. Accioli / Amaral, *Memórias históricas*, IV, p. 368.
16. Sabemos que os federalistas de 1832 reconheciam sua "quota de dívida pública" (artigo 8º do programa). Em 1837, o artigo 1º do "Plano" garantia "a dívida pública externa do Império" (*apud* Vicente Vianna, "A Sabinada", p. 126).
17. Accioli / Amaral, *Memórias históricas*, IV, pp. 355 e 369.

Estado livre e independente pela maneira por que for confeccionado o pacto fundamental que organizar a assembleia constituinte.

Tanto em 1832-3 como em 1837 previa-se um presidente-tampão, enquanto futuros colégios eleitorais não escolhessem o governante efetivo, "Colégios eleitorais" é justamente o termo que usam.[18] Queriam eleições indiretas para presidente.

Os programas federalistas de 1832 e 1833 dispunham sobre outros itens de interesse político, econômico e social. Neste ponto, a Sabinada não representou avanço sobre aqueles movimentos. Suas atas e o "Plano revolucionário" são documentos pobres, em comparação. No entanto, os sabinos experimentaram o poder, e certos decretos que editaram então reviveram intenções de 1832-3. Por exemplo, o decreto abolindo o imposto sobre a carne verde mostrou a mesma preocupação com o abastecimento alimentar manifesta nos artigos 6º (1832) e 18 (1833). A prisão de portugueses em fevereiro de 1838 sintetizou o espírito antilusitano de vários pontos desses programas. A pretendida abolição dos morgados e bens vinculados, para uso social da terra (artigo 19, 1833), ressurgiu na lei que determinava o confisco das terras de Itaparica. O artigo 21 do programa de 1833 — mais minucioso que o programa anterior em questões sociais — cuidava de trabalho para os demitidos de repartições públicas pela "tirânica Lei do orçamento". Em 1837, o recrutamento geral atendeu ao problema do desemprego, não só à precisão de braços armados.

Algumas propostas do início da década não retornaram explicitamente em 1837. Em 1832-3 decidiu-se o fim das leis de exceção provinciais: "Que fique de todo morta a Lei da [contra a]

---

18. Ibid., pp. 355 e 368; PAEBa, I, p. 125.

liberdade da imprensa até que a Assembleia provincial faça outra só contra ofensas particulares, e nunca haverá censura prévia".[19] Também os demais direitos dos cidadãos não poderiam ser agredidos "nem de dia, nem de noite, nem em casa, nem nas ruas". Em 1832 reivindicou-se a libertação dos presos da revolta federalista de 1831 em Salvador (Forte de São Pedro), em 1833 a dos presos de 1831 e 1832. A Sabinada silenciou quanto àqueles presos políticos por uma razão simples: estavam desde 1834 em liberdade, e em 1837 no poder.

Nomes que lideraram aquelas rebeliões reaparecem na Sabinada. (A ausência notável é a de Guanaes Mineiro; inversamente, a de Francisco Sabino no começo da década.) Antonio Tibiriçá Bahiense, coronel do 2º Batalhão de "Voluntários Leais à Pátria" em 1837, comandou o levante do Forte do Barbalho em abril de 1831, do qual também participaram Sérgio Velloso e outros oficiais da Sabinada.[20] Domingos Guedes Cabral, professor nomeado administrador da Biblioteca Pública (por Sabino, de quem era amigo — ver cartas no Apêndice), foi quem leu os artigos do manifesto federalista na sessão extraordinária da Câmara de Cachoeira em 20 de fevereiro de 1832.[21] Nossos conhecidos Daniel Gomes de Freitas e Alexandre Sucupira, juntamente com alguns outros que assinaram a ata de 7 de novembro, foram dos mais ativos promotores da revolta do Forte do Mar, em 1833. Manuel Tupinambá, o paladino da Sabinada em Itaparica, já se manifestara em 1831 e 1832.[22]

A Sabinada foi um movimento caótico nas ações e contraditório nas intenções. A incoerência não estava tanto na afirmação

---

19. Ibid.

20. Morton, "Conservative revolution", pp. 305 e 366. Os outros oficiais foram Francisco Bigode, Thomaz Ollan e Silva e José Joaquim Leite.

21. BNRJ, SM, "Peças do processo", I-31, 12, I; Accioli / Amaral, *Memórias históricas*, IV, p. 354.

22. Accioli / Amaral, ibid., p. 368; PAEBa, IV, p. 113.

simultânea de república e federação. Afinal, não eram excludentes. O modelo que mais invocaram, os EUA, era uma república federativa. Daí ser questionável a afirmação de Morton, ao comentar as revoltas de 1832-3: "Uma República teria sido revolucionária; todo federalismo é um compromisso".[23] No caso, o compromisso, a contradição, foi a nunca negada submissão futura a Pedro II.

Deparamos com o imperador em todo tipo de manifestação dos sabinos: documentos oficiais, artigos de imprensa, poemas, comunicações pessoais. Além dos exemplos dados acima, lembremos o bilhete de Sérgio Velloso ao irmão (capítulo 1) e o decreto de criação do batalhão "Independentes Leais à Pátria" (capítulo 3) — ambos repetem a fórmula "durante a menoridade do Sr. D. Pedro II".

A tentativa de explicação para isso vamos buscar em certas observações de E. J. Hobsbawm sobre a figura do rei, num estudo sobre movimentos populares pré-políticos em sociedades pré--industriais.[24] Peculiar nessas rebeliões é o fato de a realeza, ou uma instituição como a Igreja, ser colocada acima do litígio, como personificação da ordem social e representação da justiça. O povo sofre nas mãos dos prepostos do rei, mas crê que ele não sabe o que fazem em seu nome. A Sabinada não foi um movimento "pré-político", mas a atitude frente ao rei foi similar: "Defende o altar e o trono", dizia o hino de Domingos Mussurunga.

Nós a encontramos em outros episódios da época (limitando--nos à época). Em 1814, escravos que se insurgiram em Itapoã aclamaram como seu príncipe o conde dos Arcos, governador da Bahia.[25] Após a repressão à revolta pernambucana de 1817, o prisioneiro Cris-

23. Morton, "Conservative revolution", p. 322.
24. E. J. Hobsbawm, *Primitive rebels*, Nova Iorque, Norton, 1965, pp. 118-9.
25. Patricia Aufderheide, "Order and violence: social deviance and social control in Brazil, 1780-1840", tese de doutorado, University of Minnesota, 1976, p. 76. Há que considerar que o conde dos Arcos era liberal no tratamento aos escravos, por isso criticado por senhores de engenho.

tóvão Cavalcante, branco e pobre, pediu para falar diretamente ao rei. Seus interrogadores lhe disseram ser impossível, e que ele falasse ao juiz representante do rei. Recusou-se; respondeu "que sabe o que são ministros de Sua Majestade e que o que tem a dizer são coisas d'alma".[26] De 1832 a meados da década, camponeses pobres do interior de Pernambuco ("cabanos") travaram uma guerra restauradora da monarquia — um bom exemplo de movimento pré-político que via no rei a fonte da justiça ("guerrilheiros do Imperador", chamou-os Décio Freitas).[27]

Porém, se o rei é percebido como injusto, se trai as esperanças, ninguém erguerá um dedo para defendê-lo: "not a cock will crow for an unjust king" (Hobsbawm).[28] No programa federalista de 1832, o artigo 23 estabelecia que o ex-imperador Pedro I seria fuzilado caso aparecesse em território baiano. O artigo 24 do programa de 1833 ratificava o aviso. Quatro anos depois, Pedro II era visto como a salvação: revoltavam-se, escreveram, "aproveitando-se da menoridade de um jovem Imperador que nos podia tornar felizes".[29] O elemento de crença nos parece claro. Pois que motivos de razão teriam para creditar ao filho tudo o que haviam desesperado de esperar do pai?[30]

A "república interina dos sabinos e nagôs da Bahia" foi antes de tudo uma revolta contra o poder central. Cumpre analisar a rela-

26. C. G. Mota, *Nordeste 1817*, São Paulo, Perspectiva, 1972, pp. 89-90.

27. Décio Freitas, *Os guerrilheiros do imperador*, Rio de Janeiro, Graal, 1978.

28. Hobsbawm, *Primitive rebels*, p. 119.

29. *O Sete de Novembro*, 4/12/1837.

30. Sobre a questão, Viana Filho lembra o "sentimentalismo brasileiro", a simpatia por um príncipe herdeiro órfão de pai e mãe (Pedro I morrera em 1834), "ainda impúbere e que brincava nos jardins de S. Cristóvão" (*A Sabinada*, p. 117).

ção entre os revoltosos e a corte, o que significa situar a Sabinada no processo da Independência.

A separação da metrópole portuguesa, nas condições peculiaríssimas em que se formou o Estado brasileiro, foi objeto de reestudo por historiadores atuais. A partir do pioneirismo de Caio Prado Jr., eles subverteram a ideia tradicional — cristalizada na cena do Ipiranga — de colônia una rompendo unida, em momento único, os laços com a terra-mãe. Distinguiram uma transformação com muitas faces, um "consenso ocasional de forças" que redundou em autonomia administrativa e submissão ao comércio inglês, no plano externo; internamente, em preservação da ordem econômica e consolidação do poder oligárquico. Foi sobretudo Emília Viotti da Costa, em sua já clássica "Introdução ao estudo da emancipação política do Brasil", quem forneceu o diapasão para os estudos novos.[31] Um deles cuida de aspecto especialmente relevante para a compreensão do móvel de revolta dos sabinos.

Referimo-nos ao ensaio "A interiorização da metrópole, 1808-1853", de Maria Odila Silva Dias.[32] Ao risco de simplificar seu argumento, vamos resumi-lo da forma seguinte: após a invasão francesa, Portugal exaurido via um novo império no Brasil como a salvação. Para reerguer o reino (e sustentar-se), a corte de d. João VI sobrecarregou de tributos as províncias do Norte. A vinda da corte produziu um enraizamento de interesses portugueses no Centro-Sul. A autora prossegue: "Como metrópole interiorizada, a corte do Rio lançou os fundamentos do novo império português chamando a si o controle e a exploração das outras 'colônias' do

---

31. Emília Viotti da Costa, "Introdução ao estudo da emancipação política do Brasil", *in* C. G. Mota (org.), *Brasil em perspectiva*, São Paulo, Difel, 1976, pp. 64-125.
32. Maria Odila Silva Dias, "A interiorização da metrópole, 1808-1853", *in* C. G. Mota (org.), *1822: dimensões*, São Paulo, Perspectiva, 1972, pp. 160-84. A expressão "consenso ocasional de forças", no parágrafo anterior, é de Caio Prado Jr., citado por Maria Odila (p. 161v).

continente, como a Bahia e o Nordeste. Não obstante a elevação a Reino Unido, o surto de reformas que marca o período joanino visa à reorganização da metrópole e equivale, de resto, no que diz respeito às demais capitanias, apenas a um recrudescimento dos processos de colonização portuguesa do século anterior".[33] D. João voltou para Portugal, mas seu filho ficou, e a Independência por ele liderada, bem moderada, caracterizou-se pela continuidade das instituições. Este, em síntese, o seu argumento.

A criação do Estado nacional resultou do domínio da corte sobre "forças centrífugas latentes" (Sérgio Buarque), da vitória sobre tradições localistas.[34] O nome Brasil era "a designação genérica das possessões portuguesas na América do Sul; não existia, por assim dizer, unidade brasileira".[35] Como princípio, a centralização era revolucionária. Mas da perspectiva em questão, a das províncias espoliadas, a Independência foi feita para inglês ver, não havendo descolonização verdadeira, mas simples deslocamento do polo dominador de Lisboa para o Rio de Janeiro. Como outras rebeliões do período, a Sabinada foi uma reação a esse desenvolvimento de interiorização da metrópole. A repulsa ao monopólio da corte perpassa todos os escritos em que os rebeldes justificaram seu passo. Curioso é constatar como a linguagem de Francisco Sabino se compara à de Maria Odila: "Não é possível que deixais de reconhecer a marcha franca e patente do governo do Rio em *recolonizar o Brasil*" (em carta aberta a Barreto Pedroso).[36] Na ata de 7

33. Ibid., p.173
34. Sérgio Buarque de Holanda, "A herança colonial — sua desagregação", *in* id. (org.), *História geral da civilização brasileira*, tomo II, vol. 1, São Paulo, Difel, 1970.
35. *Apud* ibid., p. 15.
36. BNRJ, SM, "Peças do processo", I-31, 12, 1, f. 411v. Grifo nosso. Ainda no século passado, uma comissão foi incumbida de viajar ao Nordeste para coletar documentos históricos para a Biblioteca Nacional. Por isso se acha no Rio de Janeiro a

de novembro, a declaração inicial menciona "as bem conhecidas más intenções do governo central, que a todas as luzes procura enfraquecer as províncias do Brasil, e tratá-las como colônias".[37] Ao expormos o "Manifesto" de João Carneiro (capítulo 1), explicitamos o traço anticolonialista de sua crítica à corte.

Seus jornais dedicaram muitas linhas a explicar em termos similares a separação: "o que temos feito é separarmo-nos da união recolonizadora do Rio de Janeiro" (*O Sete de Novembro*, 23/11/1837). O *Novo Diário da Bahia* reservou um comprido editorial para "encará-la debaixo de um aspecto econômico".[38] Nele, explicou como a opressão dos tributos cresceu em 1834, com a instituição de Assembleias Provinciais que legislaram novos impostos sobre os da Assembleia Geral, de maneira que os baianos "viram-se perfeitamente entre Sila e Caribdes", impossibilitados de suprir as necessidades mais costumeiras da província. Tudo em proveito "de uma ostentadora corte, de um enxame de funcionários públicos", e exacerbado por empréstimos compulsórios para combater a Farroupilha: "despesas infrutíferas e injustas, para reconquistar a província do Rio Grande do Sul". Esse estado de coisas era visto, conceitualmente, através das lentes importadas do Iluminismo. Sua apreensão era marcada pela denúncia da injustiça e ineficiência do colonialismo feita por Jean Baptiste Say (cujo tratado de economia política era uma das joias da biblioteca de Sabino).[39] No *Novo Diário*, ela se confundia com a crítica ao despotismo:

---

nota dos documentos (muitos publicados nos volumes sobre a Sabinada do Arquivo do Estado da Bahia): ilustração póstuma e comentário irônico às ideias de Sabino sobre o desequilíbrio regional. É verdade que, tivessem ficado na Bahia, possivelmente não existiriam mais.

37. PAEBa, I, p. 115.

38. *Novo Diário da Bahia*, 25/12/1837.

39. Emília Viotti, "Introdução ao estudo", p. 69. J.-B. Say ocupou a cátedra de economia política criada no Brasil (Rio de Janeiro) em 1808 — antes da França! (Eric J. Hobsbawm, *A era das revoluções*, Rio de Janeiro, Paz e Terra, 1979, p. 260.)

quebrantamos o jugo opressor de uma Metrópole que, sempre surda aos nossos clamores, pelas vias tortuosas do Sistema Colonial tendia a arvorar entre nós o estandarte do absolutismo. (*NDBa*, 25/11/1837)

Em consequência, "só uma segunda Revolução da Independência poderia suster os males que pendiam sobre nós".[40] Uma passagem da "Proposta" de Sabino se estende sobre os males:

O verdadeiro governo é o governo das maiorias e da opinião pública; as massas não devem estar à disposição de meia dúzia de espertos; o governo absoluto não presta; com o governo constitucional monárquico nada temos feito, antes cada vez mais retrogradamos; as reformas das constituições foram quimeras; a tropa ficou na mesma; o monopólio da corte se conserva; tudo para lá vai; tudo só lá se pode ver; as promoções militares são somente para a corte; alferes e tenentes de 12, 16 e 20 anos, enganados estavam e enganados ficaram com tais reformas; dinheiro só circula na corte; a pobreza e miséria das províncias vai em espantoso aumento. Vede a Bahia, a 2ª capital do império, a que se acha reduzida![41]

Pouco antes do rompimento, *A Luz Bahiana* se queixou também das promoções exclusivas a oficiais do Rio de Janeiro, enquanto para os da Bahia, afirmava, "só há balas no Rio Grande do Sul".[42] A percepção da desigualdade penetrava a consciência popular. Os carpinteiros e demais empregados civis do Arsenal da Marinha que pediram aumento de salário, em agosto e setem-

40. *Novo Diário da Bahia*, 26/11/1837.
41. *Apud* Vicente Vianna, "A Sabinada", p. 124. cf. nota 37, cap. v, sobre falhas de transcrição nesse documento.
42. *A Luz Bahiana*, 27/8/1837.

bro de 1837, queriam equiparação aos seus colegas da corte. Este seria, para eles, o sentido do federalismo, da comunhão das dezoito províncias.[43]

É suposição nossa que o sentimento separatista da província não se restringia aos que terminaram por recorrer às armas. Era mais difundido do que depois se acreditou. Uma pista nessa direção nos é dada por João da Veiga Muricy:

> Não eram esses mesmos que [à exceção dos mais cevados de ordenados] agora são nossos adversários, os que antes de 7 de Novembro, em qualquer companhia, e mesmo nas praças públicas, vociferavam contra o aurissedento governo central do Rio de Janeiro?[44]

Ou, pelo *Sete de Novembro*, mais explícito ainda:

> os próprios aristocratas [...] queriam fazer a revolução, mas queriam ser eles os autores, para repartir a Bahia como propriedade sua, para que só os ricos, figurões e aduladores tivessem os prêmios. (27/11/1837)

Supor uma tendência separatista mais generalizada explicaria em parte a relutância inicial de certas autoridades em reprimir o movimento — as reações desencontradas de Souza Paraizo e Luiz da França, por exemplo. (Difíceis de explicar de outro modo. O primeiro era de importante família traficante de escravos; o segundo, filho do marechal Luís Paulino Pinto de Oliveira França, dono do engenho Aramaré.[45]) Lembremos também a atitude de vários que a princípio aderiram e logo renegaram o movimento:

43. Reis, "Elite", p. 374.
44. *Apud* Vicente Vianna, "A Sabinada", p. 154.
45. Morton, "Conservative revolution", p. 349.

Ignacio Accioli, Almeida Sande e outros menos ilustres. Retrocedendo alguns anos, sabemos que em fevereiro de 1832 os federalistas de Cachoeira convidaram o coronel Rodrigo Falcão Brandão e o desembargador Pinheiro de Vasconcelos para compor o novo governo.[46] Eles recusaram, mas os rebeldes teriam suas razões para chamá-los. Rodrigo Brandão se destacaria no combate à Sabinada e seria recompensado com um baronato. Pinheiro de Vasconcelos foi presidente da Província de junho de 1832 a dezembro de 1834. Permaneceu na fileira legalista em 1837, mas um outro ex-presidente, João Gonçalves Cezimbra, fez parte da comissão de comerciantes encarregada por Sabino e João Carneiro de abrir os armazéns fechados.[47] O grande proprietário Antonio da Rocha Pita e Argolo pronunciou uma frase que se tornou conhecida, ao oferecer sessenta homens para a tropa restauradora: "Dou esta gente não porque não adote a revolução, que acho boa, mas porque não quero ser governado pelo dr. Sabino".[48]

A ideia de separação não seria estranha a razoáveis segmentos da elite, acreditamos. Em outras rebeliões da Regência, as elites regionais tiveram maior presença do que na Sabinada. Porém, maior que as divergências com o Centro era o sentimento de insegurança, o medo comum à ameaça negra e mestiça pobre ou escrava, à possibilidade de que o povo fizesse a revolução, liderado por sabinos e carneiros. Em tempo tempestuoso, a Coroa era a âncora. (Até certo ponto, *também* para os sabinos. No desejo de república/federação apenas até a maioridade do rei podemos discernir semelhante temor à massa inculta, distanciada dos líderes letrados. Intimamente, estes talvez considerassem um risco governar

---

46. Accioli / Amaral, *Memórias históricas*, IV, p. 354.
47. *Novo Diário da Bahia*, 2/3/1838 (AEBa, *A Sabinada*, maço 2839).
48. Sacramento Blake, "Ainda a revolução", p. 65.

aquela população de modo inteiramente autônomo, sem poder recorrer à Coroa ou às províncias-irmãs.)

A aliança entre a corte e os senhores de engenho, estabelecida na guerra da Independência, foi cimentada na vitória contra a Sabinada. Em 1822-3, formou-se uma "frente ampla" contra a pretensão portuguesa.[49] Senhores de engenho e radicais políticos deram-se as mãos momentaneamente, não sem atritos. De 1823 a 1837 (ver a Cronologia), os grupos frustrados com a Independência conservadora se revoltaram seguidamente, buscando uma "segunda revolução da Independência" que resgatasse a primeira. Verificamos a recorrência de temas e personagens durante o período. Podemos ver a Sabinada como o acerto de contas final entre esses grupos e a elite local, novamente aliada ao Rio de Janeiro. O 7 de Novembro como o último capítulo do 2 de Julho.

No espírito dos líderes da revolta — Sabino e João Carneiro, pelo menos — a independência da província cresceu aos poucos como solução; e não sem relutância. Registramos acima a ausência de Sabino nos movimentos federalistas de 1831 a 1833. Há documentos esclarecedores de sua posição política então.

No princípio da década, Sabino editava *O Investigador Brasileiro*. A leitura dos números remanescentes desse jornal mostra que ele apoiava a Regência. Em junho de 1832, criticado por fazer-se tão

---

49. Em março de 1822, o comandante Madeira de Mello assim descreveu os "partidos" da coalizão antiportuguesa, em ofício a Lisboa: "os mais poderosos em posses, já em empregos de representação ligados aos togados do Rio de Janeiro, querem uma constituição em que, como lordes, figurem independentes do governo de Portugal; os que pelas suas posses ou empregos não ombreiam com aqueles, querem uma independência republicana em que só figurem os naturais do país" (*Apud* L. H. Dias Tavares, *A Independência do Brasil na Bahia*, pp. 26-7). Sobre essa "frente ampla", ver também Morton, "Conservative revolution", p. 239.

amigo da ordem, "tão ministerial", quando havia pouco era "exaltado", respondeu que fizera oposição ao tirano português Pedro I, mas que ao novo governo, brasileiro, cabia dar um voto de confiança, e aguardar o que faria. Proclamou-se contra os "desordenadores": "seus frenesis nos podem submergir, em um instante, nos abismos da miséria",[50] abrindo alas para um déspota. Esta atitude se casa com uma outra, tomada um ano antes: Sabino subscreveu um abaixo-assinado pedindo a prisão de radicais conhecidos, mesmo sem culpa formada. Em resposta, a *Nova Sentinela da Liberdade* (cuja redação é erroneamente atribuída a Cipriano Barata) desafiou Sabino a nomear os bois.[51] Outros assinantes da representação são nossos conhecidos Francisco Gonçalves Martins,[52] Manuel Rocha Galvão, Lázaro Vieira do Amaral e Antonio Tibiriçá Bahiense.

Testemunho da posição de João Carneiro é aquela carta que enviou à corte, como secretário do Conselho Geral da Província, em dezembro de 1832. Ele informa que, devido ao desarranjo criado pela moeda falsa, "meios revolucionários se têm insinuado na massa da População; [...] tem-se feito mesmo embair ao Povo de que a Província em seus próprios recursos acharia o seu remédio".[53]

50. *O Investigador Brasileiro*, 8/6/1832.
51. *Nova Sentinela da Liberdade*, 19/6/1831; o abaixo-assinado foi reproduzido nesse número. A redação da *Nova Sentinela* por Cipriano Barata é contestada por Zélia Cavalcanti Lima, "Uma contribuição à história da imprensa no Brasil", manuscrito inédito.
52. Martins e Sabino imprimiam seus jornais na mesma tipografia. Possuíam afinidades políticas na época. Martins optou pela integração plena na elite, e não podeira ser mais bem-sucedido, conforme seu currículo. Casos como o dele, de dissidentes noviços que desabrochavam em pilares da ordem, não eram raros num ambiente de instabilidade econômica e fluidez social. Francisco Montezuma, ministro da Justiça, e Gordilho Barbuda, o presidente da província assassinado em 1830, tiveram vivências semelhantes.
53. Arquivo Nacional, Correspondência do presidente da província com o ministério do Império, ofício de 7/12/1832, IJJ9 336.

Portanto, àquela época Sabino e Carneiro partilhavam a mesma atitude moderada. Mas a situação chegou a tal ponto que estes homens se radicalizaram. (São bem conhecidos os momentos em que a crise leva a tal unanimidade contra a política estabelecida, que elementos conservadores assumem feições de líderes revolucionários.) "Não era possível sofrer mais!", clamava o *Novo Diário* de 25 de dezembro de 1837: "Nenhum povo do mundo poderia conter-se tanto tempo nos limites da paciência e da moderação, quanto o povo da Bahia".

Havendo discutido os ideais da Sabinada e a natureza de sua independência, vamos abordar o tema do antilusitanismo.

O sentimento antiportuguês manteve-se vivo na Bahia pós--Independência. Mas, se representamos a sociedade baiana de então como uma pirâmide, ele sempre foi menos intenso no topo. Não que os senhores de engenho não tivessem razões de desagrado. Pedro I favorecia a ingerência portuguesa nos negócios do novo Estado. Uma medida os irritou profundamente. Para obter o reconhecimento de Portugal à Independência, a corte se comprometeu a ressarcir os prejuízos dos portugueses na guerra da Bahia, não se lembrando de fazer o mesmo com as propriedades destruídas dos senhores baianos.[54] Contudo, antes de 1822-3, grandes comerciantes lusos eram a principal fonte de financiamento para a lavoura açucareira, e continuaram indispensáveis depois. Eram brancos e possuíam bens, como os senhores de engenho.

Vejamos um episódio representativo dessa junção de interesses. Em fevereiro de 1822, ao rebentar na cidade o conflito entre militares portugueses e brasileiros, muitos destes se recolheram ao Forte de São Pedro. O comandante português Madeira de Mello

54. Reis, "Slave rebellion", p. 73.

cercou o forte, mas dezenas de soldados conseguiram escapar, e tomaram a estrada do Rio Vermelho, rumo às terras da Torre de Garcia D' Ávila. O coronel da Torre (irmão do visconde de Pirajá) se recusou a recebê-los e escreveu a Madeira de Mello: "Os ditos malvados sabiam que não queríamos cooperar para a guerra civil, nem com eles nos associar".[55] Logo em seguida, ele e seus pares se juntariam aos "malvados", chegando a liderar 9 mil homens contra a tropa portuguesa entrincheirada em Salvador. Mas até o último momento cultivaram a afinidade com os portugueses.

Na ideia dos despossuídos, os naturais de Portugal permaneceram colonizadores, inimigos da liberdade nacional. Sobretudo, continuaram associados à opressão econômica, pois eram os taverneiros e merceeiros, em período de carestia e carência. Eram também concorrentes em empregos — ou postos, no caso dos militares. Haveria igualmente algo de psicológico e racial no anti-lusitanismo. Eles seriam bodes expiatórios brancos, válvulas de escape para a insatisfação da "populaça" negro-mestiça[56] — um mecanismo semelhante ao das explosões de intolerância contra minorias, tão conhecidas do século atual.

Por tudo isso, as ações antilusitanas adquiriram particular virulência na Bahia pós-1822. Um simples rumor bastava para desencadear um "mata-marotos", com saques de armazéns, linchamentos e mortes. Nas rebeliões, exigia-se o afastamento de oficiais portugueses. Em diversos locais da província se redigiam listas de portugueses a serem expulsos. Nos programas-manifestos de 1832 e 1833, vários artigos cuidavam dos "marotos": proibiam-lhes o porte de armas, o comércio de varejo; demitiam todos os que fossem empregados civis, eclesiásticos e militares, à exceção dos reconhecidamente simpáticos

55. *Apud* Dias Tavares, *A Independência*, p. 49.
56. Reis, "Slave rebellion", p. 76.

à Independência; expulsavam os solteiros, e mesmo os casados com brasileiras, porém antipáticos à pátria da esposa.[57]

A imprensa era espelho desse ânimo (assim como pregava o federalismo; aliás, todas as propostas das revoltas federalistas encontram correspondência nos jornais da época). Durante 1831, o ano da onda maior de violências, a *Nova Sentinela da Liberdade* se destacou nas invectivas aos "marotos" e seus "padrinhos". Enfatizou "a malignidade dos portugueses", "a necessidade de sua deportação". Mostrou-se alerta contra seus supostos planos:

> O seu projeto é ganhar preponderância no Brasil, derribar a Constituição; porque dado este passo os Portugueses virão aos magotes entabolar-se em todos os lugares consideráveis, ocupar todos os altos Empregos etc. etc.; trazer debaixo dos pés os *caibras* e *melaços* (que somos todos nós Brasileiros natos).[58]

O artigo do qual se extraiu esta passagem tem o título "O que é a facção recolonizadora"—expressão muito utilizada no período. Fazendo eco à crença pública, a *Nova Sentinela* atribuiu a maquinações de portugueses até a rebelião escrava de abril de 1830 (ver Cronologia). Outros periódicos baseavam a propaganda antilusitana em alegações de natureza política e social: o *Precursor Federal*, o *Açoute dos Déspotas*, o *Bahiano* (este pertencia a Antonio Rebouças). A *Sentinela da Liberdade*, de Cipriano Barata, denunciava a ação monopolista portuguesa no comércio de gêneros essenciais.[59]

Seria de surpreender se o antilusitanismo estivesse ausente na Sabinada, como concluiu Wanderley Pinho e até agora se acre-

57. Zélia C. Lima, "Manifestações de antilusitanismo na Bahia, 1831-33", manuscrito inédito.
58. *Nova Sentinela da Liberdade*, 16/6/1831.
59. Zélia C. Lima, "Manifestações de antilusitanismo".

ditou.[60] Os novos documentos sobre as prisões de portugueses atestam que foi uma conclusão precipitada. O silêncio inicial dos sabinos sobre a questão talvez indique que em 1837 a maré refluía. Mas a atitude final se compreende na história desses precedentes, e se esclarece nas linhas do programa federalista de 1832: "os habitantes da nossa capital e outros lugares se acham oprimidos pelo presente Governo da Província, pelos Portugueses seus sequazes e pelo partido ruinoso do Governo do Rio de Janeiro".[61]

É na trama da relação com a corte que compreenderemos melhor o radicalismo antilusitano demonstrado em fevereiro. Para os revoltosos, portugueses e senhores de engenho eram sócios na intenção de recolonizar a Bahia; sócios-representantes do governo central. O *Novo Diário da Bahia* batizou a parceria de "facção aristocrático-portuguesa". Para eles, a grande resistência que encontravam para implantar a felicidade na Bahia era obra dessa facção, com certeza. Referiam-se muitas vezes aos legalistas como "perus", termo que anteriormente se aplicava somente aos portugueses. (Os legalistas, por sua vez, chamavam-nos "raposas"; Sabino era o "general Raposa".) Um paralelismo com a luta da Independência, entre outros, despertou sua atenção, e foi comentado pelo *Novo Diário* de 16 de janeiro de 1838. Em 1823, os brasileiros rasparam suíças e bigodes para se destacarem do "partido colonizador marotal", sendo costume antigo entre os povos se distinguirem por certas marcas, mormente em época de guerra; mas eis que em janeiro de 1838 se apresentam entre os sabinos "prisioneiros com grandes bigodeiras (que infâmia!!!), e o resto que é uma mataria de suíças e barbas".[62] (Eis uma instância bem concreta de "interiorização da metrópole" de Maria Odila!)

---

60. Wanderley Pinho, "A Bahia — 1808/1856", *in* Holanda (org.), *História geral da civilização brasileira*, t. II, vol. 2, p. 284.

61. Accioli / Amaral, *Memórias históricas*, IV, p. 354.

62. *Novo Diário da Bahia*, 16/1/1838.

A certeza de serem vítimas de uma trama cresceu com o desespero da causa, na proporção da resistência montante dos legalistas. Ela gerou a decisão tardia de prender todos os portugueses e confiscar os bens dos ausentes. Os que permaneceram na cidade eram colaboradores infames, quinta-colunas que cumpria extirpar antes que fosse tarde. Esse o espírito de uma carta escrita por Sabino ao chefe de polícia, em 19 de fevereiro de 1838. Não se trata de um ofício, mas de um lembrete pessoal, de amigo. Sabino pede rigor máximo na captura de portugueses e no tratamento aos já presos (incomunicabilidade):

> Isto deves já recomendar, e aterrá-los, e dizeres aos marotos tu mesmo que qualquer desconfiança mandarás um piquete a fuzilá-los mesmo dentro dos cárceres. Corre tu já a prendê-los dentro mesmo de casa, bota-os fora da toca, anda Mattos, que essa medida salva sem dúvida a Bahia, nossa querida Pátria.[63]

Por ocasião da luta final, na *noche triste* de 14 de março, a maioria das casas em fogo situava-se na Conceição da Praia, onde se concentravam os comerciantes portugueses.[64] Em cada sobrado destruído havia mais de uma loja ou armazém. Portanto, os incêndios representaram a derradeira explosão de antilusitanismo na Sabinada.

Na percepção dos sabinos, corte, portugueses e senhores de engenho formavam o tripé da reação. Sem dúvida, magnificaram o papel dos portugueses. Foram constantes na crítica à corte, e cada vez mais contrários aos senhores do Recôncavo. A consciência dessa

63. Texto completo e referência no Apêndice.
64. Cf. nota 89 da p. 109.

oposição se manifestou cedo e se acentuou naturalmente com o desenrolar da luta. E a ligação entre a elite central e a local era óbvia: "emissários da despótica oligarquia do Rio de Janeiro, ramificada entre nós com os aristocratas".[65] Discutir essa oposição requer uma exposição de como os revoltosos apreendiam as distinções sociais.

Preliminarmente, vejamos um episódio ocorrido dezesseis anos antes da Sabinada. Aconteceu na Bahia, mas pertence à história da revolta pernambucana de 1817. Nós o extraímos do estudo dedicado àquela revolta por Carlos Guilherme Mota.[66]

Em 1821, foram enviados para a cadeia da Relação de Salvador 103 prisioneiros pernambucanos, líderes incluídos. O capitão encarregado da alimentação dos presos, Manoel Boaventura Ferraz — futuro réu da Sabinada —, escreveu-lhes um bilhete, solicitando que se dividissem em *classes* para facilitar a distribuição da comida. O bilhete, conforme a fonte utilizada por Mota, "passou de mão em mão", causando perplexidade por não saberem "dar o verdadeiro valor à palavra — classe — que vinha no papel".[67] O conselho por eles criado para discutir a matéria alcançou a resposta: a palavra era equivalente a "hierarquia". Consequentemente, dividiram-se em três classes, por um critério de base militar. A primeira compreendia os portadores de patentes de major para cima (também milicianos cordenanças), e os desembargadores, magistrados letrados, cônegos e vigários colados. Os indivíduos da segunda classe possuíam, os militares, graduações de cadete a capitão; os civis eram clérigos simples, magistrados não letrados e funcionários da Fazenda. A terceira classe, a maior, abrangia "todo bicho careta que não cabia nas duas primeiras".

65. *NDBa*, 28/12/1837.
66. C. G. Mota, *Nordeste 1817*, pp. 132-9.
67. *Apud* Mota, p. 136. Sua fonte é a *História da revolução de Pernambuco em 1817*, escrita por um dos revolucionários, Francisco Muniz Tavares. As duas citações seguintes são da mesma fonte.

O capitão Boaventura expressou seu desânimo: jamais sonhara que "homens considerados os modelos dos republicanos do Brasil classificassem seus compatriotas de desgraça daquela forma". Ele tinha em mente uma divisão por pequenos grupos de cinco a oito pessoas, segundo laços de parentesco, amizade ou profissão. Para ele, "classe" nada tinha de hierárquico. E a classificação dos revolucionários era tanto mais aristocratizante por rebaixar para a terceira classe dois oficiais superiores do Regimento dos Henriques (negros). Mota sintetiza: "Nesse momento privilegiado, [...] os agentes de 1817 se revelam em sua verdadeira natureza: escravocratas, elitistas e patriarcais".[68]

Não houve momento tão privilegiado na história posterior da Sabinada que nos permitisse uma visão assim clara do que pensavam. Em compensação, deixaram escritos que, quando não tratam diretamente de "classe", traem comportamentos de classe; ou, mais precisamente, revelam sua mentalidade hierarquizante.

Realmente expressivo é um acontecimento narrado por Daniel Gomes de Freitas, ocorrido em janeiro de 1838. Um bacharel de sobrenome Calmon foi feito prisioneiro, e devia ser transferido do Forte de São Pedro para o Quartel da Palma. O dr. João Carneiro Filho tentou obstar a mudança, bradando que o preso, na qualidade de bacharel, gozava de certas prerrogativas, e não cabia que fosse escoltado pelas ruas como um criminoso. Insultou oficiais, e a coisa poderia terminar mal, não fosse a intervenção de Gomes de Freitas.[69] É lícito ver no incidente não só a diferença entre bacharéis e oficiais de extração modesta (da Artilharia), como tensões entre militares e civis ("casacas", para aqueles). Resultasse o movimento vitorioso, essas tensões internas viriam à tona.

Adiante na "Narrativa", Gomes de Freitas refere a queima de

68. Ibid., p. 139.
69. Gomes de Freitas, "Narrativa", p. 274.

casas dos parentes de Malhado, atribuindo-a a "excessos da populaça" — mesmo termo empregado por João Carneiro no interrogatório, ao ser inquirido sobre o incêndio final.

São os jornais nossa melhor fonte sobre ideias e atitudes relativas a "classe". O *Novo Diário*, de 7 de dezembro de 1837, pretendendo zombar da aristocracia ("fidalgotes de meia-tigela"), selecionou como alvo Antonio Correia Seara, comandante da 1ª Brigada legalista. E o fez pondo a nu sua origem pobre, de maneira impropriamente moralista, e em expressões que deixam entrever a existência de preconceitos e tensões raciais entre os revoltosos. Revelam-se discriminadores no próprio ato de incriminar a desigualdade:

> Que homem tão singular, tão dotado pela natureza, [...] que, neto de uma prostituta — *Pitomba Lambida* — amancebada vergonhosamente com um *negro carniceiro*, pôde elevar-se da baixeza do seu nascimento e merecer no Brasil uma tão alta consideração social?

Esta citação é retirada de um artigo. Dos editoriais, geralmente mais reflexivos, retiramos considerações sobre "classes":

> Bem que entre nós não haja verdadeiramente separação de classes, contudo... [é] inegável que o nosso governo anterior era de fato uma Aristocracia abusiva... que oprimia uma numerosíssima parte do povo da Bahia.[70]

---

70. *NDBa*, 30/12/1837. A linguagem dos sabinos conjugava-se com o caráter moralizador, regenerador, que atribuíam a seu movimento: "Com a nossa Revolução Política [...] não tivemos em intuito beneficiar nossos interesses e cômodos particulares; nosso desígnio, nossos votos se dirigem a plantar um sistema baseado na mais restrita igualdade de garantias e direitos" (*NDBa*, 22/12/1837). A Sabinada possuía algo do "puritarismo revolucionário" que seria tão característico das revoluções modernas.

O tom radical da crítica não é novo. Ele já nos surpreendeu na iracunda resposta de João Carneiro à proclamação de Barreto Pedroso, em 21 de novembro: "uma récua de desprezíveis e fofos aristocratas [...] que só têm em vista a defesa de seus lucros". Também na "Proposta" manuscrita estava ele presente (ver citação acima, neste capítulo). Tornou-se dominante, porém, e encontrou a mais explícita expressão num editorial do *Novo Diário*, em 7 de dezembro de 1837 (no mesmo número em que ridicularizaram o "fidalgote" Seara):

> Nada existe mais singular, e ao mesmo tempo mais lamentável, do que aparecer na maior parte das sociedades uma quantidade de indivíduos que [...] arrogam a si certa superioridade imaginária sobre os outros homens [...]. O caráter mais notável destes *zangões da sociedade* consiste em manter um exterior brilhante [...] [que] infelizmente atrai um certo respeito e timidez [...]. A faculdade que esta classe opulenta tem de dispor de todos os meios, a miséria em que vegeta o resto da população, vão paulatinamente operando tal distinção de indivíduos, que uns constituem a classe dos opressores, quando os outros formam a classe dos oprimidos.[71]

Era ambígua, entretanto, sua posição frente à "classe opulenta". Em outro número do jornal, os senhores de engenho, ao lado dos lavradores (ou com eles confundidos!) foram considerados "os mais estimáveis membros de qualquer Sociedade política".[72] O trecho que reproduzimos é zangado; espantoso rasgo de radicalismo. Mas a crítica era pouco consistente. Na sequência desse edi-

---

71. Cf. também, no Apêndice [Os pequenos à sombra dos grandes], extraído do *Sete de Novembro.*
72. *NDBa*, 26/12/1837.

torial (ver Apêndice), aprendemos quais os meios em poder dos "zangões": empoleirar-se nos bons cargos e empregos públicos, açambarcando proventos e privilégios. Os sabinos possuíam uma visão, digamos, exclusivamente "administrativa" dos mecanismos de exploração econômica. Acreditavam que, para mudar, era suficiente desobstruir as vias de ascensão aos postos elevados. Na oposição à aristocracia, falhavam em perceber os alicerces de seu poder: os escravos e a terra.

Percalços do liberalismo em terras brasileiras. A Sabinada foi uma revolta liberal. A propriedade continuou sagrada nas páginas do *Novo Diário da Bahia*; os escravos continuavam propriedade. Nos artigos e declarações, o ideal de igualdade convivia incomodamente com essa realidade. A palavra "escravidão" aparecia somente como metáfora da dominação da corte. "A escravidão constituía o limite do liberalismo no Brasil" (Emília Viotti).[73] Era ponto pacífico igualmente para os liberais legalistas como Martins e Rebouças. Martins e Sabino desmancharam a sociedade na tipografia, mas prosseguiram liberais. Pois o liberalismo era um *big enough umbrella* — um guarda-chuva que abrigava gatos de coloração diversa, não apenas pardos.

A argumentação contra os poderosos podia ser equívoca, mas sua frequência, e os acontecimentos que a acompanhavam, nos persuadem do cunho social da revolta. O que se iniciou sobretudo como rebelião separatista da província foi tomando feições de confronto entre pobres negro-mestiços e ricos branco-mestiços. Por essa vertente podemos retroceder além de 1822, e ver na conspiração de 1798 o primeiro movimento antecessor da Sabinada (sem perder de vista as diferenças, claro). Os insurgentes de 1798 foram alfaiates, artesãos e soldados mulatos, na maioria. Desejaram o fim do jugo português e a instauração de um governo "sem distinção de

73. Viotti, "Introdução ao estudo", p. 92.

cor, e sim de juízo" — em suas palavras —, pois "sendo República há igualdade para todos".[74] Dessa perspectiva ampla, a Sabinada foi a culminância de uma série de revoltas sufocadas, a irrupção que a elite conseguira adiar durante quarenta anos — os anos mais turbulentos, senão os mais cruciais, da história baiana. Ela foi a expressão última do descompasso entre os ideais de renovação política — ludibriados na Independência — e as forças mantenedoras da velha ordem. Última porque a mais cruentamente reprimida, marcando o começo da modorra política do Segundo Reinado.

Os cartazes sediciosos dos alfaiates dirigiam-se ao "Povo Bahiense"; propunham a "República Bahiense". O bilhete de Sabino a Freire Mattos recomendava mão firme contra os portugueses porque, dizia, estava em jogo "a Bahia, nossa querida Pátria". A fala do padre Varella aos homens da Artilharia igualava as aflições do "Povo da Bahia" às do povo de Israel. Termos assim, particularizantes e apaixonados, recorrem em documentos de natureza diversa. Na Sabinada, pretendiam uma revolução regional; outro traço comum entre sabinos e alfaiates. Um traço que se insere na tradição de autonomia *de facto* das regiões, dado relevante da herança colonial. Modernamente, podemos vislumbrar aqui uma relação com o acentuado sentimento da terra que habita os baianos; a percepção da Bahia como uma área cultural marcante e bem demarcada; o "jeito da terra" — o jeito como ela faz sentir e sofrer.

Nas matérias de jornal que se seguem, é evidente a influência do Iluminismo europeu.[75] Uma convicção central no Iluminismo

---

74. Luiz Henrique Dias Tavares, "As ideias dos revolucionários de 1798", *Arquivos da Universidade da Bahia*, Faculdade de Filosofia, vol. IV, 1955, p. 139.

75. Foi feita uma seleção do que nos pareceu mais representativo. Mas outros arti-

era a de que através do raciocínio correto se pode encontrar o vero conhecimento e chegar à felicidade (palavra cara aos pensadores iluministas). Pressupõe-se um nexo entre razão e bondade, e uma fé na possibilidade de aperfeiçoamento do homem:

> Todos os entes nascem com o desejo de ser felizes, e ao mesmo tempo com todas as faculdades próprias para satisfazer este desejo, conservador da sua existência. (*NDBa*, 4/12/1837)

Por que não o satisfazem, então? A resposta é: se não agem de modo bom e racional, isto se deve ao meio social, não a defeitos inatos. Logo, deve-se difundir a educação, para que os cidadãos pensem e decidam bem. Toda a humanidade é capaz de ação justa, uma vez esclarecida em seus interesses verdadeiros. Por isso Sabino e companheiros chamam o inimigo a juntar-se a eles, a perceber o erro: "um considerável número de Cidadãos iludidos ainda não rasgou de todo o véu que os cega" (*NDBa*, 27/12/1837). "Unam-se conosco, se querem salvar à Bahia e a si próprios" (*NDBa*, 26/12/1837). Negar a bondade natural do homem seria para eles, mais que insensatez, um signo de ateísmo filosófico — assim como reputam "ateísmo político" contestar o direito da província à emancipação (*NDBa*, 25/12/1837).

---

gos interessantes de jornais, legalistas inclusive, ficaram de fora por consideração de espaço. Do *Novo Diário da Bahia* publicaram-se cerca de duzentos números entre julho de 1837 e março de 1838 (o último existente é de 2 de março). Restam-nos dezessete na Biblioteca Nacional, microfilmados, e dois no Arquivo do Estado da Bahia, em meio a processos. *O Sete de Novembro*, também diário, começou a circular em 21 de novembro de 1837, mas não sabemos quando parou. Dele existem dezoito números na Biblioteca Nacional, também microfilmados. Na transcrição dos editoriais e artigos foi modernizada a ortografia e a pontuação. A influência dos *philosophes* é apenas indicada aqui. Para uma análise, seria interessante rastrear ideias dos jornais nas obras encontradas na biblioteca de Sabino. (Se ela tivesse sido conservada, poderíamos mesmo descobrir a gênese de certas passagens em possíveis marcas pessoais nos livros.)

Se o governo não favorece as luzes, põe obstáculos ao "desenvolvimento instintivo" da humanidade. Se assim faz, deve ser afastado, pois a autoridade última é do povo, que a delegou por um "contrato social":

> O Povo da Bahia bem conhece que a Soberania reside originariamente nele, que a exercia por meio de um mau governo, e por essa razão, como julgou violadas as condições do mandato, quebradas as garantias sancionadas na Constituição Política, [...] proclamou a sua Independência, [...] [para] fundar uma nova ordem política. (*NDBa*, 30/12/1837)

"O nosso Governo, de longo tempo, tem desconhecido, e de má-fé, a natureza do homem e o seu nobre destino" (*NDBa*, 4/12/1837). Atualmente tendemos a ideias menos entusiasmantes sobre a natureza e o destino humanos. Essas concepções nos fazem sorrir indulgentes, a nós, navegantes do final do século XX, experimentados em guerras mundiais e extermínios em massa. Mas elas também nos atraem, pelo caráter afirmativo e triunfante, e pela crença racionalista. (Talvez a ignorância seja condição de esperança.)

Nos jornais da Sabinada, é perturbador o contraste entre suas belas expressões de otimismo e o progresso posterior dessa história: "Ilustre Bahia, tu serás um eterno movimento, que ateste à posteridade a honra e glória da nossa primeira Independência de 1822. [...] Que brilhante e majestoso quadro oferece às almas sensíveis a Bahia de 1837" (*NDBa*, 26/12/1837). Esse contraste é assustadoramente dramático, sem dúvida. Naquelas breves semanas, eles tiveram a ilusão de serem senhores do seu destino. E a expressaram na forma de um sonho luminoso, um projeto iluminista para a Bahia.

Estudando a sociedade baiana de 150 anos atrás, ficamos admirados do quanto nos reconhecemos nela. Vivendo em Salvador e percorrendo cotidianamente as ruas onde se passaram aqueles acontecimentos, observamos a legião de subcidadãos que continua a formar a maioria imensa da população. Lendo os jornais de hoje, deparamos com essencialmente os mesmos problemas, potencializados e tornados mais complexos pelo crescimento material, pela acumulação capitalista da pobreza. Desrespeito à vida, cupidez e incompetência: como persistem! Os documentos estão amarelecidos, mas mostram um passado tão vivo, tão reconhecivelmente presente. Triste Bahia, ó quão semelhante!

APÊNDICE

Imagina uma ordem nova; ainda que uma nova desordem, não será bela?
Drummond

I. Jornais (editoriais e artigos)

A) DO NOVO DIÁRIO DA BAHIA

1. República não é para o Brasil!!!

Eis aqui a máxima geral propalada por todos os Periódicos do regresso, eis aqui a grande verdade repetida pelos adoradores do Poder, eis aqui finalmente a firme crença de alguns Brasileiros, que de boa-fé se pronunciam sobre o problema dos melhoramentos. Sem nos dirigirmos a esses, que traindo a fidelidade da sua consciência, enunciam ideias contaminadas com o veneno da corrupção, e todas avessas e subversivas do bem comum, pretendemos convencer os Cidadãos sisudos e animar os Liberais, demonstrando-lhes, já com doutrinas gerais e filosóficas do Direito Político, já mesmo com a revista dos fatos contemporâneos, a compatibilidade e apropriação do elemento Democrático puro com a Constituição e vida política do Brasil em geral, e com especialidade da nossa opulenta Província; elevada já à categoria de Estado Independente.

Pretendem alguns provar cientificamente a incapacidade do Brasil para as instituições Republicanas, estabelecendo [trecho mutilado] da organização política dos povos, assim como descendo por diferentes graus intermediários, descansam finalmente na casa primitiva, que dizem ser o Despotismo, o Governo de um soldado feliz, que prevalecendo-se da superioridade do seu gênio, relativamente aos homens, que o rodeavam, sentou-se sobre o trono. Funda-se o sistema dos Publicistas, que se esforçaram a demonstrar a veracidade de tais doutrinas, em um princípio geralmente adotado de que as fórmulas políticas devem simpatizar com a educação política e moral de um povo, e colocar-se a par das luzes nacionais.

Ora, nós não poderíamos repugnar à influência da educação social sobre todos os melhoramentos de um Povo, porém reconhecemos, fundados em autoridades respeitáveis, que o sistema de tais Escritores é totalmente alheio da natureza das sociedades, e somente baseado em ideias quiméricas, filhas de uma inteligência arbitrária. Reconhecer a excelência absoluta do Governo Republicano, descobrir-lhe a maior simpatia com os costumes públicos, o mais forte incentivo para a estabilidade e progressos da Educação Nacional, e recusar ao mesmo tempo a sua aplicação a todos os países, que procuram ser felizes; é alimentar o maior contrassenso em política, é sancionar a contradição, a mais palmar e manifesta.

A Liberdade não é de algum clima, ela é o direito inalienável de todos os países: é absurdo sustentar-se, que este ou aquele governo é apropriado para este ou aquele povo; se os homens constituindo-se em sociedade procuram estabelecer entre eles o melhor princípio de política, que os dirija; devem abraçar sem dúvida, aquele, que lhes consente uma esfera mais ampla para o exercício da Liberdade individual; e se esta faculdade moral dos homens para ser menos anômala com o princípio social, deve identificar-se com as Instituições Republicanas, fica evidente, que o gênero humano somente obterá a sua felicidade, com a aceitação do Governo Democrático. Prescrever para uma nação uma forma de Governo, que não forma o belo realizável em Política, uma forma de governo, que não promove o bem ser público, uma forma de governo, que não combina com o gozo das garantias dos Cidadãos, é o mesmo, que consignar para o homem robusto, o tratamento e abstinência de um enfermo, é pôr peias ao desenvolvimento instintivo dos progressos da humanidade.

As fórmulas republicanas não quadram com o Brasil, sendo tão nascente, e acanhada a ilustração do seu povo. Lógica estranha!! Se vós reconheceis a fraqueza da educação política, franqueai-lhe os meios mais prontos de melhorar sua miserável condição; se o Governo republicano é o suprassumo da organização mais apropriada para nivelar os Cidadãos, para derramar as luzes, e produzir emulação com a estima das capacidades em todo o gênero, por que não sancionais o Governo Republicano?

Sem dúvida, a generalidade dos Habitantes do Brasil, e principalmente os do centro, acha-se em um estado bem lamentável, de estupidez e ignorância; infelizmente até graves erros sempre se mantiveram sobre a natureza e os fins de uma República, julgando-a uns, como o Governo dos roubos, e dos crimes os mais atrozes, outros como símbolo da tempestade de todas as garantias. Porém, porventura não se acham semelhantes males tão minguados e minorados no espírito do Povo? A ilustração congênita com as normas e essência do Governo Representativo extinto, não abriu a porta à difusão geral destes conhecimentos ou cultura, que caracteriza o bom senso de um Cidadão, que forma o precioso catecismo das virtudes nacionais — E depois da maneira porque já as fórmulas Monárquicas, se acha, vão entre nós, tão moderadas e modificadas pelo elemento Democrático, supomos que a nossa Revolução foi um passo bem pouco agigantado da Política anteriormente abraçada; e desta maneira negar num caso por defeito da Educação popular, o que quase em paralelo se não punha o escrúpulo de conceder, é mais um rancor descoberto ao Governo das Liberdades públicas, do que uma educação, fundada em sólidos princípios.

O Brasil, tão débil em recursos para representar-se na categoria das nações, deve convergir gravemente para um foco comum de união.

E quando os nossos Governistas reconheciam a utilidade de um semelhante princípio, quando eles se destinavam a representar no Brasil o emblema de um círculo apertado em um centro comum, nesta mesma ocasião, foi que em 1834 com a proclamação das Reformas, afrouxaram grandemente os vínculos e cadeias, que deviam estreitar o Império, criando Assembleias Legislativas parciais, revestidas de uma quase onipotência em suas atribuições; foi que fracionaram as rendas públicas, distinguindo quais as da União, quais as das Províncias; e o que parece indicar a anomalia dos princípios de política, com semelhantes providências constituintes? Nós só o descobrimos, como uma necessidade de transigir com as ideias públicas [trecho mutilado] brilhante no meio das Nações do Mundo qual é a míngua da debilidade dos nossos recursos? O que poderia resultar da nossa separação? Nada absolutamente capaz de produzir consequência, que séria contemplação mereça. — Temer-se-á porventura uma invasão, uma conquista de Estrangeiros! Ah! É mister ignorar todos os princípios que animam a Europa moderna e o espírito do século dezenove em geral, para não observar, que semelhantes temores são de todo quiméricos, e destituídos de fundamento.

Finalmente a nossa Província furta-se à aplicação de um semelhante precedente; tendo-se em vistas estas Províncias nascentes, e miseráveis, de certo; que a falta de recursos serviria de algum obstáculo para uma separação, mas a Bahia pelo contrário, pode sem a menor dúvida manter-se sobranceira a qualquer gênero de necessidades.

Depois de tantos argumentos produzidos, pelos atletas do Constitucionalismo Monárquico, alegam demais os fatos da História contemporânea em apoio de todas as suas asserções. Qual a sorte, dizem eles, deste bando de repúblicas espanholas, depois da sua separação política de Metrópole? A de vítimas dilaceradas por todo o gênero de discórdias e dissensões políticas, a de ficarem condenadas a uma vida estacionária, senão decadente e regressiva. É pernicioso absurdo em política acarretar os abusos de fato para combater as descobertas de direito fundadas na exatidão a mais infalível, e isso por meio da inversão de todas as normas, que ele escrupulosamente recomenda. — Se nas Repúblicas Espanholas não medraram as instituições democráticas, devemos menos culpar à [ilegível] de duas das suas fórmulas, do que à [ilegível] ânsia delas [trecho mutilado] sem andar variando, como nós o temos feito; e qual o povo no mundo [EUA] capaz de apresentar um progresso tão espantoso em todo o gênero de melhoramentos. É mister convencer-nos, de que o brado de um Povo, que quer ser livre, é todo espontâneo, e inspirado pelas influências da Natureza, que ele corresponde fielmente aos esforços do indivíduo, que finalizando a época da adolescência, procura trajar as roupas de virilidade — O despotismo e a opressão sempre se amamentaram com o leite da ignorância dos povos — Um povo em estado de conhecer o apreço da sua liberdade, quando é judaicamente [sic] governado, deve sacudir de seus ombros o jugo insuportável no primeiro ensejo, que se lhe ofereça. A natureza lhe dirá continuadamente ao ouvido, que a escravidão social é contrária à dignidade de homem, que a morte é mil vezes preferível a uma existência, que estivesse marcada com o ferrete — do opróbrio, e da ignomínia.

As revoluções sempre foram obra dos Governantes, e não dos Governados, aqueles com a força de baionetas recusam a liberdade aos povos, quando estes querem exterminar a usurpação, que até então lhes fizeram dos seus sagrados direitos. Embalde procurais todos os meios de opor-vos à emancipação dos povos. A liberdade oprimida é como uma aurora majestosa, que obscurecida por um nevoeiro infectado, esconde os seus primeiros raios, mas que depois desfazendo os obstáculos, prossegue ostentando o fulgor da sua luz — Cependant, Liberté! cependant la banniere dechirée, mais avançant toujors, marche comme la nucé, qui porte le tonem, en luttant contre le vent.

Rio de Janeiro

O brigue de guerra inglês *Wizard*, trouxe-nos tristes notícias da Bahia. Na manhã do dia 7 do corrente, rebentou naquela cidade uma revolução há muito tempo fomentada por alguns desordeiros, e à testa da qual dizem que se acha um cirurgião, por nome Sabino. Levantaram-se primeiro uns quarenta soldados de artilharia, aos quais se uniram logo os municipais permanentes e alguma tropa de linha que havia na Bahia. Não houve oposição, nem efusão de sangue. O presidente Paraiso e o comandante das armas retiraram-se a bordo de uma embarcação de guerra: e os rebeldes proclamaram a república. Na ocasião da saída do *Wizard* (na tarde do dia 7), achavam-se eles reunidos no palácio do governo para nomearem um presidente; e consta que já havia entre eles grande divergência de opiniões.

O presidente, de combinação com algumas pessoas influentes, estava dando as providências a seu alcance para sufocar a rebelião. Cumpre notar que devem achar-se presentemente na Bahia quatro vasos de guerra brasileiros, entre eles a corveta *Sete de Abril*, e a charrua *Carioca* que conduzia uma grande porção de munições de guerra para o Pará, e a bordo da qual se achava também o novo presidente, o Sr. Barreto Pedroso. Consta-nos, além disto, que o governo vai mandar para a Bahia a fragata *Príncipe Imperial*. (Do *Jornal do Commercio*.)

NDBa, nº 105, 30/11/1837

2. As revoluções são necessárias?

Há para os povos duas situações extremas, que parecem igualmente deploráveis, uma, é a de um povo absolutamente estacionário; a outra é a de um povo continuadamente em Revolução. A imobilidade do primeiro, é de ordinário, um sintoma infalível, de que ele vive peado nas cadeias de despotismo e da superstição; os movimentos convulsivos do segundo indicam, se são repetidos, que nele reinam todas as desordens da anarquia. O primeiro, na frase de um Escritor, tem costumes fixos, e uma fisionomia, que lhe é própria; porém envolvem-se nos seus costumes muitos prejuízos funestos, acompanhados de vestígios grosseiros, e bizarros; o segundo não tem prejuízos; seus costumes e seu caráter, nada oferecem de sólido; um é cegamente arrastado pela rotina, o outro apenas cede ao movimento desregrado das paixões. Finalmente ambos são excessivamente miseráveis, e não sabemos qual o mais digno de piedade.

Ora, se estes dois extremos são uma fonte inesgotável de males, para todos os povos, que devem percorrer a carreira da prosperidade, e da civilização, qual o meio-termo em que se podem colocar, para com melhores auspícios desenvolver a atividade de seu espírito? Parece singular, quando há pouco se condenam as Revoluções, que nós apoiemos o parecer de um Escritor, que diz — Não há para os povos senão um meio de prevenir grandes revoluções, que é colocar-se em um Estado de Revolução permanente, e sabiamente regulada; não há para eles senão um estado de repouso verdadeiramente seguro, e feliz; e este é o, em que aparece uma grande, e útil atividade. — Estas proposições nos parecem as mais incontestáveis. Todos os entes, nascem com o desejo de ser feliz, e ao mesmo tempo, com todas as faculdades próprias para satisfazer este desejo, conservador da sua existência. Estas faculdades, em todos os animais diversos do homem, dirigidas por um instinto seguro, quase no momento em que eles recebem a vida, adquirem rapidamente toda a perfeição, de que são suscetíveis. No homem, pelo contrário, estas mesmas faculdades desenvolvem-se lentamente, e com trabalho, porém são suscetíveis de uma perfeição indefinida: e como novas necessidades sucedem continuadamente a novos gozos, o homem vem a ser constantemente solicitado, e assim conduzido pelo atrativo da felicidade, não cessa de aspirar à toda a perfeição, de que é capaz. O que exige uma tal variedade de necessidades? Há de necessariamente corresponder a continuadas mudanças nos gostos, nos costumes, nos conhecimentos; em suma, o homem por sua natureza é arrastado por eternas Revoluções. Quando os homens gozam de boas instituições sociais, das salutares direções de um bom Governo, as suas Revoluções se operam seguramente sem movimentos convulsivos, e a sabedoria dos Governantes, quando são retos e inteiros, dirige-se a fomentar lentamente estas Revoluções com mais fruto, e menos violência possível.

Desgraçadamente raras vezes tem sido esta a marcha dos Governos, e se aplicarmos tais doutrinas ao Brasil, não podemos deixar de concordar, que o nosso Governo, de longo tempo, tem desconhecido, e de má-fé, a natureza do homem, e o seu pobre destino. Se tivermos em vista as diferentes administrações, que até hoje se têm posto à testa dos negócios políticos, é forçoso concluir, que todos os seus passos se dirigiram sucessivamente a considerar os povos, como instrumentos entregues às suas mãos, a fim de aplicá-los a todos os objetos, que lhes indicassem suas paixões, ou seus caprichos.

Se esta circunstância é um fato irrefragável, está claro, que a nossa Revolução de 7 de Novembro próximo, foi uma reação do espírito do nosso povo, que sendo impedido em sua marcha natural, chegou a romper as barreiras elevadas pelo despotismo e a opressão. Depois de longos e reiterados sofrimentos, de que a Bahia até hoje tem sido vítima, a Revolução se foi preparando, e amadurecendo na opinião dos povos, e abateu finalmente o orgulho e a cobiça.

Desta maneira fica provado, por uma dedução infalível, que a nossa Revolução foi útil para o melhoramento da nossa vida política, foi necessária para realização do nosso destino progressivo: agora finalmente, por identidade de razões, devemos concluir também, que ela não pode retroceder, assim como não retrocede a marcha da Natureza.

NDBa, nº 108, 4/12/1837

3. A desmembração política da Bahia

Se há um fato na nossa História Política que mereça a mais séria contemplação pelas mudanças fundamentais, que tem de operar nos futuros destinos da Bahia, de certo será este próspero movimento, que realizando a indispensável desmembração da nossa Província tende a constituir a sua organização social no firme apoio das Instituições Republicanas.

A época gloriosa da Independência do Brasil, passo necessário da emancipação dos Povos, a expulsão de um Príncipe intruso, que deu lugar às salutares modificações, com que temperou a gravidade dos inconvenientes causados pela Monarquia, foram sem dúvida notabilidades importantes da nossa vida política, foram fases elementares do nosso desenvolvimento progressivo; mas tais vicissitudes, posto que pontos salientes da nossa História, contudo não tinham de ser tão férteis em ricos resultados como o Drama Político, que por influência da nossa Revolução de 7 de Novembro, devemos para o futuro representar; elas não poderiam produzir maiores efeitos, não deveriam merecer mais séria observação, do que a aparição de sucessos passageiros e transitórios. A nossa Revolução política não se dirige a realizar uma destas condições intermediárias, aliás indispensáveis da carreira da civilização, mas veio encetar a era brilhante, em que a Bahia, com a estabilidade das fórmulas Democráticas, vai oferecer à História do mundo quadros majestosos de rápidos melhoramentos, de espantosos progressos, de uma Sociedade feliz e bem organizada.

Certamente ou o povo da Bahia é emperrado a todos os desenvolvimentos de espírito humano, ou ele está fora da influência das leis, que regulam a marcha das Sociedades ou então deve medrar com a desmembração da nossa Província, pois que por meio da mais leve meditação, sobre a índole e caráter da nossa posição social, forçoso é concluir, que este recurso de que já agonizantes nos aproveitamos, foi realmente uma *medida salvadora*, só capaz de dissipar os males prestes a desabar em nossas cabeças, só capaz de sufocar esta força impetuosa, que nos arrastava aos ferros da escravidão.

A desmembração política da Bahia não foi um fato isolado, filho de uma insurreição caprichosa, ou produzido pela ignorância e imoralidade do nosso Povo, que sem se dedicar a um fim determinado, se dirigisse a submergir o seu país nos males da anarquia. Não foi o anúncio das desastrosas revoltas do Pará. Ela não foi igualmente uma causa determinante da nossa Revolução política, porque a Revolução não envolvia destacadamente a separação da Província. A nossa desmembração da Corte do Rio de Janeiro, o rompimento da Integridade do Brasil, foi um meio, foi um passo indispensável, sem o que nós não poderíamos realizar o pensamento de nossa insurreição. A Revolução de 7 de Novembro, como mais filosófica, como mais social, propôs-se a reconstruir o mecanismo na nossa organização política: se para obter este último resultado, promoveu-se a desligação da Província, foi pela mesma razão, porque se não pode erigir um novo edifício para substituir outro, sem que procedamos pela sua demolição até os alicerces. Como estabelecer a ordem democrática, por sua natureza independente, e soberana, sem desunir-nos do laço comum, da integridade; como sustentarmos a supremacia do poder atribuída, segundo a índole do Sistema antigo, à Corte do Rio de Janeiro, e ao mesmo tempo criarmos uma Administração toda revestida de faculdades, a fim de desenvolver uma atividade própria, sem influência de uma força estranha, de um poder superior? Seria tal contradição uma anomalia não conhecida em Política, um monstro incapaz de mais leve aparência de realidade.

Pois bem, se a desmembração política da Bahia, constitui a essência do nosso princípio Revolucionário, se ela era somente uma condição para levar-se aquele princípio a efeito, a sua utilidade vai justificar a necessidade da Revolução, a bondade dos meios, as vantagens daí resultantes, comprovarão igualmente a conveniência dos fins.

Ensaiemos uma série de argumentos, deduzidos de fatos conhecidos na história da política transata, para indiretamente mostrarmos as inúmeras vantagens, que têm de produzir entre nós as Instituições Republicanas.

O fato mais saliente, que nos atrai a atenção na contemplação do nosso antigo mecanismo político, são os inconvenientes, e fraqueza das medidas administrativas concentradas em uma das províncias, que deve representar o centro da União. Os graves danos, que parecem resultar de um semelhante sistema de administração, aparecem tão claros como uma consequência emanada das leis do mundo físico.

É incontestável, que o choque comunicado por um foco comum, a diversos pontos de uma circunferência será maior ou menor, segundo a grandeza dos seus raios, seguindo-se portanto, que a circunferência receberá uma diminuta influência das impressões despedidas do centro, desde que ela for assaz distante, ou os raios estenderem-se a mais longe. O sistema administrativo de um país qualquer, representa exatamente o emblema, que acabamos de figurar: a atividade da administração, por conseguinte, deve ser quase morta naqueles países, que constando de um território imenso, devem todavia atrair as suas diversas partes, para um centro longínquo, de onde recebem as mais importantes direções dos negócios públicos.

Esta, justamente é a posição do Brasil: todas as Províncias, a não ser a mesma, em que a Corte depositara uma sede, ressentem-se gravemente da fraqueza, tortuosidade, e insuficiência das medidas administrativas. Se os caracteres de uma administração salutar se firmam no conhecimento exato das necessidades do país, na aplicação dos meios mais apropriados para satisfazer estas exigências, como será possível contestar, que a administração central do Rio de Janeiro, era de sua natureza incompleta? (Limitando-nos tão somente à nossa Província) conheceu nunca tal administração as urgentes necessidades da Bahia, nunca sanou tantas calamidades públicas, que por longo tempo a atormentaram, nunca tratou do seu engrandecimento material, animou a agricultura, promoveu o seu comércio? Respondam os fatos, que a todos estão patentes.

Dir-se-á, que a sabedoria, com que a nossa Constituição foi feita, a judiciosa admissão das reformas a ela adicionais, equilibraram muito bem esta desigualdade, que dava ao centro comum um pendor tão poderoso, criando nas Províncias diversos ramos de administração secundária, frações do corpo legislativo, com que teve em vista a satisfação das necessidades Provinciais, outrora pelos conselhos de Província, e hoje pelas Assembleias.

Nós apelamos ainda para os fatos, invocando nesta parte o testemunho geral da totalidade dos Cidadãos, que sem dúvida pelos clamores, que sempre fizeram soar, bem indicavam não estarem de todo sanadas as necessidades, que se queriam remediar. Depois disto a organização de tais corpos deliberantes, era de princípio viciosa em sua essência, porque uns tinham tão pouca força nos seus atos legislativos, que dependentes de uma aprovação ulterior do centro, apenas se poderiam considerar como projetos de Lei: os outros, não obstante uma esfera mais larga, que se lhes concedeu para a validade de seus atos, apresentavam uma estreiteza tal nas suas atribuições, distinções tão perniciosas, que contra a expectativa, ocasionaram males os mais terríveis. Portanto, é mister confessar que o Império tal qual se achava constituído com todas as instituições, que tendiam a arrefecer a força do elemento Monárquico, não podia jamais produzir a prosperidade das Províncias, desde que o Governo (compreendendo nesta palavra a reunião de todos os poderes políticos e administrativos) se achasse estabelecido sobre bases tão mancas. Desta maneira, se a nossa Província compunha a integridade do Império, incontestavelmente deveria partilhar de todos os danos provenientes da insuficiência da administração, da falta ou incongruência das medidas Legislativas, sendo por consequência, a sua desmembração política, o único corretivo para sanar efeitos tão importantes. (Continuar-se-á.)

NDBa, nº 110, 6/12/1837

4. [*Os zangões da sociedade*]

Nada existe mais singular, e ao mesmo tempo mais lamentável, do que aparecer na maior parte das sociedades uma quantidade de indivíduos, que despidos de todos os sentimentos de honradez e virtude, tendo o coração recheado dos vícios mais imundos, arrogam a si certa superioridade imaginária sobre os outros homens, julgando-se, por isso, autorizados para calcar aos pés os mais sagrados deveres, ridicularizar as garantias do Cidadão, e violar todos os ditames de Razão e Justiça, em desprezo somente do resto de seus semelhantes. O caráter mais notável destes *zangões da sociedade*, consiste em manter um exterior brilhante, em rodear-se de uma magnificência aparatosa, a qual infelizmente atrai um certo respeito e timidez, que ordinariamente as riquezas inspiram em todos aqueles, que não compreendem a sua dignidade pessoal. A faculdade, que esta classe opulenta tem de dispor de todos os meios, a miséria, em que vegeta o resto da população, vão paulatinamente operando tal distinção de indivíduos, que uns constituem a classe dos opressores quando os outros formam a classe dos oprimidos.

A consequência mais natural desta subversão, que aniquila pelos seus fundamentos, a igualdade, com que a natureza nivelou todos os homens, vem a ser a elevação de uns ao gozo de todos os benefícios sociais, a livre disposição de todos os cargos e empregos públicos, a aptidão em suma para partilhar os mais deliciosos cômodos da vida. Quais os abusos congênitos com uma semelhante organização das coisas, com uma violação tão manifesta e irritante das prerrogativas da humanidade? Resultam necessariamente, como já ponderamos, o gravíssimo inconveniente de existir na sociedade uma maior porção de indivíduos, sem a menor ingerência nos negócios políticos, ficando a outra parte condenada a esgotar tão injustamente os seus suores, a fim de alimentar a gala da nobreza, quando esta poderosa, cheia de prestígios, diretora da administração pública, tendo em vistas tão somente os seus interesses particulares, retarda todos os progressos da sociedade.

Se em todos os lugares uma semelhante desigualdade de condições, originada e perpetuada sem o menor fundamento, do que a infração da justa dignidade, e ordem legítima, em que a natureza parece ter colocado o gênero humano, chegou a ocasionar repetidas queixas de todos os amigos da humanidade; se em diversas ocasiões ela tem produzido sublevações da classe oprimida, instigada já pelo apuro do desespero; mais que em nenhuma parte, mais que em algum tempo um mal de tal natureza deveria ser invadido na nossa Província, e deveria ser arrancado pela raiz, e provocar os mais ardentes clamores de todos os Cidadãos, e de todos os eixos do Jornalismo independente.

A Bahia, e sem dúvida o Brasil inteiro, ressentia-se tão gravemente desta perniciosa calamidade, que, sem o temor de errar, podemos dizer, que desde a época da independência, unicamente a gente de certa classe, a maior parte dela sem critério, sem luzes, sem inteireza, tem sido encartada em todos os ramos da pública administração, tem somente gozado das considerações e regalias sociais, tem finalmente menoscabado por atrocíssimas injustiças o resto do nosso povo.

Posto, que a nossa patriótica Revolução tivesse tido por fim aniquilar um cancro tão danoso, como de certo aniquilou, abatendo a superioridade, que os nossos fidalgos se lisonjeavam de exercer; contudo o povo desta Capital, para conhecer os grandes inconvenientes, que resultavam da manutenção dos *fidalgos aristocratas*, basta ver, que sendo a todas as luzes reclamado urgentemente o bom êxito da nossa revolução, pelo contrário essa turba de homens viciosos, caprichosos contra tudo, o que se dirige a generalizar o bem comum, tem retardado com todas as forças o triunfo da nossa santa causa, ameaçando a vida, tranquilidade, e dignidade de todos os Cidadãos. Quem há, que possa desmentir, que, se a nossa Revolução não se tem finalizado, que, se as instituições Liberais não foram abraçadas por todas as Vilas do Recôncavo, isso partiu somente da cooperação dos empregados públicos, e mais *aristocratas restauradores*, emigrados da Cidade, e que unidos a outros *fidalgos*, que por lá existem, têm ateado o fogo da guerra civil, alimentado atrozes intrigas, têm finalmente, por meio de sugestões enganadoras, arrancado do grêmio de suas famílias imensidade de pessoas, que lhes devem servir de degraus, a fim de reviver a opressão, renovar a degradação de seus semelhantes, e eternizar o servilismo? Como é, que se sacrificam sem fruto tantas vítimas, que fazendo a guerra a seus irmãos da Capital, não podem certamente nutrir o menor vislumbre de esperanças, para o melhoramento da posição miserável, em que se acham colocados? Tão forte é o poder das ilusões! Tão feroz é o ânimo dos malvados, que as alimentam!

Qual a confiança, que se deve atribuir a estes *aristocratas sedutores*, a um *Argolo*, por exemplo, este monstro infernal, que há pouco tempo conjurou a todos os briosos e valentes soldados desta Capital, para os martirizar com açoites, batê-los com correias de couro, constando-lhe, que os Cidadãos, se ofereciam voluntariamente para defender a Causa da Independência, que proclamamos? Um tigre, que injuriando por tal sorte a homens, que não eram seus escravos, chegou a pôr em prática semelhante conjuração? Em todos os Países, à exceção dos povos bárbaros, ainda se não apresentou um exemplo tão espantoso de tirania, como o último, a que deu lugar o ataque de 30 de novembro próximo: nas guerras mais sanguinosas, entre povos os mais encarniçados, não se aponta o exemplo medonho de se ter açoitado e chibateado prisioneiros de guerra, ainda saciando-se a sede mais ardente de vingança. Quem há, mais indiferente aos males de outrem, menos influído com os direitos da humanidade, com a prosperidade do nosso país, que possa ouvir a sangue-frio; e sem tremer de cólera, que esse *Argolo*, monstro sanguinário, espancasse à força de pranchadas sete prisioneiros nossos, que perdidos pelos campos de Pirajá, chegaram a ser surpreendidos pela tropa, que nos faz a guerra? A vida de um malvado, que chegou a pôr em execução um ato tão aviltante, que à face dos Céus e da Terra, não se peja de entrar em extremos tais, de crueldade e vingança, não é já bastante para expiar tamanhos delitos! Como os Cidadãos desta Capital, possuídos do justo ressentimento, que os deve acompanhar, em troca de uma ação tão ofensiva à sua dignidade poderão suportar a presença de um malvado, que de longo tempo experimentado pelas suas atrocidades, que sem respeitar os objetos mais sagrados da existência, acaba por apresentar o espetáculo estrondoso de tudo, quanto se pode imaginar de mais insultante à dignidade pessoal! de mais ofensivo à honra e brio Nacional? Não mais, Baianos! O triunfo da nossa causa pende quase de um momento, o sistema Liberal, que nesta Cidade defendemos com todas as forças, há de ser definitivamente reconhecido e abraçado, por todos os ângulos do nosso Estado Independente: este triunfo, que nos espera, que nos vai cobrir de glória, é mesmo promovido com mais celeridade pelos malvados, que procuram restabelecer a opressão da nossa Província, e extinção de todas as liberdades públicas. Como nestes *fidalgos*, que farfantemente arrotam grandezas, que contam com a vitória dos rebeldes (quais os rebeldes?) domina tão somente o interesse, como o egoísmo é a mola cardeal das suas ações, eles, vítimas de seus imundos sentimentos, cavarão reciprocamente a sua ruína: o egoísmo já começa a desuni-los, e logo que secarem as fontes do egoísmo, nós os veremos restituídos, finalmente, ao estado de nulidade, de que tais *parasitas políticos*, se tornam merecedores.

NDBa, nº 111, 7/12/1837

5. [*Sobre a legitimidade da revolução*]

A um homem conhecedor imparcial dos direitos da humanidade, não é objeto de consulta, se porventura esta Capital, no dia 7 de Novembro, proclamando a separação da Província, durante a menoridade do Sr. D. Pedro II, teve fundamento em direito para assim o fazer, e se também o teve de fato. A questão é bem séria, e devia bem merecer a atenção daqueles, que a uma tal revolução anuíram, talvez, desde logo por contemporização, ou por hipocrisia. Os Escritores do Direito das Gentes, são conformes em que a soberania reside originariamente no povo, e em cada particular pela relação a si mesmo, e que o transporte, e a reunião de todos os particulares na pessoa do soberano, é que o constituem tal, e que produzem verdadeiramente a soberania. Mas será um erro, ou crime em política, e Direito das Gentes, que depois deste transporte, o povo não perde para sempre o poder originário de constituir soberania? Não o é certamente. E se o é, não há Nação alguma, nem tem havido no mundo, que não esteja incursa em crime de tal classe. É criminosa a Bahia, quando proclamou a Constituição de Portugal, é criminosa a Bahia, quando proclamou a Independência do Brasil: são criminosos a Bahia, e o Rio de Janeiro, quando deram lugar ao 7 e 4 de Abril; além de outros atos entre nós acontecidos: consequentemente desde 17 anos, estavam todos rebeldes, revolucionários, ilegitimamente constituídos, e feitos uns coatores de legítimas, e soberanas vontades. Portanto, se um criminoso não tem direito a julgar a outro criminoso, e menos a querer puni-lo, não vemos com que direito pretendem muitos senhores, hoje estabelecidos pelo Recôncavo, fazer-nos crua [...] verdade política. O Presidente da Província, até então inepto para administrá-la, foge voluntariamente para o mar, abandonando sua autoridade na Capital, para sustentá-la no mar, e depois no Recôncavo. E como a Capital pode reconhecer mais por legal a esse Presidente, que tanto pela humanidade dela, como por sua voluntária fuga, fica demitido de tal autoridade? Em imperfeita paridade dever--se-ia ainda hoje considerar o Sr. Conselheiro Luiz Paulo de Araujo Bastos, como legítimo Presidente da Província da Bahia; então deveria o Sr. Barreto Pedroso, entregar-lhe lá no Recôncavo a Presidência. Ah! São os fatos na Bahia, o que constitui legitimidade! Já entendemos. Aquele Conselheiro, como não empregou fatos de oposição, ficou ilegítimo; o Sr. Paraizo, como os empregou, ficou legítimo no Recôncavo, e lá mesmo transportou sua legitimidade para o Sr. Barreto Pedroso, que teve o pouco senso, ou a bem notável ambição de ser Presidente do Recôncavo da Bahia!! ou também isto de revolução na Bahia vai autorizado por um direito das gentes *ad libitum*; e não pelo verdadeiro Direito das Gentes. É improvável, que todos os membros da magistratura, repartições civis, nobreza constitucional, e clero, os quais voluntariamente se evadiram para fora da Capital, recearam não entrar no Ministério, na Assembleia Constituinte, nas Secretarias, e em outras corporações do novo Estado temporário. Eles porém estavam muito satisfeitos com a antiga ordem de coisas, e até com o Presidente Paraizo. Emigraram pois, não só porque presumiram, que nova gente os substituiria, como porque nunca tinham anuído nem expressa, nem tacitamente a revolução alguma feita no Brasil; nunca tinham perjurado a despeito de algum monarca, nem intervindo cavilosamente nos interregnos, que temos tido. Virtuosos, e legítimos cidadãos! Tudo deve ser satisfeito a prol da legalidade, como o 7, e o 4 de Abril, o 10 de Fevereiro, etc. O 7 de Novembro, é só o dia ilegítimo nos anais do Brasil; e tanto mais ilegítimo, porque toda a nobreza da Bahia, tomando novo acordo depois, emigrou da Capital, dizendo talvez agora, como Pompeo em outro tempo. Non est impa rietibus Respublicae. Verdadeiramente porém enganam-se os estacionários maliciosos; pois que, com a sua emigração, a Cidade nada tem sentido, nem na magistratura, nem na direção das Estações Públicas, nem na tranquilidade, e ordem social, nem na administração Presidencial, nem no culto da Religião, finalmente em coisa nenhuma. Não se veem desordens, nem roubos, nem injustiças, nem demandas, nem conflitos de jurisdições, e de classes, nem dependência de cortes, nem violações de direitos individuais, etc., etc., reina a maior *harmonia* e *satisfação* possível, do que se pode consienciosamente inferir que tudo, que de má gente havia em todas as espécies de vícios, de erros deliberados, e de malvadezas, se acha fora desta Capital, deixando-nos desfrutar a idade do ouro, pela qual nunca a Cidade de São Salvador, tinha decorrido. Até (parece sinal da Bênção de Altíssimo, sobre nós) várias epidemias, que antes de 7 de Novembro grassavam entre nós, com mortífero dano, cessaram de nos oprimir. Deus protege nossa causa:

é quanto basta para nosso triunfo. (Continuar-se-á.) O Philopatro. (Do *Sete de Novembro.*)

NDBa, nº 122, 20/12/1837

6. [*"Sejamos escravos das Leis"*]

Conhecidas as favoráveis disposições, que predominam em todos os Baianos, para o estabelecimento das Instituições Liberais, podemos ter uma ideia exata da violência, que se faz a todos os Cidadãos do Recôncavo, forçando-os a colocar-se em uma posição hostil, e armando os seus braços para derramar o sangue de seus Irmãos. Por alguns documentos transcritos em nossos números antecedentes, nos convencemos do terrível estado de todos os indivíduos em Pirajá, e sendo na realidade certo, que a tropa ali existente padece os mais aflitivos tormentos, filhos das cruéis necessidades, que experimentam; podemos por momentos persuadir-nos, que a mais leve adesão se tenha apoderado dos espíritos a favor do tirano e envelhecido Governo absoluto? Que esta fosse capaz de empenhar as forças dos Cidadãos, inspirar o entusiasmo, e animar os brios, que se não podem despertar senão pelo amor da Pátria?

São com efeito estes dois incidentes, os poderosíssimos motivos, que destroem quaisquer esperanças, que os Restauradores pudessem nutrir sobre o feliz sucesso da sua marcha retrógrada. Ser insensível às opiniões políticas geralmente adotadas, e conhecidas como as regeneradoras do país, empunhar as armas para atacar forçosamente uma Causa pública, que se ama de coração, comprometer além de tão graves danos a vida, o bem-estar individual, aventurar com o risco da existência perigos inúteis, isso não pode aparecer por influxo de um poder absoluto, de uma coação de vontades, repugna a nossa própria natureza; e com tão débeis fundamentos infalivelmente esse poder deverá decair, não poderá ser duradouro.

O que pode na verdade fazer um partido escravizador, contra quem se acha conspirada uma Província inteira, quando tem de combater já com o interesse público, já com o interesse de cômodos pessoais dos Cidadãos? Os infames Restauradores do Recôncavo estão constituídos na situação a mais precária, e repudiados de todos os lados devem contar os momentos da sua duração, e da oposição, que empregam contra os Baianos Liberais. A tropa, que (a laço) conseguiram formalizar para atacar ou fazer frente à Capital, todos os dias vai-se sensivelmente desfalcando, procura todas as evasivas para desertar, e para bandear-se para o nosso partido, ansiosos por acolher-se sob a benéfica proteção de um Governo Livre. Se até hoje não contamos já em nossos Batalhões inumerável quantidade de gente do Recôncavo, é porque os tiranos caudilhos do absolutismo, os algozes da humanidade, se previnem com as mais vigilantes providências, para impedir a deserção, empregam as maiores precauções para que não lhes fuja um soldado. Quando não são infrutíferos semelhantes esforços, eles indicam os paroxismos de um poder enfermo, bastardo para o povo, que trêmulo procura evitar os meios da sua próxima queda.

Porém, como semelhantes medidas vexatórias e opressivas nos explicam bem a pertinácia e obstinação dos infames aristocratas para dominar a Bahia, para calcar aos pés todas as Leis, para retardar-lhe todos os progressos, para em suma arrastá-la ao precipício. A Providência bem penetra na santidade da nossa Causa, compreende fielmente a extrema colisão a que nos conduzimos pelo amor da Liberdade, e por isso, frustrando as tentativas dos Restauradores, a fim de plantarem entre nós o Despotismo, guarda-nos o mais brilhante triunfo, a vitória mais memorável e gloriosa.

A força dos tiranos aristocratas se irá desfazendo e demolindo vagarosamente: derrotados e afugentados do acampamento de Pirajá pela nossa briosa tropa, repelidos pelo centro pelos fiéis amigos da Liberdade, pelos súcios leais dos nossos destinos, atenuados irão pouco a pouco limitando as raias do seu domínio, e quanto totalmente forem rejeitados por todos os Baianos, se despersuadirão e se desenganarão, deixando-nos fruir em descanso os inauferíveis direitos que nos queriam usurpar e roubar. Também não se persuadam tais miseráveis aristocratas, que seremos como eles egoístas e ambiciosos. Com a nossa Revolução Política, com a Independência da Bahia, com a nova organização social, não tivemos em intuito beneficiar diretamente nossos interesses e cômodos particulares; nosso desígnio, nossos votos se dirigem a plantar um sistema baseado na mais restrita igualdade de garantias e direitos. Todos são Cidadãos, e esquecidas as mágoas antigas, cicatrizadas as ofensas passadas, gozarão os benefícios que a Liberdade outorga. O Céu realize as nossas predições e acelerando o complemento da nossa gloriosa Revolução de 7 de Novembro, nos permita levantar o majestoso edifício das Instituições Republicanas. Ou os Baianos estão prostituídos, ou infalivelmente devem prosperar com um Governo tão protetor. Sirvam-nos de norma e protótipo os saudáveis exemplos dos Estados Norte-Americanos.

União, moderação, obediência às Leis, devem ser as nossas divindades invioláveis. A justa Liberdade, esta que produz a felicidade dos povos não existe sem estes requisitos, e se o Patriotismo sustenta-se com o amor da Liberdade, forçoso é, que se sujeite às suas inseparáveis condições. Oh! eterna lição de Política, vós não deveis esquecer no espírito dos Baianos. — Legum denique servi sumus, ut libere esse possimus. — Sejamos escravos das Leis, para que possamos ser livres.

NDBa, nº 124, 22/12/1837

7. [*A necessidade econômica da separação*]

Depois de desenvolvermos em dois dos números antecedentes os fundamentos razoáveis, em que se baseava a nossa Independência política, vamos encará-la debaixo de um aspecto econômico, e demonstrar, que pelo lado dos nossos interesses materiais a desmembração da Bahia tomava-se uma urgente medida de necessidade; e sendo reconhecidas pelos povos tantas apreciáveis vantagens, que deviam resultar da sua emancipação, pode-se por um momento contestar o natural direito de promovê-la, proclamá-la e sustentá-la? Tão estulto absurdo mereceria o título de *ateísmo político*!

O bem ser individual nos toca tão de perto, que por um instinto da nossa organização, nos dirigimos a procurar o gozo dos objetos, que provocam a nossa sensibilidade por impressões agradáveis; assim como empregamos todos os meios para apartar de nós tudo quanto nos causa males, ou repugna as nossas conveniências. Esta lei imperiosa da natureza humana, não é menos infalível para os Estados, que para os indivíduos e consequentemente ser impassível aos seus ditames, é violar um dos mais sagrados deveres, é conspirar-se contra a própria conservação, é precipitar-se em uma mina, que se podia evitar: o desprezo de normas tão vitais para a prosperidade das Nações, importaria em um verdadeiro suicídio social.

O Estado da Bahia relativamente à sua prosperidade material, seria o mais lastimoso, se com a sua separação da ambiciosa corte do Rio de Janeiro, não cortássemos pela raiz tantos abusos que infalivelmente tinham de acarretar a nossa ruína; e deveriam os Baianos ser tão insensíveis aos males, que pesavam sobre a sua Pátria, deveriam sofrer por mais tempo estando ela acabrunhada de tão gravosas calamidades? Não estava em suas mãos o impedir a gangrena, que ia corroendo e consumindo o nosso Corpo Social?

Se poderia dizer neste caso, que muitas medidas de prudência seriam capazes de estorvar e acabar com todos os terríveis inconvenientes; que as fórmulas Constitucionais que nos regem, facultavam os necessários meios para sanar-se de pronto todas as calamidades públicas. — E poderá por acaso o povo Baiano incorrer em tão injusta recriminação? Foram por acaso desprezados quantos meios se nos ofereciam, para insensivelmente operarmos em a nossa ordem política a reforma de abusos tão irritantes, de males tão diretos? Não era possível sofrer mais! Nenhum povo do mundo poderia conter-se tanto tempo nos limites da paciência e moderação, quanto o povo da Bahia; fazendo sempre renascer nossas esperanças pela salvação da Pátria, nós as víamos em breve tempo desfazerem-se como um sonho; fomos por certo até a nossa Revolução o ludíbrio e escárnio de um poder arbitrário, que surdo aos nossos clamores, indiferente para com as nossas desgraças, contemplava-nos sem dó a despenharmo-nos no precipício dos mais acerbos males.

Sejamos mais positivos, e ensaiemos uma breve narração de todos os inconvenientes, que congênitos com a Integridade do Império, por uma necessidade absoluta, pela força dos mais vitais interesses materiais, exigiam a desmembração da nossa Província.

Estamos certos, que todas as Revoluções violentas, motivadas pela Independência política dos povos realizam-se pelo concurso de variadas circunstâncias, que esclarecem um país oprimido, e o excitam por uma convicção forçada para se desligar das cadeias, que o prendem na escravidão colonial; porém ao mesmo tempo é inegável, que nada mais ocasiona e acelera estas Revoluções tão gloriosas, que a usurpação das riquezas, a espoliação das propriedades exercidas pela tirania dos impostos, vexame das continuadas contribuições. — O interesse individual não obstante a renúncia tacitamente encerrada no pacto social, predomina poderosamente em todos os homens; a felicidade nacional consiste na sua feliz combinação com o interesse público, de maneira, que quando se o viola além de um certo limite, infalivelmente o povo se revolta contra um poder, que ultrapassa os direitos que pode ter sobre os Cidadãos.

Nem uma calamidade mais danosa nos conduziu tanto ao apuro da desesperação, do que contemplar em nosso estado político, o de uma miserável Colônia, que não trabalha para si, que esgota os seus suores, que produz suas riquezas para entregá-las depois a uma Metrópole ambiciosa, que alimentada por um luxo estrondoso, ciosa do engrandecimento de que lhe pode ser rival, nunca se farta com os mais abundantes recursos, consumindo-os sem fruto em um esplendor inútil, e na manutenção dos mais criminosos vícios.

Gravada a nossa Província com o peso de enormíssimos impostos; via a cada passo aumentarem-se as necessidades públicas, e por uma consequência imediata agravarem-se sucessivamente os seus males com todos os terríveis resultados, de que são origem muitas e variadas contribuições. Seria desnecessário, que agora demonstrássemos os inconvenientes das contribuições, descrevendo os maus efeitos econômicos, que produzem; porque, bem que não por uma convicção nacional todos estejam persuadidos do grave dano resultante dos impostos, pelo menos por uma prevenção bem fundada, nascida da simples lesão da propriedade particular, se consagra comumente um horror inconciliável contra o que se exige do povo com o título de fintar.

Até o ano de 1834 os males resultantes da opressão dos impostos já se tinham elevado a um apuro insuportável; a Bahia não era insensível a tamanhas calamidades, porém a glória anterior de ter abatido o trono de Pedro I, o desejo de reformas na nossa vida social, a esperança de futuros melhoramentos, minorava as nossas mágoas, e calava o clamor do povo, imbuído em doces ilusões da salvação da Pátria. As reformas do Pacto fundamental foram os efeitos do espírito das inovações, elas satisfizeram todos os Patriotas, que presumiam ver o termo de seus males nesta tal ou qual entidade, que se dava às Províncias. Quão rápidos foram os momentos de júbilo? As lisonjeiras esperanças dos Baianos trocaram-se em novos e mais aflitivos males, vimo-nos perfeitamente entre Cila e Caribdes. Até então éramos espoliados somente pela tirania da Assembleia Geral, que iludia tão cruelmente a boa-fé de seus mandatários, e alimentava entre nós males intermináveis, quando a criação de Assembleias Provinciais duplicou os males existentes, porquanto, além de todas as contribuições anteriores, que em nada se minguaram, legislaram outras novas, complicaram alguma regularidade, que presidia às imposições, acumulando-as sobre a mesma matéria tribunável. Que tirania! Estávamos cercados por dois famintos, que procuravam extorquir as últimas migalhas da nossa fortuna.

Se por um lado é incontestável a posição lastimosa da nossa Província, se ela pelas exações, que sofria em suas propriedades, magoava os corações de todos os Baianos; pelo outro a nossa sorte se tornava tanto mais terrível, quando depois de se nos despojar por uma usurpação legal de consideráveis quantias, víamos que as nossas rendas públicas eram escandalosamente dilapidadas, quando não empregadas ociosamente, e em dano da Nação.

Como não provocaria a nossa cólera a remessa de tantos dinheiros, que se apuravam à força de continuadas contribuições, vendo que a nossa Província cercada de diversas necessidades, solicitando tão essenciais melhoramentos podia empregar em usos vantajosos as enormíssimas quantias, que desperdiçadas em o Rio de Janeiro, como se serviam para acarretar maiores males sobre o Brasil? Pelas diabólicas distinções de rendas provinciais e gerais, tivemos o pesar de ver em o ano passado, que as necessidades as mais correntes da Província, e que até 1834 nunca tinham deixado de ser supridas, não se poderão satisfazer, quando aliás tínhamos à nossa disposição os Cofres gerais, que regurgitavam com grandes somas; e entretanto tínhamos de contemplar mudamente todos os nossos recursos, devíamos julgá-los invioláveis, urgindo as nossas precisões poderosamente uma pequena parte delas: deveríamos padecer uma sorte igual a de Tântalo.

Podíamos sofrer maiores calamidades, poderia ser mais opressiva a nossa condição política? Devíamos consentir por mais tempo, que se esgotassem de nosso seio tantos rendimentos, em utilidade somente de uma ostentadora Corte, de um enxame de funcionários públicos, que em recompensa dos nossos sacrifícios, criavam sucessivamente novos impostos, deixavam as nossas necessidades sem remédio, viam-nos gemer, por longo tempo com o contágio do mais pernicioso sistema monetário?

Ainda mais depois de tão opressivas tiranias, que se exerciam sobre o povo da Bahia, usurpando e dissipando as suas riquezas; acrescia o horribilíssimo tormento da grande dívida pública, esse cancro roedor, que se aumentando de dia em dia, perpetuando-se entre nós sob o manto das necessidades públicas, assombrava-nos com o mais negro futuro, e nos induzia a constituir-nos na cruel dependência, para não dizer escravidão de um devedor inexorável. Ora, um povo, que se vê ameaçado de tão medonhos perigos, que já oprimido com a dívida de espantosas somas, tinha tocado ao maior auge de deseperação, como poderia aquiescer manter-se submisso e quieto, quando ainda se o procurava gravar com o enormíssimo empréstimo de 4500 contos? E para que fim se solicitavam tantos dinheiros? Para despesas infrutíferas e injustas, para reconquistar a Província do Rio Grande do Sul, que conhecendo os seus direitos, não querendo continuar por mais tempo na escravidão, usando de uma prerrogativa, que a natureza outorgou ao gênero humano, proclamou a sua

Independência política, plantou as Instituições Republicanas, e de tal modo, que o Governo Imperial não a pode mais recuperar.

Eis aqui uma inapreciável vantagem, que compramos com a separação da nossa província, eis aqui o grande benefício, que colhemos, impedindo o enraizamento de um cancro, que ia a devorar todas as fontes de riqueza pública, e reduzir-nos a penúria e condição miserável de um povo, que sobrecarregado com um débito oneroso, vinha a não possuir coisa alguma, que pudesse chamar verdadeiramente sua. Forçoso é confessar, que não nos libertamos no todo de um inconveniente tão gravoso, que consumia os nossos recursos, porquanto a nossa organização política não deve autorizar-nos a eludir obrigações, a que estávamos religiosamente sujeitos como membros da comunhão Imperial; provavelmente firmada a nossa Independência, e organizada a nossa nova Constituição política, teremos de estabelecer as convenientes medidas de solvermos aquilo, que devermos, depois de se fixar por meio das mais favoráveis entabulações a quota parcial, por que somos responsáveis. Entretanto ainda que tenhamos de pagar tão caro os ônus de uma Integridade, que tantos prejuízos nos têm acarretado, não foi na realidade uma grande vantagem, o estacarmos a continuação do mal, que nos ia consumindo, e infalivelmente teria ocasionado a desgraça e miséria da nossa Província?

Certamente um acidente político, que vinha aliviar-nos do gravíssimo detrimento de inumeráveis impostos, que vinha aniquilar uma terrível Legislação, que nos tornou vítimas de dois usurpadores, que devia fazer com que as riquezas públicas redundassem em nosso proveito, e que se dirigia finalmente a libertar-nos dos assustadores resultados, que se ligavam com a existência de uma dívida onerosa, que sempre reproduzindo-se ia a perpetuar-se no Coração do Estado; este acidente político, dizemos nós, deveria ser o mais próspero anúncio da nossa felicidade, assinala entre nós uma época memorável, em que reconhecendo os inalienáveis direitos de Liberdade e Independência, quebrantamos o jugo opressor de uma Metrópole, que sempre surda aos nossos clamores, pelas vias tortuosas do Sistema Colonial tendia a arvorar entre nós o estandarte do absolutismo.

Com vantagens tão manifestas, com benefícios tão terminantes, que a nossa Independência política (abstraindo de outras razões de utilidade) deve produzir entre nós pelo lado Econômico; como por um momento será possível sustentar, que a Integridade nos convinha, que a união das Províncias era a medida capaz de salvar o Brasil da voragem, que o ameaçava? A Integridade Imperial por nenhum modo podia convir-nos, ela era tão contrária aos nossos progressos materiais, que com o volver de alguns anos necessariamente nos conduziria à inexistência mais deplorável.

Se por uma consequência inevitável da comunhão social, em que vivíamos, deveríamos perder quase todas as nossas rendas públicas, em benefício somente de uma Corte escravizadora; estávamos por outro lado sujeitos a suportar todos os múnus filhos da fraternidade, comuns interesses, e reciprocidade de socorros a que as Províncias estavam obrigadas. Entretanto um semelhante sistema político, oferecendo-nos em teoria o mais lisonjeiro espetáculo, encerrando em si elementos tão saudáveis, e que nos deviam oferecer os virtuosos exemplos dos mútuos serviços de dezoito Províncias, ligadas por apertados vínculos de uma estreita união, necessariamente desmentiria na prática todas as suas utilidades, desde que a aliança das Províncias fosse desigual, desde que umas carregassem com todas as despesas, quando outras não concorressem com um real para a satisfação das necessidades públicas, e pelo contrário agravassem os nossos males, exigindo somas para preencher a sua receita, logo que ela [fosse] deduzida tão somente das rendas Provinciais, não bastavam para as exigências peculiares.

Que temíveis resultados originados da Integridade! Quantos danos de uma comunhão nominal de Províncias, que bem se pode chamar uma Sociedade leonina! Como se iludem todas as bases de um sistema político, de uma Constituição um pouco liberal, com violações tão palmares de todos os deveres, que os nossos governantes, os nossos representantes deveriam guardar religiosamente? O que resta de uma Constituição violada? Destrói-se a segurança e confiança popular: os governantes mantêm-se com a usurpação, quando os governados têm a convicção de que são dirigidos à mercê de um poder, que tem ultrapassado todas as Leis. Em vão os tiranos que concorreram para os desordenados movimentos de um povo oprimido, procuram atalhar suas deploráveis consequências! Eles não encontrarão apoio; o remédio não está mais em mãos dos homens; rompeu-se o dique, desencadeou-se o arbitrário, todos os esforços serão baldados para refrear um povo, que não quer ser mais escravo! Convençam-se os tiranos, que preparam para si uma espada terrível, que só espera por um braço que a empunhe... Este ora não tarda em aparecer e derrubá-los. É uma Revolução, que levanta os povos do caos da tirania, que regenera a sua Liberdade!

NDBa, nº 127, 25/12/1837

8. [*"Eles nos fazem a guerra porque são brancos"*]

A Corte escravizadora do Rio de Janeiro, que tem assentado em seus imutáveis destinos, ter debaixo de vergonhosa, e degradante escravidão, as Províncias deste vasto, porém pobre, e infeliz Império, acaba de apresentar o argumento mais terminante da força enorme, de que pode dispor, contra os seus colonos das mesmas Províncias. Uma Fragata (há pouco servindo de registro da Alfândega do Rio, defronte de Santa Cruz) entrou pela nossa Bahia no dia 24, às seis horas da tarde!!!... Está perdido o Dia 7 de Novembro! Uma fragata!!! Adeus Capital da Bahia!! Adeus Cidade de São Salvador!!... E é assim que uma Corte miserável, só rica em vícios, e abundante de crimes ousa calcar a cerviz de povos livres, com o aparato de uma fragata, sabe Deus em que estado!!

Que ideia miserável não fazem os mandões do Rio de Janeiro do ânimo, da coragem, da resolução do povo Baiano!! Eles bem sabem, esses injustos monopolistas das riquezas, e recursos das Províncias; eles bem sabem, que um povo quando quer ser livre, nenhum obstáculo encontra; nada lhe põe barreira aos esforços para obter essa liberdade. A Bahia tem gemido submissa a quantos enganos, a quantas ilusões, a quantas extorsões lhe têm querido fazer os sucessivos governos da *Mãe Pátria*, o Rio de

Janeiro. Os males dessa a mais importante, e valiosa das Províncias do Brasil chegaram a ponto de exasperar seus habitantes: a pobreza, a miséria, a fome, e alfim a desesperação excitaram os ânimos dos que eram acabrunhados de tributos, e alcavalas, umas sobre outras, para manterem o luxo depravado, e escandaloso dos espertalhões, aduladores, cujo mérito tinha origem, todos o sabem, provinha só dos crimes os mais atrozes. O adultério, a prostituição, a desonra, a depravação mais infame eram títulos para a aquisição dos empregos, para a estima dos distribuidores atrevidos e arbitrários dos cargos da Nação. A aniquilação material e moral da população já deixava descobrir a gangrena que devia dar a morte ao corpo político, e social da Nação Brasileira. Que remédio para salvar-lhe a vida? O direito de petição? E quem deferiria a essa petição? Um governo de salteadores, que a nenhuma outra coisa aspirava senão ter à sua disposição os cofres públicos, as "*sobras*" das Províncias? Seria o corpo Legislativo! É daí que emanavam os nossos maiores danos. Reduzida a um privilégio de infames, e desvergonhados cabalistas, ladrões, e devoristas, que roubavam nos empregos, e repartiam, ou deixavam roubar a seus subordinados, para terem os votos, como podia essa corporação ter por norte a justiça, o patriotismo, o desejo finalmente do Bem comum? Em tal desespero a heroica Revolução do Dia 7 era incontestavelmente o mais pronto remédio: todos reconheciam antecedentemente o direito, que assistia aos povos das Províncias de procurar seu melhoramento.

Não era crível que deixasse de chegar ao conhecimento de todos a desordem, o desaforo com que se nos governava: as capacidades não eram procuradas. A Constituição diz bem expressa e claramente que — todos têm direito igual aos cargos, e empregos, da Nação, com tanto que tenham os quesitos dos talentos, e virtudes. — Mas era isso o que se observava! Privilégios de famílias se achavam estabelecidos; a adulação, e a infâmia granjeavam *votos*, e *padrinhos*: quem rastejava pelos tapetes dos *Amaraes*, *Joaquins Bentos* (meu Deus que gente tão conhecida, feitas aristocratas e protetores) quem alacaiava *Calmons*, quem roubava com *Joaquins Ignacios, e outros homens de bem* eram tudo. Quem não dirá, que certas famílias eram já, na Bahia, as exclusivas para tudo? Poder-se-ia ser alguma coisa, não sendo de casa de — *Carneiros de Campos* — com *Franças*? De *Gonçalves Martins*, outrora triste meleiro de Santo Amaro? Enjoa, na verdade, ver como ainda os Senhores de Engenho, os lavradores, com razão os mais estimáveis membros de qualquer Sociedade política, se ligam para fazer-nos a guerra com o birbante de *Gonçalves Martins*, e outros, sem se lembrarem, que eles não têm consideração alguma, para com o governo do Rio, que deles senão lembram para nada, e que até servem de escada para esses figurinos lambisqueiros, talvez formados com o seu dinheiro, para ao depois treparem-se neles, e se empoleirarem em todos os lugares, já Presidentes, já Deputados, já Senadores, tudo isto depois de encapotados com as [ilegível] que formam hoje a classe senhorial dos Brasileiros. Há maior falta de estímulo, para não dizer de vergonha, qual a da família de — *Pires* — *Pirajás*, que inculcam grande influência na Bahia, e não valem para o Governo um ceitil; e nem se podem equiparar em influência aos Hollandas, que têm Pernambuco como seu principado ou feudo? Ora aí está o Sr. Santinho Pirajá na Itapoã matando, escalando, mandando surrar mulatos (o Caruminga, de que descendem os Pires da Bahia, é tradição, foi mulato!!!) deixando o assassino irmão do acabar a facadas os mulatos, e crioulos, tudo em favor do seu *Augusto Menino*, e no fim o Sr. *Santinho Pirajá*, nós o veremos, há de ficar aí para o canto, fazendo, a penas, de vez em quando a sua cemiterada, e *matando o bicho* pela manhã, para aliviar paixões!... E quem meterá a barba no cálix? os *Tostas*, os *Gonçalves Martins*, os *Soutos*, os *Mouras Magalhães*, e outros cuidam desta estofa, a quem por infelicidade aturam os pequenos, e elevam os descarados grandes! Mas eles bem sabem por que se agacham a tais badamecos: é por causa das demandas, provenientes dos calotes. [...] Míseros Senhores de Engenho, que nem podem ser independentes de gente tão ordinária!! [...] Mas enfim eles nos estão fazendo a guerra, porque são *brancos*, e na Bahia não deve existir negros, e mulatos, principalmente para subirem a postos, salvo quem for muito rico, e mudar as opiniões liberais, defendendo títulos, honras, morgados, e todos os princípios de fidalguia; quem não for mulato rico como Rebouças, e como ele enfatuado peru, tendo sido os *trancafios*, não pode ser coisa alguma: entretanto aí está uma FRAGATA!! [...] O Governo, que não dorme em suas pesquisas, já sabe que toda a força que traz a tal Fragata são quarenta marotos Brasileiros, porém, há tão desgraçados, que têm medo de uma Fragata, comandada por Ingleses egressos, como um *Taylor* bêbado, e caloteiro, ou um Beaurepaire, vis, e desgraçados estrangeiros a quem os ricos proprietários, e Brasileiros, que se jactam de patriotas, e que estão no Recôncavo, se ligam para derramar o sangue Baiano! Mas o *Novo Diário* está em tempo de guerra, e em tal crise convém falar também belicamente. Desenganem-se os perus do Recôncavo, que os Defensores da Independência da Bahia; os livres Brasileiros dignos deste nome, nem só não temem as carantonhas do Rio de Janeiro, como dispostos, e firmemente resolutos a lançar mão dos recursos os mais veementes, que se oferecer possam, para que a Bahia se torne antes outra *Moscou*, outra *Ipsara* [?], do que ser dominada por gente tão fofa e tão destituída de qualidades morais, como a que nos faz a oposição do Recôncavo. Ainda temos muito de que lançar mão... Não suponham os *Rebouças*, e *Martins*, que ao lado da revolução não estejam homens, *que saibam dizer duas palavras juntas*: estão iludidos, e Deus queira não o conheçam sem remédio. Unam-se conosco, se querem salvar a Bahia, e a si próprios: os direitos de igualdade, e liberdade hão de ser defendidos pelos bravos do Dia 7 de Novembro até a morte; o solo da Bahia não há de ser mais poluído por atrevidos fidalgões; hão de igualar em talentos, e virtudes, se querem ser distintos; ouçam nosso conselho, e aviso salutar, que não vem do medo, porque nada receamos, nem vemos do que, mas é porque deveras queremos o bem de todos.

NDBa, nº 128, 26/12/1837

9. [*"A opinião pública é o esteio de todos os governos"*]

A Política, a Justiça, e a Força são as três bases de um Governo permanente; são os sustentáculos só capazes de manter uma ordem social qualquer. A Política estabelece todas as medidas necessárias, sem as quais um Estado não poderia ter um momento de duração. A Justiça dá uma direção consentânea aos meios, que a política propõe, e ratifica todos os passos da Administração pública. A Força é o elemento ativo das Sociedades, dá vida a todas as suas partes, comunica atividade ao seu mecanismo, realizando os ditames da Política, e mantendo deveres da Justiça por uma efetiva observância.

Mas o que é a força social ou pública? Eis aqui verdadeiramente a que se reduzem todos os elementos fundamentais e constitutivos dos Estados; a força é o termômetro por onde podemos conhecer a estabilidade e segurança dos Governos, ela é a exata medida, pela qual nos convenceremos da seguridade das suas instituições. Entretanto é mister avaliar-se o sentido e vigor da palavra — Força — para que as nossas asserções não possam ser taxadas de menos verdadeiras, e contrárias com a índole das Sociedades.

Um governo despótico cercado de baionetas mercenárias, dir-se-á que tem força, dir-se-á que tem em si este caráter de perpetuidade, que só convém a um Governo bem constituído? A força é o braço das Sociedades, ela representa este poder físico, e bruto, que forma uma parte das medidas administrativas; porém a força material não constitui só a seguridade dos Governos, não abrange todo o elemento ativo dos Estados; pelo contrário, isolada ela, abandonada aos seus movimentos discricionários, só poderá servir de um instrumento de opressão, e vai de encontro com o Bem comum, e prosperidade social, repugna aos sagrados ditames do Direito Natural, e com predicados e consequências tão prejudiciais é por si mesma precária e pouco duradoura, envolve em seu próprio seio os meios de sua destruição e ruína. Tal é o destino de todas as Instituições, que resistem com a ordem normal da Natureza!

Um mau Governo, tirano, desprezador das garantias dos povos, apenas poderá sustentar-se por algum espaço de tempo, com bem dificuldade poderá gozar de uma existência periódica um pouco longa; deverá necessariamente baquear com o volver dos anos, desde que se dissipar a ignorância dos povos, e o conhecimento de seus verdadeiros interesses os fizer intimamente persuadir, que não lhes convém continuar em uma cega e servil obediência aos ditames de um Governo, que não podia ter alguns direitos sobre os indivíduos, senão com o pressuposto de votar-se a seus cômodos e benefícios, de manter e guardar os seus direitos, e de produzir finalmente a felicidade de todos os Cidadãos.

Se a força física é um dos elementos essenciais na vida complexa dos Governos, a força moral não deixa de ser um outro elemento menos importante, pelo contrário ela se pode chamar o supremo regulador do mundo político, e sua pedra fundamental. Uma administração poderá em uma época ter à sua disposição inumeráveis recursos, para exercer a ação governativa sobre os povos; mas se ela não simpatiza com a opinião pública, não forma um tratado de paz com o elemento moral e conservador das Sociedades, debalde quererá obrar, em vão procurará ser duradouro; porquanto um Governo antipopular, é um Governo antipolítico, é um Governo sem força, que por um fenômeno congênito com o Império do espírito público, verá gradualmente desvanecer-se este colosso bruto, que escorava suas lisonjeiras esperanças, e que satisfazia suas vistas ambiciosas.

A opinião pública (o ídolo de barro no entender dos corcundas) é o esteio de todos os Governos, o característico infalível da sua congruência e perpetuidade; a opinião pública é uma barreira de bronze contra as impiedades de um poder absoluto, ela dá à força física das Nações um poder invencível, corrobora todos os seus meios de ação como um alicerce inabalável. Os braços dos Cidadãos não se vendem a um Governo protetor, prestam-se antes muito espontaneamente a seu serviço, e braços dirigidos não pela venalidade ou violência, mas pelo influxo voluntário do Patriotismo, são armas inexpugnáveis, são baluartes inacessíveis aos tiranos e déspotas.

O Poder moral e físico do Absolutismo da Bahia está prestes a jazer por terra, o patriotismo dos Cidadãos Liberais não perderá tempo para sepultar e fazer inteiramente desaparecer. Com a impostura e opressão o absolutismo ergueu o colo, e se manteve entre nós por algum tempo; é com a Espada e com a Verdade, que deve ser este monstro aniquilado. A convicção da tirania e iniquidade de um sistema político tão atroz, falsíssimo na sua essência e opressivo na prática, de acordo com a força das nossas armas, e vigilância de um Governo protetor, acabarão de aniquilar esta hidra, que de fato ainda parece que lateja. Um considerável número de Cidadãos iludidos e arrastados ainda não rasgou de todo o véu, que os cega, e escurece os seus interesses políticos; é provável, que a saudade deste fantasma chamado — *Integridade* —, ainda inquiete e suspenda os ânimos de alguns Baianos. O Fanatismo em geral é essencialmente teimoso, tenaz, e quase incorrigível; mas finalmente a verdade penetra em todas as inteligências, a opinião pública se dilata com uma expansão prodigiosa, e de certo virá segurar e sustentar a base do nosso recente edifício Político.

Não há esforço humano, que faça decair a grande obra da Revolução. Todo o Baiano verdadeiramente digno de um nome tão honroso, que não for ignorante de seus interesses públicos e individuais, ou aquele que tendo sido contagiado, estiver curado da terrível mania da Integridade do Brasil, necessariamente deve aborrecer tanto o Despotismo como o feroz Governo da Corte do Rio de Janeiro, que a mesma Revolução derribou. Quanto não é lisojeiro o espetáculo de um país Independente, guiado por livres Instituições! O aspecto de um Governo, que se tem identificado com os mais puros sentimentos de todos os Cidadãos!

Um povo possuído das nobres ideias de Liberdade põe o amor da Pátria acima de todas as virtudes, folga com a glória de morrer em sua defesa, e abdica de todos os seus interesses e conveniências para espancar de uma vez as sombras do Absolutismo, para firmar a sua Liberdade e Independência Nacional. Haverá rasgo tão brilhante de patriotismo, como o que acabamos de presenciar nestes últimos dias? Haverá tropa mais heroica, que com o maior desinteresse cede uma mensalidade de seus soldos em benefício do Estado, para compra de vasos, que devem defender e guardar a nossa Capital? Aprendam os Absolutistas e Aristocratas, que os Cidadãos defensores da Independência não se ostentam Patriotas por cálculo e especulação; o egoísmo não é o motor principal de suas ações; em uma crise duvidosa, em que a Pátria exige seus esforços, eles não recusam sujeitar-se a todos os gêneros de sacrifícios.

Quem observa elementos tão seguros, em que se sustenta o nosso Governo, não pode duvidar da força e vigor com que ele irremissivelmente deve dominar sobre toda a extensão do Estado da Bahia. Um valor sem igual, um acrisolado Patriotismo, uma sábia moderação, uma política ilustrada e benfazeja, uma retidão infalível; eis aqui os fundamentos da nossa posição de hoje. Tudo confirma, que o nosso Governo se acha baseado na Política, Justiça, e Força, três elementos, com que ele inabalável tem de lutar contra a todas as resistências, tem de firmar a Independência da Bahia.

NDBa, nº 129, 27/12/1837

10. *Soberania do Povo*

Por muito tempo gemeu o homem curvado pelo despotismo e opressão, desconheceu os seus direitos, e abdicou, por assim dizer, das mais nobres faculdades, que lhe concedeu a Natureza, como um ornato da sua espécie; entretanto a ilustração das ideias, os progressos das Ciências Políticas, as Revoluções, que deveriam ser um resultado inevitável do crescimento das luzes, regenerarão a Liberdade, e constituirão as Sociedades nos sólidos fundamentos de uma sã Filosofia.

Desta sorte surgiu o dogma fundamental da Soberania do Povo, o qual por uma subversão radical das leis da formação dos Estados, foi considerado como uma blasfêmia, e até epidemia política, durante a época, em que a humanidade quase de acordo insurgiu-se contra os falsos títulos de uma pretendida legitimidade, com que os déspotas tentavam perpetuar o servilismo e degradação dos povos.

A individualidade é a primeira manifestação da humanidade, dela partem todos os fenômenos, que o homem opera sobre as forças da Natureza por meios da Inteligência e Liberdade: estas duas nobres faculdades, princípio da nossa vida e atividade, são as condições inevitáveis da individualidade: elas até são o único anúncio da nossa existência do mundo moral e físico. Organizaram-se as Sociedades, o homem sofre inconsideráveis modificações em seu estado, entretanto ele não podia riscar de si os sentimentos de individualidade. Se o Pacto Social pudesse legalizar a sua usurpação, pudesse legitimar a espoliação dos direitos de Liberdade,

Num. 132   SABADO 30 DE DEZEMBRO DE 1837.   PREÇO 25 rs.

NOVO DIARIO DA BAHIA.

JORNAL POLITICO, E COMMERCIAL.

O egoismo Nacional, bem como o egoismo Individual, he um crime: todo aquelle que se deixa delle possuir he culpado de lesa-humanidade.'— GRÉGOIRE, Lettre à D. R., etc.

Subscreve-se para o NOVO DIARIO DA BAHIA, na Typographia do Diario, Quina opposta as iube, casa n. 6, na Loja do Sr. Santos, á rua direita da Misericordia; e na Cidade baixa no a do Livreiro o Sr. Cabussú, á Fonte dos Padres. Nos mesmos lugares recebem-se os annuncios, e idem-se folhas avulsas.

BAHIA NA TYP. DO DIARIO, QUINA OPPOSTA AO ALJUBE, N. 6. — IMP. F. T. D'AQUINO. 1837.

NOVO DIARIO DA BAHIA.

Soberania do Povo.

Por muito tempo gemeo o homem vado pelo despotismo e oppressão, conheceo os seos direitos, e abdi, por assim dizer, dás mais nobres uldades, que lhe concedeo a Na-esa, como um ornato da sua espe-; entretanto a illustração das ide, progressos das Sciencias Politica Revoluções, que deverião ser u, ltado inevitavel do crescimento das es, regenerarão a Liberdade, e -tituirão as Sociedades nos solidos lamentos de uma sã Philosophia. 'esta sorte surgio o dogma funda-ntal da Soberania do Povo, o qual uma subversão radical das leis da ução dos Estados, foi concidera-

nuncio da nossa existencia no mundo moral e phisico. Organisarão-se ás Sociedades, o homem soffre inconcideraveis modificações em seo estado; entretanto elle não podia riscar de si os sentimentos de individualidade. Se o Pacto Social podesse legalisar a sua usurpação, podesse legitimar a expoliação dos direitos de Liberdade, então seria forçoso confessar, que a Sociedade era contraria á Natureza, repugnante á ordem moral, e por consequencia prejudicial e damnosa á especie humana em geral.

Deixemos estes principios falços e abandonados, pelos quaes se sustentou por tanto tempo, que o homem social perdeo uma fracção da sua Liberdade e direitos, para ter o livre uso e gôso da fracção restante: esta he uma doctrina erronea então seria forçoso confessar, que a Sociedade era contrária à Natureza, repugnante à ordem moral, e por consequência prejudicial e danosa à espécie humana em geral.

Deixemos estes princípios falsos e abandonados, pelos quais se sustentou por tanto tempo, que o homem social perdeu uma fração da sua Liberdade e direitos, para ter o livre uso e gozo da fração restante; esta é uma doutrina errônea, perigosa, e consentânea para se legalizarem muitos abusos no seio dos Estados. Se devemos compreender a Liberdade, como ela deve ser entendida, sob o título de uma faculdade dos entes racionais, então concluamos, que o pacto social seria ilegítimo se coartasse a Liberdade moral dos Cidadãos; não, ela não limita o seu círculo, pelo contrário concede-lhe uma mais ampla esfera, sendo inegável, que a segurança do livre exercício de todas as garantias constitui as grandes vantagens, que tem a sociabilidade sobre o Estado chamado da Natureza.

Eis aqui a fonte primitiva da Soberania de um povo, ela não é uma ficção inventada com que se quer explicar por conjecturas favoráveis a origem e formação da Sociedade civil, a mesma liberdade humana, que é um atributo inseparável da individualidade, representa-se nas associações com o nome de Soberania. Ora, se a vontade humana, moralmente falando, é livre e independente, se ela é a própria motora dos seus impulsos, está claro, que na Sociedade o homem não podia ser desnaturalizado: se a força social impõe condições à vontade dos Cidadãos, não é senão por efeito de uma delegação de poderes de uma sessão dos direitos soberanos, que se acham identificados com a natureza humana em todas as situações. Qualquer autoridade instituída para dirigir a marcha dos Estados não goza de atribuições públicas, senão em virtude do pacto social, e este primitivamente deve resultar das convenções, de que se origina a Sociedade civil.

Em uma ordem política constituída, parece talvez um contrassenso dizer-se que o Povo é o verdadeiro Soberano, por quanto a Soberania reside nos poderes governativos constituídos, entretanto quem não vê, que esta Soberania é emprestada, que goza de direitos majestáticos na qualidade de mero Procurador, e em consequência de uma delegação de poderes?

Todos os direitos delegados aos funcionários da Soberania do Povo, não podem ter por fim, senão o bem ser individual e político de todos os indivíduos componentes da associação, e compreendidos expressa ou tacitamente no Pacto fundamental. Como se pode supor legitimidade em um poder constituído, quando ele não serve às ideias e interesses dos associados? Estabelecer que a legitimidade se funde em outro título, como a duração, originada talvez de uma usurpação da Independência e Liberdade de um Povo, isto seria dizer, que o homem é adversário de sua conservação, interessado em suas desgraças, suicida por um dever natural, uma vez que seja inegável, que a Soberania deve representar a Liberdade moral, direito inato do homem, quem lhe proporciona todos os meios tendentes a satisfazer o imperioso instinto do *Amor em si*. Qual é a origem da Legitimidade? É o merecimento circunscrito a guardar e atender religiosamente as exigências sociais. Se o poder em uma Sociedade é amado, poderoso, acede às necessidades do povo, esclarece-o, guia-o retamente para os seus destinos políticos, esse poder é legítimo, servindo de testemunho a essa verdade, que a popularidade é o sinal irrecusável da legitimidade dos Governos: pelo outro lado se os povos se desligam do Soberano, levantam clamores contra ele, o poder tem cessado de corresponder aos seus votos, deve infalivelmente cair, se é obstinado por uma explosão revolucionária.

O poder ilegítimo perde tacitamente os seus direitos de soberania desde o momento, em que não sabe transigir com as opiniões reinantes; nesse caso o povo recupera os seus direitos que essencialmente lhe pertencem, e prepara-se para ceder o seu exercício a um poder, que aquiesça a todas as condições e cláusulas, debaixo das quais o pacto fundamental deve ser reformado.

Quando os povos por meio da revogação do mandato reassumem os direitos soberanos, eis um indício certo de que ele reclama mais Liberdade de que tem adiantado um passo na carreira indefinida das luzes e da civilização. Um povo se não sujeita a uma ordem política má, senão enquanto está despido da capacidade necessária para a sua emancipação, e por consequência é inapto para exercer uma mais ampla esfera de Liberdade. Depois de diferentes e sucessivas gradações a democracia é o último ponto da grande carreira política que as nações devem percorrer na escala do progresso, e se um povo reclama esta vicissitude na ordem social estabelecida, e um partido retrógrado lh'a nega, uma Revolução é necessária, é o mais glorioso triunfo da Soberania do Povo.

O nosso estado atual é exatamente a representação de uma crise de transição, em que o Povo da Bahia, reconhecendo os seus interesses reais, recuperou os direitos inatos da sua Soberania, e por meio de uma nova delegação do seu exercício os vai constituir segundo um pacto fundamental diverso, e por meio de outros funcionários delegados, que se sujeitem a cumprir exatamente as novas fórmulas admitidas e abraçadas.

Não é mais tempo de obcecar os povos com falsas doutrinas de ordem e moderação, quando a Soberania reinante não atende obstinada às suas exigências, agravando até a situação política dos governados com a humilhação a mais degradante; e a mais cruel opressão e servilismo.

O Povo da Bahia bem conhece, que a Soberania reside originariamente nele, que a exercia por meio de um mau Governo, e por essa razão como julgou violadas as condições do mandato, quebradas as garantias sancionadas na Constituição Política, entendeu, que não devia sofrer por mais tempo, proclamou a sua Independência, e pelo intermédio da brilhante Revolução de 7 de Novembro, destinou-se a fundar uma nova ordem política, toda ajustada com as suas ideias atuais, toda apropriada às suas mais urgentes e vitais necessidades.

Bem que entre nós não haja verdadeiramente separação de classes, com tudo sendo inegável que o nosso Governo anterior era de fato uma Aristocracia abusiva, uma Oligarquia opressora, ou antes uma Monarquia acéfala, (se tal expressão não é contraditória) sendo certo que ele oprimia uma numerosíssima parte do povo da Bahia, por meio da proteção a mais injusta, a favor de um pequeno número de Aristocratas, seus emissários, e Corifeus da tirania e absolutismo entre nós; parece que se podem pôr as três questões do Abbade Sieyes — O que é o terceiro estado ou o povo? Tudo. O que tem sido ele até agora na ordem política? Nada. O que reclama? Ser alguma coisa. Oh! sagrada Liberdade sublime prerrogativa da espécie humana! Oh! inauferíveis direitos da Soberania do Povo, vós jamais esquecereis no mundo político!

NDBa, nº 132, 30/12/1837

11. Discurso recitado ante o Heroico e Invencível Regimento da Artilheria de Iª Linha, pelo seu Capelão, e Vigário Encomendado na Freguesia de Nossa Senhora da Vitória, o Padre José Maria das Neves e Almeida Varella.

O Homem paciente esperará até o tempo destinado: é Sentença do Eclesiástico. Amados Militares! Eu vejo em vós uma memória do Povo de Deus quando perseguidos de seus inimigos, cujo jugo tinham sacudido, se viram muitas vezes expostos à fome, e à sede — eu vejo em vós a reprodução daquele mesmo Povo quando cercado de outros inimigos recebia ordem de Deus pelos seus Profetas, e Chefes para os combaterem. Aquelas privações, aqueles perigos, em que se viu por muitas vezes o Povo de Israel, seriam porventura provas do desamparo de Deus? Não certamente. Antes eram provas de sua Proteção. Porque como é, que, se aquele Povo não se visse em grandes males, conheceria a Mão Poderosa, que deles o livrava? Como de outra sorte teria Deus lugar de obrar Milagres a bem do seu Povo, e que estes o reconhecessem por tais, senão por se ver já entregue a obstáculo de que só Deus o poderia livrar? É todavia de refletir, que o Povo da Bahia ainda não chegou às circunstâncias do Povo de Israel, quando se viu em um deserto onde não havia água, e nos mais lugares absolutamente faltos de comestível algum; e assim como o Povo de Israel foi sempre socorrido a tempo pelo Ente Supremo, também o há de ser o Povo da Bahia, uma coisa sim é preciso, que o Povo da Bahia, e por conseguinte vós todos pratiqueis para vos diferençardes do Povo de Israel, sempre milagrosamente salvo, mas sempre murmurante, sempre incrédulo, e sempre ingrato.

Pelo contrário vós deveis ser fiéis suplicantes a Deus, e resignados com sua Divina Vontade. Amados Militares, todas as forças humanas são fracas quando se não implora ao Onipotente para as fortalecer. O Deus dos Exércitos é, que decide da Sorte dos Exércitos; a Ele pois se deve recorrer a cada passo. [...]

Tende fortaleza, e paciência nos trabalhos; imitai a outros muitos Exércitos que mais do que vós têm sofrido a fome, e a sede; e Deus lhes tem dado por fim a fartura; e como diz Salomão — a sua aflição foi ligeira, e a sua recompensa será grande; porque Deus ostentou e os achou dignos de si — Nós temos ainda diversos gêneros de nutrição; e o que é mais, temos esperanças, mesmo pelos Homens.

Às vezes a desesperação tem por um só dia arruinado para sempre a fortuna. Assim como o Homem tem tempo para sofrer; porque a vida do homem não é, nem pode ser um continuado bem passar. Os Gentios estão certos desta verdade; quanto mais os Cristãos.

Portanto com os olhos no Deus dos Exércitos, e o coração puro de murmurações, intrigas, e desconfianças, sejamos firmes no propósito — *Liberdade ou Morte* — e debaixo de todos os trabalhos gritemos sempre fiéis — Viva a Religião Católica e Apostólica Romana! Viva a Virtude e Constância do Heroico e Invencível Regimento da Artilheria! Vivam os Defensores da Pátria, aos quais nada atemoriza! Viva a Liberdade, que o direito Divino e natural deu ao Homem!

NDBa, nº 192, 2/3/1837

b) DE O SETE DE NOVEMBRO

1. ["A posteridade nos fará justiça"]

Já não há meio, que não tenha sido empregado pelos intrigantes inimigos da revolução de 7 de Novembro, disse o Exmo. Vice-Presidente do Estado, em sua proclamação do dia 15 — e assim é: não há calúnia por mais grosseira, embuste por mais negro, a mais nojenta e conhecida intriga, que não tenha sido lembrada, e posta em ação, por esta sentina de absolutistas. Não podendo efetuar, como desejavam, uma contrarrevolução na capital, não podendo negar ou escurecer a necessidade, e as vantagens do sistema, que gloriosamente proclamamos, eles fogem para o recôncavo, e dali se esforçam por lançar uma suspeita odiosa no meio da população, para dividir-nos, enfraquecer-nos, e dominar-nos. [...]

Dizem, por exemplo, que temos proclamado uma república, uma república, que os malvados dizem ser o reinado dos crimes — mas a Bahia, o Recôncavo, o Brasil todo, o mundo inteiro, vê e conhece que o que temos feito é separarmo-nos da união recolonizadora do Rio de Janeiro, subtraindo-nos à obediência dos tiranos do interregno, dos déspotas da corte central, até que o Sr. D. Pedro ii [ilegível] à sua emancipação, nos 18 anos de sua idade, tempo em que a constituição do império o reconhece habilitado para tomar as rédeas do governo. Todo mundo conhece igualmente os motivos poderosos que levaram o Povo Baiano a este passo, os motivos que tornaram indispensável a revolução, que reclamavam então, e justificam hoje a Independência da Bahia — nem é mister demorarmo-nos em fazer aqui uma nova enumeração dos crimes do governo imperial do Rio de Janeiro, dos atentados desse governo liberticida e traidor contra nossos direitos, um manifesto aí corre impresso, aí estão abertas as páginas do jornalismo oposicionista, aí estão sobretudo os fatos ainda debaixo de nossos olhos: — vejam-se as sanguinárias leis de impostos, os saques, e ressaques da corte, sobre o nosso tesouro, a perseguição da nossa lavoura, e comércio, o desprezo insultante para a briosa classe militar, as nossas fortificações, os meios de defesa todos perdidos, as fortalezas de propósito arruinadas e destruídas, os empregos de nomeação central postos em público mercado, a prostituição nos tribunais, nas repartições de fazenda, tudo finalmente desbaratado e entregue à administração dos baxás, à imoralidade, à traição, à facção governativa: — eis aqui o estado a que tínhamos chegado antes do dia 7 de Novembro, eis os motivos que justificam os acontecimentos desse dia sempre glorioso. Não é pois uma república, uma independência absoluta do Rio de Janeiro, e da comunhão brasileira; é uma separação condicional, um meio, o único que nos havia ficado, de garantir nossos direitos, nossa liberdade, segurança, propriedade, e vida, contra a facciosa administração hoje composta de perversos regressistas, que em nome da constituição, e do monarca exercem um poder sem limites, uma feroz ditadura sobre todos os Brasileiros. Foi isto o que proclamamos, o que fizemos, e o que sustentaremos até a morte.

Mas, dizem pelo recôncavo os nossos aristocratas, *a capital está entregue à desordem, à devastação, à anarquia.* — Infames! Não veem que a geral expectação os desmente, que todos se admiram e lisonjeiam do sossego, da tranquilidade e respeito às autoridades, de que tem gozado até hoje a capital no meio de uma revolução! E que revolução produziu nunca efeitos tão salutares, e ao mesmo tempo apresentou caracteres tão pacíficos, e tolerantes? Apontem ao menos um só fato, que nos desonre. Aonde está a desordem, aonde foi alguém já ofendido? Que direitos foram violados, que propriedade foi invadida, que falta de segurança experimentou jamais pessoa alguma, mesmo os *bem conhecidos* adversários da Independência, os que por aí andam açulando as paixões, aterrorizando as famílias, promovendo a desconfiança, o espírito de partido, a discórdia, os emissários da aristocracia, que se ocupam em seduzir gente para fora, *os que estão encarregados de comprar as tipografias, ou utilizá-las*, porque dizem (que covardes!) que é a arma que mais temem? [...]

Zelosos da liberdade, e independência nacional, nós não amamos menos a ordem, e a paz; nós temos empregado todos os meios de a manter, e temos tido a glória de o conseguir até hoje: se porém essa paz preciosa for alterada, se (o que Deus não permita) a Bahia tiver de passar um dia pelas terríveis cenas do infeliz Pará, se esta bela cidade, hoje o remanso da paz, o asilo da liberdade e da tolerância, for entregue aos horrores da anarquia; se finalmente o sangue dos Baianos correr por estas ruas, e por esses campos, nós seremos vítimas, sucumbiremos com a pátria, mas o Brasil e o mundo honrarão nossa memória, a posteridade nos fará justiça — sim, a posteridade dirá, que despedaçando os ferros da tirania, nós proclamamos a liberdade, e a paz, ela dirá, que nossos inimigos, armados contra a liberdade, proclamaram a escravidão e a guerra. A Bahia lhes pedirá o sangue de seus filhos. [...] Tremam os traidores! Esses homens sem pátria, esses Baianos degenerados, tremam das consequências da guerra civil, que promovem[...]. (Extraído do *Diário da Bahia*.)

SN, nº 3, 23/11/1837

2. [*Os pequenos à sombra dos grandes*]

Toda a Província reconhecia antes do Glorioso Dia 7 de Novembro, e reconhece ainda depois dele a necessidade de uma revolução, que, tirando-nos do vilipendioso estado de escravidão, a que nos achávamos reduzidos, nos fizesse sentir os verdadeiros bens do sistema liberal, do sistema, onde o mérito é premiado; e a virtude respeitada e acatada. Os próprios aristocratas, esses mesmos que hoje se apresentam hostilmente ao ato honroso, que praticamos; esses mesmos que procuram dividir, para sobre nossa divisão levantar o seu edifício, queriam isso mesmo, queriam fazer a revolução, mas queriam ser eles os autores, para repartir a Bahia como propriedade sua, para que só os ricos, figurões, e aduladores tivessem os prêmios; para que os empregos fossem de seus diletos; e finalmente para que os pobres só fossem degraus por onde subissem às grandezas sociais.

É por isso, que um Escritor recomendável por seus sentimentos patrióticos, se exprimia assim. Eu via uma faia subir a prodigiosa altura. Desde o pico até o pé, ela expandia enormes ramos, que cobriam a terra circunvizinha, de sorte que estava escalvada, e não lhe nascia a menor vergôntea. Ao pé deste gigante partia um carvalho, que depois de ter crescido alguns pés, curvava-se, retorcia-se, estendia-se depois horizontalmente, alçava-se ainda, e de novo se retorcia, e enfim alongava sua seca e desfolhada cabeça, debaixo dos ramos vigorosos da faia, para procurar alguma luz, e algum ar. E comigo pensei: Eis como os pequenos crescem à sombra dos grandes. Quem se ajunta ao redor dos poderosos do mundo? Quem se aproxima deles? O pobre não, este é expulso, seu aspecto ofender-lhes--ia a vista. Apartam-no com cuidado de sua presença, e de seus palácios; e nem sequer o deixam atravessar os seus jardins, patentes a todos os mais homens, a exceção dele, porque o seu corpo consumido pelo trabalho está coberto com os vestidos da indigência. Quem pois se ajunta ao redor dos poderosos do mundo? Os ricos e os aduladores que querem sê-lo, as mulheres perdidas, os infames ministros de seus secretos prazeres, os dançarinos, os loucos que lhes distraem a consciência, e os falsos profetas que a enganam. Quem mais? Os homens violentos e velhacos, os agentes da opressão, os duros exatores, e todos quantos dizem: Entregai-vos o Povo, e nós faremos afluir o seu ouro para os vossos cofres, e sua subsistência para as vossas veias.

Eis aqui a gente, que pelo nosso Recôncavo anda açulando os incautos, para que se sacrifiquem a seus caprichos ambiciosos; e para que deixem de abraçar-se com seus Patrícios da Cidade. Mas nem ela tem conseguido seus danados planos, nem longe está, que vejam por toda a parte proclamado e enraizado o sistema liberal, que só nos pode garantir contra as invasões do Poder, da ambição, da inveja, e da aristocracia, que só se lembra do Artista, quando vê que seu poderio está prestes a baquear, porque antes a denominação de canalha é o título com que costumam brindar os amigos da Pátria; porém eles conhecerão, se a gente que chamam ralé, e ínfima plebe sabe ou não sustentar a causa da Liberdade, e fazem tremer déspotas, orgulhosos e tiranos.

SN, nº 6, 27/11/1837

II. Cartas e bilhetes

A) DE SABINO A UM MINISTRO ESTRANGEIRO

Ilustríssimo Senhor

Não deixareis [de] saber que a antiga e respeitável Província da Bahia a mais rica extensa inteira parte porção do Brasil mais depredada há muito pelo maquiavelismo desmoralizado [ilegível] o Governo demagógico da Corte do Rio de Janeiro proclamou na manhã do rutilante dia 7 de Novembro do ano passado sua Independência constituindo-se assim em Estado livre e Soberano. Há muito que o infortunado Brasil deveria ter estendido os braços de união e de mais estreita amizade a seus irmãos e vizinhos as Nações do Sul, há muito o Brasil deveria ser Americano; mas vós sabeis as circunstâncias que hão retardado um passo tão vantajoso à felicidade e grandeza [ilegível] ao da Americana, ela o tem sentido, e um dia deveria enxergar o abismo em que ia a ser lançada. Eis pois a Bahia seguindo o exemplo do heroico e afamado Povo Rio Grandense, mais um Estado dado [ao] mundo Americano: A luta em que ela se acha ainda empenhada com os furiosos demagogos, e vis salteadores unitários, e escravos de um Governo infame e detestável sob o nome de central, não impedirá certamente os seus passos, e menos fará retroceder o propósito dos livres Baianos que fizeram aparecer o rutilante dia 7 de Novembro. O Cidadão Manoel Gomes Pereira, com plenos poderes para tratar com este governo, informará minuciosamente de todas as circunstâncias nossas. Encarregado das relações exteriores, eu tenho a honra de saudar-vos cordialmente, eu demando eu exijo do vosso amor e interesse pela liberdade de todo Orbe Americano, vossa honrosa correspondência, ela se faz assim precisa para firmar os princípios que nos fraternizam. Recebei os mais sinceros protestos de adesão e da mais cândida amizade. Senhor Ministro e Secretário de Estado dos Negócios do Exterior da República Rio Grandense de Buenos Aires (do Estado Oriental).

BNRJ, SM, "Peças do processo", I — 31, 12, 1, fls. 390-1.

Nota: A carta não chegou ao destinatário. Manoel Gomes Pereira — o ourives em cuja casa se faziam reuniões — deixou a cidade no início de março. Segundo Braz do Amaral, interrompeu a viagem no Rio de Janeiro, onde veio a se tornar banqueiro.

B) DE SABINO AO CHEFE DE POLÍCIA FREIRE MATTOS

Mattos do coração

Convém que prossigas hoje mesmo na captura dos marotos [ilegível] para salvação da nossa esposada Independência do Estado da Bahia. Convém mais e muito convém, que os que estão já presos e se houverem de prender estejam incomunicáveis com a gente de fora [ilegível]. Isto deves já recomendar, e aterrá-los, e dizeres aos marotos tu mesmo que a qualquer desconfiança mandarás um piquete a fuzilá-los mesmo dentro dos cárceres. Corre tu já a prendê-los dentro mesmo da casa, bota-os fora da toca, anda Mattos, que essa medida salva sem dúvida a Bahia nossa querida Pátria. Teu fiel e sempiterno amigo, o Sabino. Dezenove de fevereiro de mil oitocentos e trinta e oito.

[Carta com teor e termos iguais a "Sergio"]

BNRJ, SM, "Peças do processo", I — 31, 12, 1, fls. 412v-3.

C) DE GUEDES CABRAL A SABINO

Meu amigo, Esse requerimento é do Franco [?], isto é, ele pediu-me que lhe o apresentasse. Pela minha parte o que lhe peço é o despacho daquela pobre mulher Maria dos Prazeres, que quer sair por terra — Amigo pelo Coração — Guedes Cabral

[achado em casa de Sabino]

Meu amigo

Há pouco o incomodei, pedindo-lhe a sua aprovação para um sargento do Batalhão terceiro dos voluntários, que deseja passar a oficial do Batalhão segundo de Linha, agora torno a enfadar [?] o lugar [ilegível] que lhe falei para o Custódio, e o de cobrador dos Direitos Nacionais do supradito, ou imposto de cinco réis nas carnes verdes, em o qual servia o Caetano Vicente d'Almeida Gabão é lugar sem ordenado, e que tem uma porcentagem. Além disto, uma vez provido este lugar será mister nomear para ele um Escrivão, por se haver também ausentado, o que servia, e o mesmo Custódio desejava que você se lembrasse para esse fim de um moço de sua amizade e pelo qual ele se responsabiliza, chama-se Antonio Aniceto Cardim é Baiano de bons costumes e com toda a capacidade para aquele lugar, posso afiançar-lhe isto. Bem vejo quanto lhe sou importuno, mas Você mesmo fará a justiça de crer que pedindo a sua proteção para alguns dos meus amigos nunca serei capaz de lembrar-lhe pessoa que de modo algum nos comprometa.

Sua Casa, dezenove de Dezembro de 1837. Amigo de Coração e Patrício, Guedes Cabral

Meu amigo

Estou pasmado. Hoje não houve o *Novo Diário* para o Povo, e só o tiveram os assinantes do *Grande Diário* e diz o postilhão, que o Parassú não quis dar as folhas porque disse que não tinha mais dinheiro adiantado! Ora, isto é mais que vergonhoso, mas ainda não é tudo, diz também o patriota da tipografia que o postilhão lhe há de dar daqui por diante vinte réis por cada folha, pelo amor de Deus! Parece que esse senhor quer fazer fortuna com vinténs da gazeta e com desar de homem do Governo, pois julgará o público que o Governo é quem mandou vender essas folhas. Além disso o *Novo Diário* de ontem foi impresso em papel mata-borrão, de oitocentos réis, ou novecentos e sessenta réis e lá vai para ser pago por bons três mil e duzentos; enfim lembra-se do que eu lhe disse esta manhã, e dê algum remédio a isso. É duro que além de nada prestar para o andamento da causa, esse homem esteja também exaurindo os Cofres com tamanha usura. Amigo do Coração e Patrício — Guedes Cabral.

BNRJ, SM, "Peças do processo", I — 31, 12, 1, fls. 149-51v.

Nota: Domingos Guedes Cabral foi jornalista e professor, durante a Sabinada "Administrador da Biblioteca Pública" e editor dos últimos números do *Novo Diário da Bahia.*

D) DE SÉRGIO VELLOSO A SABINO E A MURICY

Sabino
Vê as cartas que recebo de Caravelas, uma do sobrinho filho do Pataxó, e sobrinho dos Almeidas influentes em Caravelas. Adeus, até agora não sei nada de Itapoã — manda-me as proclamações do Rio Vermelho se já te foram às mãos.
Sérgio

Muricy
O Tenente Carmo me pediu que lhe mandasse dizer que estava à sua

espera para jantar com ele Domingo, portanto eu estou à sua espera para irmos juntos.

do

Seu amigo p.^{do} [prezado?]

Sérgio

AEBa, *A Sabinada*, "Processo-crime contra João da Veiga Muricy", maço 2840.

E) DE DOIS INDIVÍDUOS (AO COMANDANTE DO 3º BATALHÃO "VOLUNTÁRIOS LEAIS À PÁTRIA")

Ilm° Sr. Ten. C^{el} Joaquim de Souza Vinhático.

Meu Amigo: nesta vida não temos outro remédio senão prestarmos. Frederico Teixeira de Freitas meu Amigo quer mandar sua família para fora, e quer que V. Sa. proteja a sua saída, a fim de que algum mal-intencionado o não incomode: pelo que lhe rogo que tomando interesse por esse meu Amigo facilite a emigração de sua Família. Mª Saúde ainda não está restituída. Eu lhe beijarei as mãos por este favor, logo que melhore.

De V. Sa.

Am.º e m^{to} Atencioso

Domingos Roiz. Seixas

[oficial do mesmo batalhão]

Ilm.º Sr.

Amigo: Saúde e felicidade lhe desejo toda nobre família.

O portador deste é um bom cidadão é meu afilhado e desejo que V. Sa. o admita no seu B^{ão} como soldado contando de hoje em diante. Espero que não me falte.

De V. Sa.

Amigo

José Joaquim [ilegível]

AEBa, *A Sabinada*, maço 2841.

III. Hinos e sonetos

HINO

Dedicado ao sempre memorável Dia
7 de novembro de 1837

À Briosa Guarnição desta Capital por D. M. R.

Já que bravos Artilheiros
Com denodo e heroicidade
Ergueram na Pátria opressa
O pendão da Liberdade:

Eia Baianos!!
Neste almo dia
Morram tiranos
Viva a Bahia.

Defende o Altar, o Trono;
Derriba a Aristocracia;

Das Gentes sacros direitos
Sustenta a livre Bahia.

Eia Baianos

Se a mesma Patrícia força,
Com que contava o tirano,
o Desampara, e se unindo
Faz um só voto Baiano.

Eia Baianos.

Troa o grito — Liberdade —
do respeito o mais profundo
Retumbam ecos Baianos
Viva D. Pedro Segundo.

Eia Baianos

Vis monstros liberticidas
Se tentam escravizar-nos
Pulsos, peitos, ferro e fogo
Temos para libertar-nos.

Eia Baianos

Não assombra atroz suplício
Nem da Parca fero corte
Ao Brasileiro, que firme
Jurou liberdade ou morte.

Eia Baianos.

Embora por suplantar-nos
Labore a traição, a intriga,
como o Céu protege a Causa
Do mal o Céu nos abriga.

Eia Baianos.

Sobre as ruínas da Pátria
Morra o último Baiano
Caso um momento de glória
Aspire o poder tirano.

Eia Baianos

Nota: Domingos da Rocha Mussurunga era professor de música no Liceu e compositor conhecido.

Soneto oferecido ao Ilm° Sr. Dr. Francisco Sabino Álvares da Rocha Vieira, Secretário deste Estado e físico-mor do exército, por J. da V. M. [João da Veiga Muricy]

Não menos tem devido altos reinados
o bom regime ao Chefe poderoso;
Qual Ministro fiel, sábio e zeloso
Que previne ao Monarca em seus cuidados.

Os decretos de Júpiter sagrados
Um título a Minerva dão honroso.
De Augusto o governo tão famoso
De Mecenas gozou mil predicados.

Dum Macedo erudito, dum Pombal,

De um Richelieu, dum Mazarino,
A memória se jacta de imortal

Mas que tem um Ministro peregrino
Que hoje inveje a Bahia por normal!!!
Tal inveja não tem quem tem Sabino.

Soneto oferecido ao Ilmo. e Exmo. Sr. Brigadeiro Sérgio José Velloso, comandante das Armas do Estado da Bahia, por J. da V. M.

Em vão, Sérgio, não foi que ousou a sorte
Da Bahia o destino deputar-te,
Das falanges o mando confiar-te,
O Bastão te entregando de Mavorte.

De hora em hora mais provida, mais forte,
De Jove a Mão Potente em ajudar-te
É visão que nos faz congratular-te
De paz invicta que o triunfo importe

Eia, portanto, Capitães valentes,
Daniel, Alexandre, Limoeiro;
Vós Innocencio, e Amaral prudentes;
Vós hábil Nunes, Chavier guerreiro;
Bravos Paula, Rocha, e outros, diligentes,
Com Sérgio fazei face ao mundo inteiro.

HINO

Ao sempre fausto e memorável 7 de Novembro, composto e oferecido aos Baianos zelosos de sua liberdade — por uma pena livre.

Déspotas, cessai, tremei,

Rasgai esse véu de enganos,
Despotismo não vegeta
No coração dos Baianos.

Vivam Baianos
Da pátria amigos,
Morram tiranos
Seus inimigos.

Debalde tentam plantar
O jugo da escravidão,
Jamais pode verdejar
Em Baiano coração.

Vivam Baianos, etc.

Escravidão só deseja
O coração dos tiranos,
Só liberdade convém
Ao coração dos Baianos

Vivam Baianos, etc.

Pois conseguimos quebrar
Da tirania os grilhões,
União deve reinar
Nos Baianos corações

Vivam Baianos, etc.

Extraídos respectivamente de: *Novo Diário da Bahia*, nº 108, 4/12/1837; Braz do Amaral, "A Sabinada", p. 111; *NDBa*, nº 110, 6/12/1837; *O Sete de Novembro*, nº 15, 9/12/1837.

IV. Decretos (Propostas de Sabino a João Carneiro)

A) CONFISCO DAS TERRAS DE ITAPARICA

Ilustríssimo e Exmo. Senhor,

Parece incrível como se conserva ainda entre o Povo do Brasil Nação independente há dezesseis anos a marca mais decadente do feudalismo Português. Vossa Excelência não ignora de que maneira os déspotas em outro tempo denominando-se Senhor do Brasil, dispunham dos terrenos e Povos imensos, por infelicidade a seus caprichos e crimes horrendos como se fossem propriedades reservadas para eles pela mão da natureza. A Província da Bahia hoje Estado soberano não pode ver sem corar-se de pejo que a Ilha de Itaparica é ainda um feudo da Casa de Niza. E quais são os títulos de tão vergonhosa propriedade? Uma conta de doação? E quem deu aos Reis de Portugal as terras da Ilha de Itaparica? O roubo, a tirania, o feio despotismo oriental. Fundado nessas símplices mas vigorosíssimas razões, esposadas essencialmente pelo sistema hoje proclamado entre nós, creio que V. Exª dará seu assentimento ao seguinte decreto:

"Estando em perfeita contradição pelo sistema ultimamente proclamado em o dia sete de novembro do ano passado, a existência dos princípios feudais, e não estando fundado em nenhuma disposição legal o possessório das Terras da Ilha de Itaparica à Casa da Marquesa de Niza em Portugal, que é uma doação despótica dos Reis absolutos daquele Reino, que desde mil oitocentos e vinte e dois deixou de ser metrópole do Brasil, hei por bem determinar o seguinte: Primeiro, As Terras da Ilha de Itaparica deixam de pertencer de ora em diante aos descendentes da Casa da Marquesa de Niza, Fidalgos Portugueses, e sim ao Estado da Bahia. Segundo. Os rendeiros que ocupam as referidas terras ou as quiserem possuir, se dirigirão ao Tesouro Público, que mandará arbitrar um preço razoável por qual se devem pagar as rendas, segundo a porção de terreno público. A nossa disposição se estenderá sobre os que quiserem comprar alguma porção de Terreno para edificar e plantar. O Ministro e Secretário de Estado dos Negócios do Interior e interinamente dos Estrangeiros assim o tenha entendido e faça executar com os despachos necessários."

Palácio da Bahia, 27 de janeiro de 1838.
Francisco Sabino Álvares da Rocha Vieira

B) INSCRIÇÃO NO OBELISCO DO PASSEIO PÚBLICO

Ilustríssimo e Exmᵒ Senhor,

Convindo celebrizar de uma maneira que corra igual com os séculos o fecundo dia sete de Novembro em que a grande porção do Povo e Tropa desta Capital deu o grito da Independência desta demais importante porção do Brasil inscrevendo a Bahia na lista dos Estados Americanos, sendo ao mesmo tempo vergonhoso que em o Passeio Público desta Capital se apresente ainda à vista deste Povo livre, o monumento da mais detestada escravidão, no qual se lê o dia em que um Déspota sanhudo, e ingrato veio infeccionar com o bafo pestífero da Corte Portuguesa, nosso solo ameno e deleitável época que deve ser em todo apagada de nossa lembrança, levo à aprovação de V. Exª o decreto seguinte:

"O Vice-Presidente deste Estado, considerando quanto é vergonhoso o conservar-se na Pirâmide do Passeio Público desta Capital a recordação de épocas ferrenhas para o Brasil, e especialmente para a Bahia, hoje felizmente colocada na lista dos Estados Americanos; e devendo-se por outro lado perpetuar a memória do felicíssimo dia Sete de Novembro de mil oitocentos e trinta e sete, em que próximo a este mesmo monumento soou pelo Heroico Povo, e Tropa desta sobredita Capital o grito da Independência da Bahia, hei por bem ordenar que sejam arrancadas as letras que ora existem no pedestal daquela pirâmide e que marcam a época da chegada de um dos Reis de Portugal a esta Cidade, para ser substituídas pela seguinte inscrição: Sete de Novembro de mil oitocentos e trinta e sete em letras douradas e bem legíveis.

O Ministro e Secretário de Estado dos Negócios do Interior o tenha assim entendido e expeça os despachos e ordens necessários."

Bahia, 27 de janeiro de 1838.
Francisco Sabino Álvares da Rocha Vieira

BNRJ, SM, "Peças do processo", 1 — 31, 12, 1, fls. 392-4v.

.

Fontes e referências

1. FONTES PRIMÁRIAS MANUSCRITAS

Arquivo do Estado da Bahia, Seção Histórica, *A Sabinada*, maços 2833 a 2844.

Arquivo Nacional (Rio de Janeiro), Seção de Documentação Histórica, *Correspondência do comandante das Armas com o Ministério da Guerra* (1829-32), 1G1 251.

Arquivo Nacional (Rio de Janeiro), *Correspondência do presidente da Província com o Ministério do Império* (*1831-2*), 1 JJ9 336.

Biblioteca Nacional do Rio de Janeiro, Seção de Manuscritos, *Peças do processo do Dr. Francisco Sabino Alvares da Rocha Vieira e outros, implicados na rebelião conhecida pelo nome de Sabinada*, I-31, 12, 1.

2. FONTES PRIMÁRIAS IMPRESSAS

Publicações do Arquivo do Estado da Bahia. *A Revolução de 7 de Novembro de 1837*, 5 vols., 1937-48. Esses volumes foram editados pelo governo do estado da Bahia, como parte das comemorações pelo centenário da Sabinada. Eles reúnem quase toda a documentação impressa referente à revolta. Contêm ofícios e atos das autoridades, peças processuais, correspondência com o governo central, documentos militares e relatos de participantes; e também obras *sobre* a revolta. Estas são listadas adiante, na bibliografia consultada. Os escritos de autoria de participantes ou contemporâneos são:

ANÔNIMO. "Narrativa dos sucessos da Sabinada", vol. I, pp. 335-43.

CALLADO, João Crisóstomo. "Exposição dos sucessos do Marechal..., desde que foi nomeado para organizar e comandar o exército da legalidade na Bahia", vol. V, pp. 63-78.

FREITAS, Daniel Gomes de. "Narrativa dos sucessos da Sabinada", vol. I, pp. 261-333.

GARCEZ, Luiz da França Pinto. "Exposição dos acontecimentos militares que tiveram lugar na Capital da Província da Bahia, em a noite de 6 de Novembro de 1837, e manhã seguinte", vol. II, pp. 301-78.

MARTINS, Francisco Gonçalves. "Breve exposição dos acontecimentos do dia 7 de Novembro", vol. I, pp. 1-22.

"Nova edição da simples e breve exposição de motivos sobre a Sabinada, pelo Dr...., comentada e anotada por Antonio Rebouças", vol. II, pp. 225-60. Seguida de: "Suplemento à exposição, em resposta às anotações e comentários feitos à mesma", pp. 261-300.

PARAIZO, Francisco de Souza. "Exposição", vol. II, pp. 379-403.

"Relatório dos acontecimentos dos dias 13, 14, 15 e 16 de março de 1838", vol. II, pp. 137-224.

"A Sabinada nas cartas de Barreto Pedroso a Rebouças". *Anais da Biblioteca Nacional*, vol. 88 (1968).

JORNAIS

O Carapuceiro
O Constitucional Cachoeirano
O Despertador Fluminense
Diário da Bahia
Gazeta Comercial da Bahia
O Investigador Brasileiro
A Luz Bahiana
Nova Sentinela da Liberdade
O Novo Sete de Novembro
Novo Diário da Bahia
O Sete de Novembro

A maioria dos números se encontra na Seção de Microfilmes da Biblioteca Nacional. Alguns poucos estão no Arquivo do Estado da Bahia, nos maços de documentos sobre a Sabinada. Apenas quatro (do *Novo Sete de Novembro*) no Arquivo Nacional. Os da Biblioteca Nacional podem ser consultados também no Centro de Documentação do Departamento de História da Universidade de São Paulo, que possui cópia do microfilme.

3. REFERÊNCIAS BIBLIOGRÁFICAS

ACCIOLI (de Cerqueira e Silva), Ignácio. *Memórias históricas e políticas da Bahia*. 6 vols. Edição anotada por Braz do Amaral. Salvador, Imprensa Oficial do Estado, 1919-40.

AMARAL, Braz do. *Recordações históricas*. Porto, Typographia Economica, 1921.

_____. *História da Bahia do Império à República*. Salvador, Imprensa Oficial, 1923.

_____. "A Sabinada". *PAEBa*, vol. II, pp. 1-136.

_____. "A Revolução de 7 de Novembro". *PAEBa*, vol. IV, pp. 109-26.

ANDRADE, Maria José de Souza. "A mão de obra escrava em Salvador de 1811 a 1860: um estudo de história quantitativa". Tese de mestrado. Universidade Federal da Bahia, 1975.

AUFDERHEIDE, Patricia Ann. "Order and violence: social deviance and social control in Brazil, 1780-1840". Tese de doutorado. University of Minnesota, 1976.

AZEVEDO, Moreira de. "A Sabinada da Bahia". *PAEBa*, vol. I, pp. 17-38.

AZEVEDO, Thales de. *Povoamento da cidade de Salvador*. Salvador, Itapuã, 1969.

BLAKE, A. V. A. Sacramento. "A revolução da Bahia de 7 de novembro de 1837 e o dr. Francisco Sabino Alves [*sic*] da Rocha Vieira". *PAEBa*, vol. I, pp. 39-56.

_____. "Ainda a revolução da Bahia de 7 de novembro de 1837". *PAEBa*, vol. I, pp. 57-74.

CALMON, Pedro. "Ladislau dos Santos Titara". *Revista do Instituto Geográfico e Histórico da Bahia*, vol. 86 (1976-7).

CARNEIRO, A. J. de Souza. "A Sabinada em Nazaré", *PAEBa*, vol. IV, pp. 77-96.

CASTRO, Jeanne Berrance de. *A milícia cidadã: a Guarda Nacional de 1831 a 1850*. São Paulo, Cia. Editora Nacional, 2ª ed., 1979.

Coleção de leis e resoluções da Assembléia Legislativa da Bahia, 1835-1841. Salvador, Typographia de A. O. de França Guerra, 1862, 2 vols.

CONRAD, Robert. "Neither slave nor free: the *emancipados* of Brazil, 1818-1868". *Hispanic American Historical Review*, vol. 53, nº 1 (fev. 1973), pp. 50-70.

_____. *Os últimos anos da escravatura no Brasil*. Tradução de Fernando de Castro Ferro. Rio de Janeiro, Civilização Brasileira, 2ª ed., 1978.

COSTA, Afonso. "Visconde de Pirajà". *RIGHBa*, nº 75 (1948-9).

COSTA, Emília Viotti da. "Introdução ao estudo da emancipação política do Brasil". *In* MOTA, C. G. (org.). *Brasil em perspectiva*. São Paulo, Difel, 1976, pp. 64-125.

DIAS, Maria Odila Silva. "A interiorização da metrópole, 1808-1853". *In* MOTA, C. G. (org.). *1822: dimensões*. São Paulo, Perspectiva, 1972, pp. 160-84.

FLORY, Thomas. "Race and social control in independent Brazil". *Journal of Latin American Studies*, 9, 2 (nov. 1977), pp. 199-224.

_____. *Judge and jury in imperial Brasil, 1808-1871*. Austin, University of Texas Press, 1981.

FREITAS, Décio. *Os guerrilheiros do imperador*. Rio de Janeiro, Graal, 1978.

HOBSBAWM, Eric J. *Primitive rebels*. Nova York, Norton, 1965. (Ed. bras.: *Rebeldes primitivos*. Rio de Janeiro, Zahar, 2ª ed., 1978.)

_____. *A era das revoluções, 1789-1848*. Rio de Janeiro, Paz e Terra, 2ª ed., 1979.

HOLANDA, Sérgio Buarque de. "A herança colonial — sua desagregação". *In id.* (org.). *História geral da civilização brasileira*. Tomo II, vol. 2. São Paulo, Difel, 3ª ed., 1972, pp. 9-39.

LAGO, Laurênio. *Visconde de Itaparica — Marechal de Campo Alexandre Gomes de Argolo Ferrão*. Rio de Janeiro, Imprensa Militar, 1952.

LIMA, Zélia Cavalcanti. "Uma contribuição à história da imprensa no Brasil". Manuscrito inédito, s.d.

_____. "Manifestações de antilusitanismo na Bahia, 1831-1833". Manuscrito inédito, s.d.

MARTINS, Wilson. *História da inteligência brasileira, vol. II (1794-1855)*. São Paulo, Cultrix/USP, 1977.

MATTOSO, Kátia M. de Queirós. "Sociedade e conjuntura na Bahia nos anos de luta pela Independência". *Universitas*, 15-16 (maio-dez. 1973), pp. 5-26.

_____. *Bahia: a cidade do Salvador e seu mercado no século XIX*. São Paulo, Hucitec/Secretaria de Educação e Cultura de Salvador, 1978.

MEIRA, Silvio. *Teixeira de Freitas — O jurisconsulto do Império*. Rio de Janeiro, José Olympio/MEC, 1979.

MIRANDA, Agenor Augusto de. "Os últimos dias do chefe da rebelião baiana de 1837". *PAEBa*, vol. IV, pp. 3-76.

MORTON, F. W. O. "The conservative revolution of Independence: economy, society and politics in Bahia, 1790-1840". Tese de doutorado. University of Oxford, 1974.

_____. "The military and society in Bahia, 1800-1821". *Journal of Latin American Studies*, 7, 2 (1975), pp. 249-69.

MOTA, Carlos Guilherme. *Nordeste 1817*. São Paulo, Perspectiva, 1972.

MOTT, Luis R. B. "Um documento inédito para a história da Independência". *In id.* (org.). *1822: Dimensões*. São Paulo, Perspectiva, 1972, pp. 465-83.

_____. "Os pecados da família na Bahia de Todos os Santos (1813)". Centro de Estudos Baianos da Universidade Federal da Bahia, 1982.

MOTT, Luis R. B. "Escravidão e homossexualismo". 1982, mimeo.

_____. "Relações raciais entre homossexuais no Brasil Colonial". 1982, mimeo.

OLIVEIRA, Maria Inês Côrtes de. "O liberto: o seu mundo e os outros. Salvador, 1790-1890". Tese de mestrado. UFBa, 1979.

PIMENTEL, Alfredo. "A Sabinada no noticiário contemporâneo do *Jornal do Commercio* do Rio de Janeiro". *PAEBa*, vol. IV, pp. 165-84.

PINHO, Wanderley. "A Bahia — 1808-1856". *In* HOLANDA, Sérgio Buarque de. (org.). *História geral da civilização brasileira.* Tomo III, vol. 2. São Paulo, Difel, 3ª ed., 1972, pp. 242-311.

_____. "A Sabinada — novos documentos". *PAEBa*, vol. I, pp. 251-60.

PRAGUER, Henrique. "A Sabinada". *PAEBa*, vol. I, pp. 75-104.

QUERINO, Manoel. "Os homens de cor preta na história". *RIGHBa*, nº 48 (1923), pp. 353-63.

REIS, João José. "A elite baiana face os movimentos sociais: Bahia, 1824-1840". *Revista de História*, nº 108 (1976), pp. 341-84.

_____. "Slave rebellion in Brazil: the African Muslim uprising in Bahia, 1835". Tese de doutorado, University of Minnesota, 1982. (Edição brasileira: *Rebelião escrava no Brasil. A história do levante dos malês* em 1835, São Paulo, Brasiliense, 1986.)

RUSSEL-WOOD, A. J. R. *Fidalgos and philanthropists. The Santa Casa da Misericórdia of Bahia, 1550-1755.* Berkeley, University of California Press, 1968.

SILVA, Josino Nascimento. *Código Criminal do Império do Brasil.* Rio de Janeiro, 1859.

SOUZA, Antonio Loureiro de. *Baianos ilustres.* São Paulo, Ibrasa/MEC, 3ª ed., 1979.

SPALDING, Walter. "A Sabinada e a Revolução Farroupilha". *PAEBa*, vol. IV, pp. 97-107.

TAVARES, Luís Henrique Dias. "As ideias dos revolucionários de 1798". *Arquivos da Universidade da Bahia*, vol. IV, 1955, pp. 135-51.

_____. *A Independência do Brasil na Bahia.* Rio de Janeiro, Civilização Brasileira / MEC, 1977.

VIANA FILHO, Luiz. *A Sabinada. A República Baiana de 1837.* Rio de Janeiro, José Olympio, 1938.

VIANNA, Francisco Vicente. "A Sabinada". *PAEBa*, vol. I, pp. 105-249.

VIEIRA, Antonio. *Sermões.* Porto, Lello e Irmão, 1959, 5 vols.

WILDBERGER, Arnold. *Os presidentes da província da Bahia.* Salvador, Tipografia Beneditina, 1949.

ESTA OBRA FOI COMPOSTA PELA SPRESS EM MINION E IMPRESSA EM OFSETE
PELA GRÁFICA BARTIRA SOBRE PAPEL PÓLEN SOFT DA SUZANO PAPEL E CELULOSE
PARA A EDITORA SCHWARCZ EM JULHO DE 2009